RENÉ GIRARD

Realizações
Editora

Impresso no Brasil,
agosto de 2011

Título original: *Evolution and Conversion: Dialogues on the Origins of Culture.*
Copyright © 2010 by René Girard, João Cezar de Castro Rocha & Pierpaolo Antonello. Todos os direitos reservados.

Os direitos desta edição pertencem a É Realizações Editora, Livraria e Distribuidora Ltda.
Caixa Postal: 45321
cep: 04010 970 - São Paulo, SP, Brasil
Telefax: (5511) 5572 5363
e@erealizacoes.com.br
www.erealizacoes.com.br

Editor
Edson Manoel de Oliveira Filho

Coordenador da Biblioteca René Girard
João Cezar de Castro Rocha

Assistentes editoriais
Gabriela Trevisan
Veridiana Schwenck

Preparação de texto
William Cruz

Revisão
Sheila Fabre
Liliana Cruz

Design Gráfico
Alexandre Wollner
Alexandra Viude
Janeiro/Fevereiro 2011

Diagramação e finalização
Mauricio Nisi Gonçalves
André Cavalcante Gimenez
/Estúdio É

Pré-impressão e impressão
Prol Editora Gráfica

Proibida toda e qualquer reprodução desta edição por qualquer meio ou forma, seja ela eletrônica ou mecânica, fotocópia, gravação ou qualquer outro meio de reprodução, sem permissão expressa do editor.

RENÉ GIRARD
evolução e conversão

René Girard,
Pierpaolo Antonello
e João Cezar de
Castro Rocha

tradução
Bluma Waddington Vilar
e Pedro Sette-Câmara

Realizações
Editora

Esta edição teve o apoio da Fundação Imitatio.

INTEGRATING THE HUMAN SCIENCES

Imitatio foi concebida como uma força para levar adiante os resultados das interpretações mais pertinentes de René Girard sobre o comportamento humano e a cultura.

Eis nossos objetivos:

Promover a investigação e a fecundidade da Teoria Mimética nas ciências sociais e nas áreas críticas do comportamento humano.

Dar apoio técnico à educação e ao desenvolvimento das gerações futuras de estudiosos da Teoria Mimética.

Promover a divulgação, a tradução e a publicação de trabalhos fundamentais que dialoguem com a Teoria Mimética.

sumário

9
agradecimentos

11
breve história de
um livro
João Cezar de Castro
Rocha e Pierpaolo
Antonello

19
prefácio
Michael Kirwan

27
introdução
"um longo argumento
do princípio ao fim"

43
capítulo 1
a vida das ideias

79
capítulo 2
uma teoria a ser
tomada como modelo: o
mecanismo mimético

117
capítulo 3
as espécies simbólicas

155
capítulo 4
diálogos e crítica: de
Frazer a Lévi-Strauss

177
capítulo 5
método, evidência e
verdade

213
capítulo 6
escatologia,
cristianismo e mundo
contemporâneo

249
capítulo 7
modernidade,
pós-modernidade
e além

281
breve explicação

283
cronologia de
René Girard

287
bibliografia de
René Girard

290
bibliografia selecionada
sobre René Girard

297
índice analítico

305
índice onomástico

agradecimentos

Nosso agradecimento maior é para René Girard, por sua amizade, bom humor e paciência. Agradecemos também a Jean-Pierre Dupuy, que incentivou este projeto, e a Andrea Borsari, que o sugeriu pela primeira vez; a Giuseppe Fornari, que esteve presente em algumas das sessões de discussão que tivemos no verão de 1999 e que fez recomendações e correções de ordem histórica e filosófica; a Jaideep Prabhu, pela cuidadosa leitura do manuscrito e pelas muitas e valiosas sugestões; a Laura Franco e Silvia Romani, pelas informações sobre mitologia grega; a Amrit Srivastava e a James Alison pelas correções à introdução, e a Annalia Cancelliere, pela preciosa ajuda na preparação dos índices. Agradecemos também ao programa de pós-graduação da Universidade do Estado do Rio de Janeiro (UERJ) e ao St John's College, de Cambridge, que financiaram a maior parte destas conversas. Por fim, para esta edição, agradecemos especialmente a William Cruz, pelo diligente trabalho de preparação de texto.

breve história de um livro
João Cezar de Castro Rocha[1] e Pierpaolo Antonello[2]

Variações sobre um mesmo tema

Talvez a comparação com a forma musical das variações sobre um mesmo tema seja um ponto de partida adequado para apresentar este livro. No fundo, a própria obra de René Girard pode ser assim compreendida, pois, em mais de uma ocasião, o criador da teoria mimética reconheceu que sua reflexão gravita em torno de duas noções-chave: o caráter mimético do desejo humano e a centralidade do sacrifício no surgimento da cultura e de todas as suas instituições – da emergência da linguagem à criação de religiões, da formulação de ritos e mitos ao surgimento de estruturas políticas de controle da violência. A obra de René Girard, portanto, articula variações sempre mais complexas a partir desses dois temas fundadores.

Ao mesmo tempo, essa noção descreve muito bem o estilo de pensar do criador da teoria mimética, pois o diálogo desempenha um papel relevante no desenvolvimento de sua reflexão. Ora, o primeiro momento de uma apresentação completa do seu pensamento teve lugar com a escrita de *Coisas Ocultas desde a Fundação do Mundo* (1978),

---
[1] Professor de Literatura Comparada da Universidade do Estado do Rio de Janeiro (UERJ).
[2] Professor de Literatura Italiana, St John's College, Universidade de Cambridge.

livro que, como se sabe, adquiriu sua forma final através de uma série de conversas com Jean-Michel Oughourlian e Guy Lefort.[3] Não é casual, pois, que o último grande livro de René Girard, *Rematar Clausewitz* (2007),[4] tenha sido o fruto de diálogo sistemático com Benoît Chantre, um de seus mais destacados colaboradores. Na verdade, poucos pensadores da importância de René Girard concederam tantas entrevistas, isto é, mostraram-se tão dispostos a aperfeiçoar suas ideias na corrente viva da troca intelectual. Assim, se é verdade "*que a veces el pensamiento se hace en la boca: que no se sabe del todo lo que se piensa sobre algo hasta que no se está en la obligación de decirlo*",[5] no caso de René Girard, o princípio se revela particularmente fecundo.

Na introdução que o leitor encontrará após o prefácio de Michael Kirwan, explicamos as circunstâncias que possibilitaram o privilégio que tivemos: dialogar durante aproximadamente cinco anos com o pensador francês,[6] aperfeiçoando e ampliando ao máximo o primeiro encontro que tivemos em 1995, cujo resultado inicial foi publicado na *Iride*, revista italiana de filosofia.[7]

Nesta breve apresentação, portanto, devemos tratar da história das edições deste livro, a fim de justificar sua reedição em português com um novo título. E aproveitamos para um esclarecimento importante no tocante à organização de *Evolução e Conversão*: como os diálogos com René Girard foram conduzidos em inglês, as obras citadas mencionam as edições efetivamente consultadas, em geral, no mesmo idioma. Por isso, obras de autores franceses, italianos,

---

[3] Ver capítulo 1, especialmente as páginas 70-71, para a descrição do processo de escrita do livro.
[4] Livro publicado na Biblioteca René Girard: *Rematar Clausewitz: Além Da Guerra*. Trad. Pedro Sette-Câmara. São Paulo, Editora É, 2011.
[5] Roberto Fernández Retamar, "Entrada". In: *Entrevisto*. La Habana, Ediciones Unión, 1982, p. 7.
[6] Ver introdução, adiante, especialmente p. 28-29.
[7] "L'Ultimo dei Porcospini. Intervista a René Girard". *Iride*, Itália, v. 19, 1996, p. 573-620. Agradecemos a Andrea Borsari pela oportunidade de publicar esta primeira versão dos nossos diálogos com René Girard.

alemães, entre outros, algumas vezes são citadas em inglês, ou seja, preferimos indicar as edições com as quais trabalhamos.

De fato, a trajetória deste livro principiou em língua portuguesa com a edição de *Um Longo Argumento do Princípio ao Fim*.[8] Nos anos seguintes, um número considerável de traduções começou a aparecer – na verdade, este livro teve mais traduções do que *Coisas Ocultas desde a Fundação do Mundo* (1978). Nosso diálogo com René Girard já se encontra disponível em italiano,[9] francês,[10] espanhol,[11] polonês,[12] coreano,[13] checo,[14] e japonês.[15] No momento, prepara-se uma tradução para o alemão. Finalmente, em 2008, o texto original foi publicado na Inglaterra, com o título *Evolution and Conversion*.[16] Circunstância feita sob medida para um longo diálogo dedicado à reavaliação do conjunto da teoria mimética, as traduções antecederam em muitos anos o aparecimento do texto "original"!

O livro conheceu uma recepção muito favorável, especialmente na França. Além de receber o "Prix Aujourd'hui" em 2004, várias

---

[8] René Girard, *Um Longo Argumento do Princípio ao fim. Diálogos com João Cezar de Castro Rocha e Pierpaolo Antonello*. Rio de Janeiro, Topbooks, 2000. Edição enriquecida com uma "Bibliografia de René Girard", "Bibliografia sobre René Girard" e, por fim, um caderno de fotos organizado a partir de sugestão do editor José Mário Pereira. Aproveitamos para reconhecer o seu empenho, assim como o apoio da UniverCidade, que permitiu trazer o autor para o lançamento do livro e a realização de palestras. Como resultado foi editado *Lições de René Girard na UniverCidade* (Rio de Janeiro, Editora da UniverCidade, 2001).
[9] René Girard, *Origine Della Cultura e Fine Della Storia. Dialoghi con Pierpaolo Antonello e João Cezar de Castro Rocha*. Milão, Raffaello Cortina, 2003.
[10] René Girard. *Les Origines de la Culture. Entretiens avec Pierpaolo Antonello et João Cezar de Castro Rocha*. Paris, Éditions Desclée de Brouwer, 2004.
[11] *Los orígenes de la cultura. Conversaciones con Pierpaolo Antonello y João Cezar de Castro Rocha*. Madri, Editorial Trota, 2006.
[12] *Poczatki Kultury*. Introdução de Michal Romanek. Cracóvia, Wydawnictwo Znak, 2006.
[13] 문화의 기원 [*Munhwaui Giwon*]. Seul, Giparang, 2006.
[14] *O Puvodu Kultury: Hovory s Pierpaolem Antonellem a Joãem Cezarem de Castro Rocha*. Brno, Centrum pro Studium Demokracie a Kultury, 2008.
[15] 文化の起源―人類と十字架 [*Bunka no Kigen: Jinrui to Jujika*]. Tóquio, Shinkyo, 2008.
[16] *Evolution and Conversion. Dialogues on the Origins of Culture*. Londres, The Continuum, 2008.

edições foram esgotadas e, hoje, encontra-se disponível em edições de bolso, característica de títulos bem aceitos pelo público.[17] Tal fato nos estimulou a preparar novas edições, especialmente pensadas para o público latino-americano, com o propósito de estimular reflexões sobre possíveis vínculos entre os pressupostos da teoria mimética e as circunstâncias peculiares da história cultural latino-americana.[18] Ou seja, pretendemos estimular o futuro desenvolvimento de uma contribuição latino-americana radicalmente mimética à teoria de René Girard.

Vale a pena, assim, esclarecer em que medida *Evolução e Conversão*, mais do que apenas uma segunda edição, revista e ampliada em português, é praticamente um novo livro.

Recordemos que o diálogo com René Girard foi conduzido em inglês. Contudo, como observamos acima, antes do aparecimento do livro em sua versão "original", inúmeras traduções foram publicadas. E, para cada nova versão, e de comum acordo com o pensador francês, novas passagens foram incorporadas, determinadas questões foram mais bem esclarecidas e mesmo a estrutura do livro conheceu ajustes e adaptações significativos.

Um exemplo deve bastar para que o leitor aprecie as variações que executamos ao longo dos anos.

Na França, em 2003, Régis Debray, fiel ao seu perfil aguerrido, lançou *Le Feu Sacré*, no qual alvejava a teoria mimética sem meias palavras. Leia-se, por exemplo, o que Debray pensa acerca da metodologia girardiana e do emprego constante de textos como fonte

---

[17] *Les Origines de la Culture. Dialogues avec Pierpaolo Antonello et João Cezar de Castro Rocha*. Paris, Hachette Littérature, 2006.
[18] Ver, de João Cezar de Castro Rocha, "Historia Cultural Latinoamericana y Teoría Mimética: ¿Por una Poética de la Emulación?". *Universitas Philosophica*, 2011, 55, p. 105-121. Naturalmente, não dispomos de espaço nesta apresentação para ampliar a observação; trata-se, porém, de um dos objetivos mais importantes da Biblioteca René Girard.

de evidência indireta: "Nenhum número, data alguma, nome de país, estatística. Cartografia e cronologia: inúteis. De igual modo, nenhuma instituição. Nem batalhas tampouco contexto." O fecho da passagem é ainda mais eloquente: como Girard confia nas Escrituras, então, em sua obra são "insignificantes as fontes, as datações e os métodos de composição".[19] René Girard é igualmente conhecido pelo tom polêmico de seus escritos e não tardou a responder. Como, aliás, ele reconheceu neste diálogo: "Em seu livro *Le Feu Sacré* [O Fogo Sagrado], Régis Debray 'louva' a minha pessoa em quinze páginas ferozes".[20]

Portanto, a edição francesa de *Les Origines de la Culture* incluiu um posfácio, na época inédito, no qual Girard respondeu as críticas de Debray.[21] Trata-se de parte que naturalmente não se encontra, por exemplo, nas publicações anteriores em português e italiano, mas que também não foi incluída na edição posterior em inglês, uma vez que o debate entre Debray e Girard permaneceu, em alguma medida, circunscrito ao meio intelectual francês.[22] Por isso, também não adicionamos esse posfácio na presente edição.

De qualquer modo, o leitor de *Evolution and Conversion*, ou seja, o leitor de *Evolução e Conversão*, assim como o futuro leitor de *Evolución y Conversión* – na nova edição em espanhol que preparamos – identificará com facilidade alusões à controvérsia, assim como transformações importantes do pensamento girardiano.[23] Alusões e transformações que não se encontravam nas edições anteriores à inglesa.

---

[19] Régis Debray, *Le Feu Sacré*. Paris, Fayard, 2003, p. 375.
[20] Ver, neste livro, capítulo 2, p. 84.
[21] "Le Moyens du Bord". René Girard, *Les Origines de la Culture. Entretiens avec Pierpaolo Antonello et João Cezar de Castro Rocha*. Paris, Éditions Desclée de Brouwer, 2004, p. 249-78.
[22] Contudo, a edição em espanhol, preparada a partir da tradução para o francês e não do original em inglês, publicou a resposta de René Girard a Régis Debray. Ressalvamos, porém, que essa edição foi realizada sem consulta aos autores. Também por isso preparamos uma nova edição em espanhol.
[23] "Ao contrário do que pensa Régis Debray – que em *Le Feu Sacré* tenta provar que estou errado". Ver, neste livro, capítulo 3, p. 141.

E não é tudo.

A presente edição em português, além de importantes acréscimos, adotou a estrutura do texto original em inglês. Anotar algumas das diferenças em relação à edição de *Um Longo Argumento do Princípio ao Fim* ajudará o leitor a perceber a dimensão da mudança.[24]

A edição brasileira de 2000 contava com seis capítulos e nossa introdução. A edição de 2011, que o leitor tem agora em mãos, é composta por sete capítulos, nossa apresentação e introdução, uma cronologia completa da vida e obra do pensador francês, além do prefácio de Michael Kirwan – um dos mais reconhecidos estudiosos da teoria mimética.[25] As duas edições contavam com a bibliografia completa dos livros publicados por René Girard, assim como uma bibliografia selecionada de trabalhos sobre a obra girardiana.

Porém, não se trata somente de um acréscimo quantitativo, embora ele já seja considerável, mas, sobretudo, da introdução de novos argumentos e, portanto, de contribuições à própria formulação da teoria mimética.

Contribuições à teoria mimética

Vejamos, pois, em que medida, nosso diálogo colaborou para a arquitetura do pensamento girardiano.

Em primeiro lugar, buscamos investigar os vínculos entre a vida e a obra de René Girard, recuperando o método empregado pelo

---

[24] Fato que ajuda a entender a razão de contarmos com dois tradutores. Bluma Waddington Vilar traduziu integralmente a primeira versão para o português e Pedro Sette-Câmara encarregou-se de traduzir os acréscimos e as mudanças da presente edição.
[25] Publicaremos na Biblioteca René Girard seu livro *Discovering Girard*. Londres, Darton, Longman & Todd, 2004.

pensador francês no estudo dos clássicos da literatura ocidental. Nas suas palavras: "não é com a biografia de Dostoiévski que explicaremos sua obra, mas talvez consigamos, graças à obra, tornar a biografia de Dostoiévski verdadeiramente inteligível".[26] Partimos do mesmo princípio em relação à vida e à obra do próprio René Girard. Assim, por exemplo, o leitor encontrará páginas reveladoras sobre o encontro do jovem Girard com ícones da pintura moderna, como Picasso e Braque. E tudo se passa como se desde sempre a explicitação do caráter mimético do desejo fizesse parte de seu dia a dia: "A única preocupação de Picasso era que Matisse tivesse tantos quadros quanto ele em exposição, quadros esses cuja importância no conjunto da obra fosse semelhante".[27] Ora, não se trata de afirmar o óbvio – o pensador reconstrói retrospectivamente sua memória a partir da teoria que desenvolveu –, mas de se deixar surpreender pelo duplo vínculo de obra e vida que se modelam reciprocamente. Esse é o sentido forte de sua confissão: "Não é por ser cristão que penso do modo como penso; foi por causa de minhas pesquisas que me tornei cristão. Também questiono a distinção entre conversão intelectual e conversão emocional".[28] Ou seja, é a obra que ilumina a vida – exatamente como no caso do Dostoiévski estudado por Girard.

Em segundo lugar, buscamos tanto esclarecer a dinâmica do mecanismo mimético, compreendido em sua totalidade, quanto confrontamos o pensador francês com as críticas e os comentários suscitados por sua obra. No terceiro capítulo, por exemplo, as hipóteses girardianas acerca da origem da cultura humana foram relidas à luz de pesquisas recentes, muito posteriores à sua formulação inicial em *Coisas Ocultas Desde a Fundação do Mundo* (1978).[29] Desse modo,

---

[26] René Girard. *Dostoiévski: Do Duplo à Unidade*. Trad. Roberto Mallet. São Paulo, Editora É, 2011, p. 106.
[27] Ver, neste livro, capítulo 1, p. 47-48.
[28] Ver, neste livro, capítulo 1, p. 77.
[29] Sobre esse tema, ver, de Pierpaolo Antonello e Paul Gifford, "From Animal do Human: What Mimetic Theory Brings to the Understanding of Cultural Evolution". Ensaio disponível no site da Fundação Imitatio: http://www.imitatio.org/uploads/tx_rtgfiles/Pre-symposium_Briefing.pdf.

acreditamos que este livro oferece não apenas uma introdução ao pensamento girardiano, mas também propõe questões novas para o futuro desenvolvimento da teoria mimética.

Por fim, e nessa direção, no capítulo 5, as discussões acerca do estatuto da evidência na teoria mimética, isto é, sobre a formulação de uma epistemologia adequada às preocupações de René Girard, talvez constituam a principal contribuição deste livro. Afinal, como discutimos em outros títulos da Biblioteca René Girard, a "angústia da evidência" atravessa toda a obra girardiana;[30] em consequência, esse é um dos núcleos mais promissores para desdobramentos ulteriores da teoria mimética. Contudo, devemos reconhecer, cumprimos aqui apenas um primeiro passo, a ser complementado por novas pesquisas e intuições.

Ora, se o projeto da Biblioteca René Girard também representa um convite para que o leitor venha a escrever seus próprios livros, então o caráter inacabado de questões levantadas nesse diálogo pode ser compreendido como uma virtude: uma virtude pirandelliana.

Isto é, como Pirandello poderia ter dito: (algumas) questões em busca de (novos) autores.

---

[30] Pensamos na apresentação a *Dostoiévski: Do Duplo à Unidade*. Trad. Roberto Mallet. São Paulo, Editora É, 2011, especialmente páginas 12-14.

prefácio
Michael Kirwan

Algo de muito estranho e inquietante vem acontecendo ao professor René Girard e à teoria mimética, que é a obra da sua vida: aparentemente, estão ganhando respeitabilidade. Em novembro de 2005, Girard passou a ser "imortal", isto é, foi eleito membro da Academia Francesa, e na França não há honra maior, nem maior reconhecimento. Todavia, a recepção das ideias de Girard em sua terra natal nem sempre foi tão fácil.

Apesar de ser professor emérito desde 1995, Girard continua a escrever, e a literatura secundária a respeito de sua obra e de aplicações da teoria mimética continua a crescer, apesar do fato de a teoria ser famosa por sua simplicidade. O próprio Girard concorda que suas investigações têm algo de obsessivo, "de porco-espinho":[1] como esclarece a introdução ao livro *Evolução e Conversão*, o *desejo mimético* e o *bode expiatório* são as duas "coisas importantes" que lhe interessam.

E as "obsessões" de Girard começam a parecer contagiosas.

---

[1] Num famoso ensaio, "The Hedgehog and The Fox", publicado em *Russian Thinkers* (tradução brasileira: *Pensadores Russos*, publicada pela Companhia das Letras), Isaiah Berlin distinguiu entre dois tipos de pensadores a partir de um verso do poeta grego Arquíloco: o porco-espinho (*the hedgehog*), que "sabe uma coisa importante", e a raposa (*the fox*), que "sabe muitas coisas". As denominações tornaram-se comuns em língua inglesa. Girard é, no sentido de Berlin, um "porco-espinho". (N. T.)

Que nos diz o porco-espinho? Girard chama a atenção para a natureza imitativa ou *mimética* do desejo humano, que faz com que sejamos simultaneamente atraídos e repelidos uns pelos outros, como se presos num campo gravitacional. Nosso anseio por aquilo que o outro *tem* e por aquilo que ele *é* nos ata àquela pessoa com as correntes de um desprezo fascinado. Hoje entendemos isso graças às vozes-mestras da era moderna: Shakespeare, Hegel, Dostoiévski, Proust e também inúmeros exemplos de nossas vidas cotidianas. Por mais que os românticos quisessem que acreditássemos na inocência do desejo, há em nós um potencial enorme de rivalidade e agressão pura e simples, apenas porque desejamos do modo como desejamos.

Girard tomou consciência dessa perturbadora verdade em 1961 ao escrever seu primeiro livro, um estudo de cinco grandes romancistas europeus (*Mentira Romântica e Verdade Romanesca*).[2] Mas foi *A Violência e o Sagrado* que atraiu a atenção de todos: uma resenha célebre, publicada em 1972 pelo *Le Monde*, dizia que "o ano de 1972 deve ser marcado com um asterisco nos anais das ciências humanas". *A Violência e o Sagrado* se baseia na antropologia, na tragédia grega e na mitologia para explorar ainda mais a noção de "desejo mimético": se a obra anterior sobre o romance europeu chamara a atenção para os efeitos desestabilizadores e destruidores do desejo, a mais recente investigava como os grupos sociais conseguiam conter essa desestabilização e contrapor-se a ela. Como as comunidades conseguem manter-se e resistir às forças que podem levá-las a desintegrar-se?

A perturbadora resposta oferecida por Girard é que a sociedade consegue o equilíbrio, ainda que a curto prazo, ao transferir sua agressão para uma figura ou grupo de figuras que fazem parte da sociedade, mas que estão à sua margem. As vítimas são expulsas ou destruídas, e a comunidade então passa a estar em paz consigo mesma. Esse processo de identificação e de marginalização da vítima

---

[2] São Paulo, Editora É, 2009.

é aquilo que Girard chama de "mecanismo do bode expiatório". *A Violência e o Sagrado* vai mais longe ainda, relacionando esse processo de exclusão às crenças e às práticas religiosas. Girard afirma que a função da religião, ao menos nas sociedades pré-estatais em que não existe sistema judicial, é exatamente conter e controlar a violência que poderia dominar e destruir a comunidade. Por baixo da prática do "sacrifício", que envolve o assassinato deliberado de uma vítima humana ou animal, estão o medo que a comunidade sente de sua própria violência e a necessidade de fazer algo para aliviá-lo. O argumento do livro pode ser resumido em uma frase: "a violência é o coração e a alma secreta do sagrado".

Temos, portanto, uma teoria geral, multidisciplinar, que busca explorar as relações entre a religião, as origens da cultura e a violência. Há mais de cinquenta anos Girard vem fazendo três perguntas: O que une as sociedades? O que faz com que, pelo contrário, desmoronem? E, junto a tantos outros teóricos contemporâneos, Girard pergunta: qual a contribuição da religião nesse processo?

É difícil pensar em um *corpus* de pesquisas que tenha tratado de modo tão intenso as principais preocupações da nossa época. *A Violência e o Sagrado* foi saudado com imenso interesse, ainda que as realizações de Girard tenham sido majoritariamente ofuscadas pelas obras de teóricos pós-modernos mais proeminentes. Em 1978, Girard publicou aquela que ainda é a mais completa exposição de sua teoria, *Coisas Ocultas desde a Fundação do Mundo*. Trata-se de um longo diálogo entre Girard e dois psicólogos, com estrutura ternária: antropologia cultural, reflexão bíblica e "psicologia interdividual". Pode-se depreender que o segundo terço do livro, que enfatiza a superioridade da revelação cristã ("o *logos* de João") sobre a filosofia ("o *logos* de Heráclito") foi um paradoxo grande demais para aqueles que tinham acompanhado o aparente desmascaramento da religião ocorrido em *A Violência e o Sagrado*. O tom cada vez mais "evangelizador" de boa parte de seus escritos posteriores reforçou esse desconforto, e as ideias de Girard saíram do primeiro plano.

Agora parece que as pessoas estão novamente discutindo sua obra. É preciso mencionar diversos fatores para isso: de modo mais óbvio, a ubíqua reavaliação contemporânea da religião, sobretudo no que diz respeito a sua relação com a esfera pública, exige novas ideias. Por algum tempo, as teorias da secularização viram-se em crise: a religião não tinha desaparecido, e agora vemos que é praticamente impossível policiar os *cordões sanitários* erigidos pela modernidade: entre a "religião" e o "século", ou entre a "base" e a "superestrutura", se preferir. A fragilidade dessas tentativas de separação e de diferenciação é evidente demais, e não só nos países em que essa tentativa foi mais continuada, como Estados Unidos, França e Holanda. Hent de Vries reconhece que a religião "'continua viva' após suas mortes prematuramente anunciadas e celebradas": para dar conta dessa continuação, "são necessárias novas ferramentas metodológicas e novas sensibilidades".[3]

Essas ferramentas e sensibilidades são exatamente aquilo que as grandes narrativas modernistas e a recusa pós-moderna dessas grandes narrativas não conseguiram produzir. Uma razão para esse fracasso foi uma ênfase exagerada na *diferença* e na *alteridade*, consideradas ora ameaçadoras, ora qualidades que devem ser afirmadas e celebradas em si mesmas. Girard começa na outra ponta, alertando-nos para o problema da *identidade* e da *indiferenciação*. É quando as diferenças são erodidas ou apagadas que surgem os problemas. A menção a Charles Darwin no começo de cada capítulo de *Evolução e Conversão* dá ideia da escala e da ambição do pensamento de Girard. Se os dados são "brutalizados" em sua abordagem (como já se disse), isso acontece porque ele está de acordo com o crítico literário Terry Eagleton, que denuncia a "holofobia" do pós-modernismo. "No exato momento em que

---

[3] Hent de Vries e Laurance E. Sulivan (eds.), *Political Theologies: Public Religions in a Post-Secular World*. Fordham, Fordham University Press, 2006, p. 7. Ver também Hent de Vries, *Religion and Violence: Philosophical Perspectives from Kant to Derrida*, Baltimore, Johns Hopkins University Press, 2002, para a afirmação: "Não há religião sem (ao menos alguma) violência, e não há violência sem (ao menos alguma) religião".

começamos a pensar pequeno, a história ficou muito maior",[4] e temos de pensar de modo ambicioso para poder lidar com as grandes narrativas em que estamos enredados. Novamente há espaço para os porcos-espinhos.

A proposta de *Evolução e Conversão* é servir como reavaliação de *Coisas Ocultas desde a Fundação do Mundo* trinta anos depois, dando atenção a problemas não resolvidos e respondendo aos críticos da obra girardiana. É muito apropriado que o mesmo formato seja usado: René Girard numa conversa com dois interlocutores estudiosos de sua teoria. Há muito a examinar: a questão do desaparecimento ou do declínio da religião, por exemplo, hoje é bem diferente do que era em 1978. E, mais importante, em *Coisas Ocultas* Girard considerava que o sacrifício era uma ideia pagã que não deveria ter espaço na vida ou no pensamento cristãos. O resultado foi que ele sugeriu que a Epístola aos Hebreus, por depender de um entendimento sacrificial do cristianismo (segundo o qual Jesus é representado como sumo sacerdote arquetipal), não deveria fazer parte do Novo Testamento. Desde então Girard modificou consideravelmente essa ideia, arrependendo-se por ter rudemente feito bodes expiatórios tanto do sacrifício quanto da Epístola.

Essa é a mais evidente "revisão" do texto de 1978. O que *Evolução e Conversão* esclarece, ao longo de trinta anos, é o amadurecimento da teoria mimética e como sua fecundidade ficou mais evidente, mesmo depois da empolgação inicial com as obras inovadoras de Girard nos anos de 1970. Podemos mencionar, por exemplo, o interesse demonstrado por Girard recentemente pelos vedas hindus, sobretudo os *Brâmanas*, enquanto ilustrações do mecanismo sacrificial. Outra área em que a teoria mimética parece subitamente ter se tornado relevante está em sua congruência com os atuais desenvolvimentos da neurociência e da ciência comportamental (mais especificamente: Meltzoff e Moore, sobre o desenvolvimento

---

[4] Terry Eagleton, *After Theory*. Oxford, Oxford University Press, 2003, p. 72-73.

"intersubjetivo" das crianças; Rizzolati et al., sobre "neurônios-espelho"). Observemos, aliás, o interesse demonstrado por Girard pelo trabalho de Richard Dawkins com a memética: será possível que uma conversa entre essa improvável dupla de pensadores seja uma via para além das "guerras culturais" entre o secularismo científico e a religião, nas quais Dawkins é um combatente de destaque?

Isso nos traz ao terceiro aspecto da obra de Girard – para ele, o mais importante. Há duas "más notícias": primeira, o desejo é mimético e, portanto, tem o potencial de levar à rivalidade e à violência; segunda, usamos o mecanismo do bode expiatório para estabelecer e preservar a ordem social à custa da vítima imolada. Mas depois vem a Boa Notícia, isto é, a força desmascaradora das escrituras judaico-cristãs. Cristo, ao proclamar o Pai Amoroso, e ao assumir o papel do Servo Sofredor, expôs o funcionamento do mecanismo do bode expiatório. Pela morte e ressurreição de Jesus, a inocência da vítima foi para sempre declarada, e mostrou-se que o Pai não tem nada a ver com essa ação violenta.

É por isso que a ideia de "conversão" é parte crucial do projeto girardiano, e não apenas um exagero de linguagem. Em seu primeiro livro, Girard mapeia a intensa experiência de transformação moral e intelectual por que passaram a vida e a obra dos romancistas discutidos (Cervantes, Stendhal, Flaubert, Proust e Dostoiévski) quando eles "descobriram" o desejo mimético – uma experiência que para alguns, ainda que não para todos, tem consequências religiosas. Ao preparar essa obra, em 1959, o próprio Girard passou por uma conversão paralela à que detectara nos romancistas, e isso o levou a retornar à Igreja Católica após longa ausência. Como diz na introdução, "a conversão não é simplesmente um acontecimento existencial, mas também *epistêmico*". Ela compreende uma crítica explícita do sujeito autônomo, uma rejeição do individualismo metodológico nas ciências sociais e também da falsa dicotomia entre sujeito e objeto. Para a teoria mimética, a experiência pessoal do sujeito cognoscente está subentendida em qualquer investigação. Isso nos leva a caracterizar a teoria mimética como uma "espiral", considerando a história humana uma oscilação entre *evolução* e *conversão*, entre permanência e progresso.

A inseparabilidade dos aspectos intelectuais e religiosos da "conversão" é algo decisivo: somos lembrados do termo liberacionista "conscientização". Em 1990, Girard foi convidado para participar de um simpósio organizado por um grupo de teólogos da libertação no Brasil, um encontro mencionado diversas vezes neste livro (até onde sei, essa foi a única ocasião em que sua obra foi discutida fora do primeiro mundo). Durante o encontro, a "imensa santidade intelectual" de Girard foi elogiada por um dos participantes. O termo guarda algo da calorosa generosidade de sua inteligência e também da corajosa integridade com que ele apresentou uma teoria impopular e (para muitos) excêntrica.

Contudo, a expressão "santidade intelectual" também nos diz algo a respeito do conteúdo de sua teoria, e não só do estilo e da personalidade de seu proponente. A natureza intensamente pessoal da conversão é uma das razões por que *Evolução e Conversão* é um acréscimo bem-vindo e oportuno à crescente literatura produzida por Girard e a respeito de Girard. O livro leva a sério o papel da autobiografia intelectual no método girardiano. Assim como em suas leituras de Shakespeare, de Dostoiévski e de Camus, pode-se usar a obra e a vida para "ler" uma a outra, também a teoria girardiana deve ser apreciada como uma jornada intelectual particular (aquilo que a Introdução chama de "um longo argumento do princípio ao fim"). Essa jornada é também uma das mais dramáticas tentativas da época moderna de alinhar a busca intelectual da verdade com a aventura da fé evangélica. Como descreveu um crítico, com certa ironia: graças à obra de René Girard, "o Reino de Deus virou ciência".

introdução
"um longo argumento do princípio ao fim"
Pierpaolo Antonello e João Cezar de Castro Rocha

> *Alguns de meus críticos disseram: "Ah, ele é bom observador, mas não consegue raciocinar!". Não acho que isso possa ser verdade, porque A Origem das Espécies é um longo argumento do princípio ao fim, que convenceu um número não desprezível de homens capazes.*
> Charles Darwin, Autobiografia[1]

Em *La Rovina di Kasch* [A Ruína de Kasch], Roberto Calasso diz que René Girard "é um dos últimos porcos-espinhos vivos hoje, no sentido da metáfora que Isaiah Berlin tirou do verso de Arquíloco: 'A raposa sabe muitas coisas, mas o porco-espinho sabe uma coisa importante.' A 'coisa importante' que Girard sabe tem nome: bode expiatório".[2]

A observação de Calasso é correta, mas parcial, porque Girard conhece outra coisa importante, chamada "desejo mimético". Ao longo de praticamente cinquenta anos de exercícios teóricos sobre essas duas hipóteses, Girard construiu toda uma base intelectual, "um longo argumento" que começa com as origens da cultura e – passando dos mitos e rituais arcaicos à tragédia grega, das escrituras

---

[1] Charles Darwin, *The Autobiography of Charles Darwin and Selected Letters*. Ed. Francis Darwin. Nova York, Dover, 1958.
[2] Roberto Calasso, *La Rovina di Kasch*. Milão, Adelphi, 1983, p. 205.

judaico-cristãs aos textos medievais de perseguições, das peças de Shakespeare aos romances modernos – termina à beira do sentimento apocalíptico que emerge em nossa sociedade pós-moderna e globalizada. Este volume tenta reconstruir, por meio de diálogos sistemáticos, o longo discurso argumentativo que Girard teceu ao longo dos anos, começando com seus primeiros passos intelectuais na França, onde nasceu em 1923, e chegando a suas mais recentes teorizações nas áreas da antropologia, da filosofia, da crítica literária e do cristianismo. Nosso objetivo é propor uma síntese de sua investigação, tentando suscitar novas sugestões teóricas, novos desafios críticos, novas direções interpretativas, sempre no âmbito de duas noções fundamentais: a natureza mimética do desejo e o mecanismo do bode expiatório.

Stanford, maio de 1995

A ideia deste livro, e nossa colaboração nele, nasceu num momento preciso da biografia intelectual de Girard: a conclusão de sua longa carreira docente em Stanford, em 1995, onde nos encontramos pela primeira vez. Percebemos que a oportunidade era propícia para tentar contar a vida e a jornada intelectual de um dos pensadores europeus mais originais e desafiadores, ainda mais no momento em que o interesse por sua obra parecia estar voltando após a ampla discussão provocada nos anos de 1970 pela publicação de *A Violência e o Sagrado* (1972) e *Coisas Ocultas desde a Fundação do Mundo* (1978), e o declínio subsequente dos anos posteriores. Numa época em que o pensamento pós-moderno gradualmente exauriu seu impacto inicial e seu alcance teórico, a teoria de Girard ainda propunha seu desafio, como a última "grande narrativa" – e, portanto, sem partilhar o ceticismo de muitas teorias concorrentes das humanidades. O tempo mostrou que tínhamos razão. Enquanto certas correntes teóricas que ganharam notoriedade nas últimas décadas só conseguem ter apelo para plateias acadêmicas, a teoria girardiana torna-se cada vez mais relevante para a compreensão de questões sociais contemporâneas e da dinâmica histórica, assim como do elo inexorável entre natureza humana e vitimação, religiões mundiais e violência, cristianismo e modernidade. O retorno do "real", o surgimento de uma sociedade dita "pós-secular" (citando Habermas) e a busca por formas de universalismo ético nas tendências teóricas atuais são sinais que apontam para uma direção que Girard sempre seguiu resolutamente ao longo de sua carreira intelectual.

Foi nosso objetivo reavaliar com o próprio Girard os pontos principais de sua teoria, começando com uma reavaliação de sua obra mais sistemática: *Coisas Ocultas desde a Fundação do Mundo*. Queríamos reconsiderar problemas teóricos e metodológicos que ficaram por resolver e estimular maiores análises de questões apenas parcialmente exploradas por Girard em seus livros.[3] Além disso, demos a ele a chance de responder a críticas que lhe foram feitas ao longo dos anos, tentando estimular uma discussão que poderia reproduzir, na forma de um diálogo, a persuasividade de seu estilo argumentativo. Também, por estarmos convencidos de que nenhum discurso intelectual pode ou deve ser separado de implicações "existenciais" (sobretudo quando a ideia de conversão tem um papel essencial, como no caso de Girard), optamos por fazer com que nossas discussões teóricas fossem precedidas de um relato autobiográfico – e, de fato, este livro poderia ser considerado uma espécie de autobiografia intelectual. Evidentemente não acreditamos que a vida de um pensador possa ser interpretada simplesmente pela comparação com sua obra ou com suas ideias, criando uma espécie de profecia autorrealizável. Os acontecimentos sempre são contingentes. Contudo, escolher contar a história pessoal significa acreditar de que a vida mesma

---

[3] A primeira parte deste diálogo aconteceu no outono de 1995 (Pierpaolo Antonello e João Cezar de Castro Rocha, "L'Ultimo dei Porcospini. Intervista Biografico-Teorica a René Girard", *Iride*, v. 19, 1996, p. 9-56). O resto da discussão aconteceu na primavera e no verão de 1999, que resultou no volume *Um Longo Argumento do Princípio ao Fim. Diálogos com João Cezar de Castro Rocha e Pierpaolo Antonello*. Rio de Janeiro, Topbooks, 2000. Ele foi revisto e ampliado em 2003 para suas edições italiana e francesa: *Les Origines de la Culture. Dialogues avec Pierpaolo Antonello et João Cezar de Castro Rocha*. Paris, Desclée de Brouwer, 2004.

faz parte desse "longo argumento". Recorde-se, nesse sentido, que a decisão de Darwin de embarcar no Beagle "para uma aventura" não é razão suficiente para a elaboração e para o refinamento de seu "longo argumento", mas sem dúvida foi uma condição necessária.

Repensando a mímesis

Como escreve Jean-Pierre Dupuy, "a catedral de Girard é uma pirâmide apoiada em seu vértice: a hipótese mimética".[4] O fascínio da teoria girardiana vem, entre outros, de sua imensa força explicativa, baseada num princípio genético deveras econômico: a *imitação* (particularmente, a imitação recíproca de um desejo entre os seres humanos). Esse conceito teve uma recepção muito contraditória no campo científico, possivelmente por causa do individualismo metodológico (de raízes idealistas e românticas) que muitas vezes direcionou as premissas ideológicas tanto nas ciências sociais quanto nas exatas. Junto a isso, há o pressuposto generalizado, dentro das humanidades, de que a *originalidade* é o principal elemento que define a prática e a autoria artísticas. Todavia, teorizações recentes sobre a imitação – como a memética de Richard Dawkins, mas sobretudo a pesquisa de Vittorio Gallese e de Giacomo Rizzolati sobre os ditos "neurônios-espelho" – hoje mostram o quanto a hipótese de Girard prenunciou aquilo que pode vir a ser um novo paradigma nas ciências comportamentais e na neurociência.[5] Elas também mostram o quanto ele foi além dessas hipóteses científicas, compreendendo a complexidade e os mecanismos das ramificações psicológicas e sociais dos padrões imitativos da mente humana e das nossas sociedades, e sobretudo

---

[4] Jean-Pierre Dupuy, "Mimésis et Morphogénèse". In: Michel Deguy e Jean-Pierre Dupuy (eds.), *René Girard et le Problème du Mal*. Paris, Grasset, 1982, p. 225.
[5] Para uma discussão recente desse assunto, ver S. R. Garrels, "Imitation, Mirror Neurons and Mimetic Desire. Convergence between the Mimetic Theory of René Girard and Empirical Research on Imitation", *Contagion*, 12-13, 2006, p. 47-86.

da constituição e do desenvolvimento daquilo que é mais distintamente humano: o desejo.

Na visão de Girard, o desejo é sempre gerado pela imitação do desejo de outros, que passam a funcionar como modelos. Se a estrutura social não organiza os sujeitos e seus modelos em domínios sociais, simbólicos, temporais ou espaciais distintos, a imitação recíproca de desejos tende a tornar-se antagonística, uma mímesis de rivalidade, com potenciais conflitos entre sujeitos e modelos, causados pela disputa do mesmo objeto. A partir dessa hipótese, pode-se deduzir todas as diversas configurações psicológicas, relacionadas à identidade-definição e à dinâmica individual, e também as repercussões sociais negativas da imitação antagonística, quando ela se torna uma matriz multiplicadora de conflitos que podem dar origem a um caos sistêmico, desencadeando ódio e violência no nível coletivo.

Se em seus livros anteriores Girard ressaltou essencialmente as consequências negativas do desejo mimético (isto é, sua dimensão apropriativa e antagonística), aqui, nestes diálogos, ele aborda, de maneira mais direta, o caráter emancipatório da imitação e o *status* fenomenológico do objeto como foco de interesse para os sujeitos desejantes. O objeto é o centro da concorrência e da rivalidade, mas também pode tornar-se um meio pelo qual a rivalidade pode ser abrandada – a hora de "cair na real" durante os duros conflitos entre rivais competitivos.[6] Além disso, ainda que Girard tenha ressaltado particularmente a ilusão de autonomia do sujeito e a natureza mediada do nosso desejo, este último continua a ser o principal instrumento de que os seres humanos dispõem para explorar e entender o mundo, para adquirir conhecimento existencial e intelectual. O desejo é "o primeiro germe da mente", como lemos no *Rig Veda* (10.129.4).

---

[6] Etimologicamente falando, *thing* [coisa] é aquilo que se disputa. Suas raízes estão em *Ding*, termo do alto alemão antigo, que significa "assembleia pública para julgamentos e negócios, processo". O mesmo se aplica às línguas neolatinas: por exemplo, o francês *chose* e o italiano e espanhol *cosa* derivam do latim *causa*: "processo judicial, causa".

Em termos teóricos, o que se deve enfatizar é a natureza de duplo vínculo (*double bind*) da dinâmica mimética: a imitação é uma estrutura comunicativa *semi-instintinva* que pode funcionar como vetor multiplicador tanto de conflitos quanto de transmissão simbólico-cultural. O desenvolvimento cognitivo e comportamental da mente humana e de nossa cultura está associado às capacidades imitativas pelas quais, porém, pagamos um alto preço, porque o mesmo padrão mimético também multiplica desejos conflitantes, levando a rivalidades recíprocas e à violência. Na verdade, essa estrutura do duplo vínculo está presente em todo o sistema explicativo de Girard, tanto no que diz respeito à cognição individual quanto ao desenvolvimento sócio-histórico. Nas hipóteses de Girard, o mesmo princípio explica os lados positivos e os lados negativos de um fenômeno. A imitação produz resultados conflitantes, mas é também a base de toda transmissão cultural; o outro pode atuar como modelo pedagógico, mas também pode tornar-se rival. Na visão antropológica de Girard, o sagrado é aquilo que controla a violência coletiva, mas ele também se baseia num uso "farmacológico" da violência. Esse é de fato um dos desafios da teoria mimética: ela nos força a pensar, não em sentido dialético, como num sistema de oposições nítidas, mas por antinomias, isto é, conciliando elementos polarizados de fenômenos que inevitavelmente parecem paradoxais, porque são gerados por um único – ainda que ambivalente – mecanismo cognitivo básico: a imitação.

Evolução e vitimação

Como a recepção de Girard aconteceu primariamente por meio de sua discussão em círculos literários (nos Estados Unidos) e filosóficos (na Europa continental), é fácil esquecer que Girard considera a teoria mimética uma das poucas hipóteses antropológicas que tenta explicar acontecimentos sociais e culturais num nível *genético* e *gerativo*. Aqueles antropólogos, historiadores, sociólogos e cientistas naturais que procuram teorias compatíveis com premissas científicas para explicar a emergência da cultura ou da religião (que para Girard são a mesma coisa), acabam chegando às teorizações de Durkheim ou ficam de mãos vazias. A teorização do século XX de fato expulsou pouco a pouco qualquer consideração das origens e da gênese da cultura e das instituições, que foram consideradas momentos absolutamente inatingíveis da história humana.

Apesar dos limites de sua formulação (devidos essencialmente à formação humanística de Girard), a teoria mimética certamente poderia contribuir para essa discussão, apresentando um princípio genético que explica, de modo muito econômico; em termos gerativos, a emergência da cultura humana. Assim, no capítulo 3, "A Espécie Simbólica", discutimos a proposta de Michel Serres: Girard seria o "Darwin das ciências humanas".[7] A partir das premissas lançadas em *A Violência e o Sagrado* (1972) e *Coisas Ocultas desde a Fundação do Mundo* (1978), Girard esboçou uma hipótese, baseada em premissas etnológicas e etológicas, que define um mecanismo básico e um possível cenário para as origens e para o desenvolvimento da cultura humana. Seu esforço foi provavelmente ingênuo no nível metodológico, mas corajoso e cheio de potencial no plano teórico. Todavia, o assunto não foi mais investigado em livros subsequentes, ficando essencialmente limitado à primeira seção de *Coisas Ocultas*, intitulada "Antropologia Fundamental".

Consideramos que valia a pena retomar o assunto, relacionando-o com maiores considerações a respeito do desenvolvimento etológico e cognitivo-simbólico humano, a fim de ampliar o círculo da hipótese de Girard. É claro que estamos conscientes de que uma teoria tão abrangente necessitaria de uma discussão mais ampla e de um espectro mais vasto de pesquisas; ainda assim, essa nova discussão permite que Girard reforce os contornos realistas e científicos de sua pesquisa, a continuidade evolucionária do natural e do cultural, e proponha um novo paradigma antropológico. Esse paradigma

---

[7] Michel Serres, *Atlas*. Paris, Julliard, 1994, p. 219-20.

pode explicar algumas das características aparentemente paradoxais do desenvolvimento cultural e técnico humano, como o surgimento de tabus e de proibições, o nascimento da agricultura, a domesticação dos animais e a oferta de presentes.

Para esse propósito, Girard recorreu particularmente à segunda de suas grandes intuições: o mecanismo do bode expiatório. Em sua lenta ascensão evolutiva, os proto-humanos "encontraram" nesse mecanismo um "instrumento" para o controle de escaladas miméticas da violência intraespecífica, quando a imitação (mais desenvolvida nos humanos do que nos animais) dissemina uma dinâmica de contendas e de vinganças recíprocas num grupo social. Ao canalizar a violência coletiva e direcioná-la para um único indivíduo, considerando-o responsável por qualquer crise que esteja sendo enfrentada pelo grupo social (causada por escassez, por epidemia, por lutas internas, etc.), a comunidade consegue controlar a violência sistêmica e reconciliar seus membros após a expulsão coletiva e unânime dessa vítima aleatória, que é percebida como causadora da crise, mas que é na verdade um *bode expiatório*, sacrificado para o restabelecimento do equilíbrio social. Esse mecanismo "farmacológico" pré-consciente é tão precioso para a comunidade que frequentemente a vítima e seu assassinato são sacralizados. Segundo Girard, da "ritualização" desse proto-acontecimento (porque a imitação é também, mas não só, *repetição*), surgem *todos os processos de estruturação social*: tabus, normas, instituições e também a narrativa *mítica* desse acontecimento "original". Essa interpretação dos processos sacrificiais como força principal do desenvolvimento da cultura humana não tem nada de mecanicista, mas sugere um acontecimento sistêmico que é contingente mas necessário (como diria Monod).[8] Contingente porque foi "encontrado acidentalmente" pelas comunidades primitivas, e usado como a forma mais eficiente de canalizar e de controlar

---

[8] Ver Jacques Monod, *Chance and Necessity: An Essay on the Natural Philosophy of Modern Biology.* Nova York, Alfred A. Knopf, 1971.

a violência interespecífica. É necessário, porque trouxe estabilidade às comunidades primitivas, permitindo o desenvolvimento de formas simbólicas complexas (entre as quais destacam-se os ritos, os mitos e a linguagem) e as instituições que as protegeram das complexidades e das dimensões cada vez maiores dos grupos sociais, oferecendo novos instrumentos técnicos e cognitivos para a evolução humana.[9] Essa abordagem pode soar excessivamente reducionista, ou altamente conjetural, ainda que tenhamos em mente que todo novo paradigma explicativo beneficia-se de uma "brutalização" preliminar dos dados, sobretudo se tem a intenção de fazer uma análise histórica tão vasta, com todas as implicações teóricas e disciplinares decorrentes da própria hipótese.

Pistas e *figurae*. O "paradigma evidencial" de Girard

O processo evolucionário mencionado anteriormente, assim como o método de hipótese e validação usados explicitamente por Girard em seus textos, estimularam uma análise mais ampla da base epistemológica de sua obra. O que apareceu foi uma epistemologia antipopperiana (isto é, não falseável, como no caso do evolucionismo), baseada numa análise comparativa de dados antropológicos e etnológicos, incluindo mitos e ritos, interpretados por Girard como verdadeiros "fósseis" simbólicos da evolução cultural do homem. Foi exatamente esse tipo de metodologia e o uso particular de fontes textuais "como dados" que representou um dos maiores obstáculos à recepção da teoria girardiana. De fato, Girard usa mitos, ritos e *a própria literatura* como se fossem "remanescências", *indícios*

---

[9] Seguindo essa observação, a hipótese de Girard permite uma reconsideração do conceito de *seleção grupal*, que, após anos de recusa radical, acaba de ser ressuscitada pelos teóricos evolucionários, com o objetivo de explicar a emergência de comportamentos "altruístas" nos animais e também para justificar a persistência de "superstições" religiosas nas sociedades humanas.

inesperados das coisas que permaneceram "ocultas desde a fundação do mundo". Num período em que a episteme dominante tende a obliterar a relevância de qualquer referente concreto na análise textual, Girard sempre tentou ir na direção oposta, apontando os elementos de referencialidade em textos tão diversos quanto o mito e as escrituras religiosas. Pode soar "fantástico" dizer que o fato de que por trás do mundo supostamente imaginário dos mitos, dos textos religiosos e da literatura delineia-se uma *verdade* (a de que todos nós desejamos de modo mimético e de que a sociedade e a cultura foram fundadas pela ritualização do assassinato de bodes expiatórios). Porém, para Girard, o "assassinato" estava longe de ser perfeito: o "culpado" voltava com frequência excessiva à cena do crime, deixando pistas demais, imitando seu ato original repetidas vezes, e contando a mesma narrativa em mitos, lendas, histórias folclóricas e textos religiosos no mundo inteiro. O que Girard propõe é uma forma atualizada de antropologia comparativa e de história comparada das religiões e da cultura, uma vez que essas são as mais importantes fontes culturais de que dispomos para entender a fase inicial de nossa formação cultural e religiosa. De fato, essa forma de comparativismo é inerente à exegese histórica da Bíblia mesma, que foi constantemente lida por meio da noção de *figura Christi*, entendida como o padrão repetitivo de perseguições injustas que encontramos no Antigo Testamento, e que preparou seu entendimento mais amplo dos Evangelhos.

Epistemologia e conversão

Após a publicação de *Coisas Ocultas*, obra inovadora, Girard concentrou suas investigações na leitura das escrituras judaico-cristãs, consideradas as principais fontes de nosso conhecimento das origens mimeticamente violentas da civilização. Para Girard, esse foi o mais importante acontecimento histórico cultural que ajudou a humanidade a tomar consciência e a tentar afastar-se gradualmente das práticas sacrificiais usadas para estabilidade interindividual e social. Alguns críticos viram na apologética cristã que apareceu nas obras mais recentes de Girard o elo "fraco" de sua "catedral" teórica: um aspecto que deveria ser "anestesiado" ou extirpado de uma teoria que, não fosse por isso, poderia dar uma contribuição positiva para as ciências sociais – uma contribuição mais compatível com nosso ceticismo religioso moderno.[10]

Na verdade, o argumento de Girard é nesse ponto muito mais complexo e, em última instância, mais interessante. Entre os diversos "curtos-circuitos" conceituais propostos por ele, a ideia de "conversão" – vista não apenas como acontecimento existencial, mas também *epistêmico* – é um dos mais provocantes. Esse conceito, que passou muito tempo banido da investigação filosófica, é epistemologicamente crucial desde o ponto de vista da teoria mimética. Como sugerido em *Mentira Romântica e Verdade Romanesca* (1961), "conversão" significa, antes de tudo, uma radical "crítica do sujeito", e particularmente uma crítica da suposta autonomia do indivíduo moderno em relação a seu contexto sociocultural, isto é, a pletora de modelos com quem inevitavelmente interage. Apesar de ter sido desconstruído por um século de discussões críticas e filosóficas (estruturalismo, pós-estruturalismo, hermenêutica), a crença na autonomia do eu – derivada principalmente da tradição idealista-romântica – continua profundamente arraigada em nosso entendimento da mente moderna: sempre tendemos a representar a nós mesmos como autônomos em relação a nossas escolhas, desejos e convicções. Além disso, há sempre um ponto cego em nossa percepção da hostilidade, da competição e da rivalidade recíprocas. Estamos sempre prontos para desconstruir qualquer coisa, exceto a ideia de que somos autodirecionados e que os perseguidores são *sempre* os outros.

---

[10] Nas palavras de Paisley Livingston: "Não preciso da hipótese de Girard de que o projeto científico é um subproduto da Revelação 'subterrânea' significada pelas Escrituras. Minha posição sobre o assunto é que muitas das intuições originais de René Girard sobre as interações e motivações humanas são logicamente distintas desse tipo de proposições teológicas" (Paisley Livingston, *Models of Desire*. Baltimore, Johns Hopkins University Press, 1992, p. xviii).

O individualismo metodológico típico de muitas ciências sociais é um claro exemplo de como essa convicção continua a ser um *a priori* ontológico de diversas disciplinas científicas, que também exibem um modo de racionalizar a posição do sujeito em relação a suas determinações sociais, extensivamente criticado pela teoria mimética. Além disso, o conceito de conversão rejeita toda forma de simplificação positivista e analítica, questionando a falsa dicotomia entre sujeito e objeto (afinado com boa parte da epistemologia do século XX). Falar de teoria mimética traz uma série de exigências, que inevitavelmente terão implicações existenciais para os sujeitos que as discutem, e que também envolve a experiência pessoal de cada um na exploração factual da plausibilidade da hipótese proposta pela obra de Girard.

Cristianismo e pós-modernidade

Como corolário adicional, também poderíamos dizer que a oscilação entre *evolução* e *conversão* é o movimento que melhor representa a ideia girardiana de história, que procede não de maneira linear e progressiva, mas, como se disse recentemente, em *espiral*.[11] A evolução humana pode ser vista tanto como um contraponto à permanência – já que a cultura se baseia em um mecanismo neurocognitivo de repetição (isto é, a imitação), de reforço e de conservação – quanto à progressão, porque a revelação nos deu bases para explorar novas formas de interação e de organização sociais, assim como novas modalidades de criatividade pessoal e cultural. Isso fica claro se olharmos para a dimensão aparentemente paradoxal que surge das observações de Girard sobre o cristianismo e seu impacto na história cultural ocidental. Isso poderia ser considerado outro grande "escândalo" da teoria girardiana, sobretudo à luz

---

[11] Ver Maria Stella Barberi (ed.), *La Spirale Mimétique: Dix-Huit Leçons sur René Girard*. Paris, Desclée de Brouwer, 2001.

da "alergia" à religião expressada por algumas ciências sociais e naturais, e exemplificada de forma particularmente clara em livros recentes de Richard Dawkins e de Daniel Dennett.[12]

Para reformular a afirmação de Simone Weil de que "antes de apresentar uma 'teoria de Deus', uma *teologia*, os Evangelhos apresentam uma 'teoria do homem', uma *antropologia*",[13] Girard afirma que o cristianismo é essencialmente *o reconhecimento cultural e moral das origens sacrificiais de nossa cultura e sociedade*. Os Evangelhos tornam-se a chave hermenêutica que permite repensar tanto a mitologia quanto os textos antigos como assimilações progressivas pela humanidade da matriz violenta da ordem cultural. O sacrifício de Cristo é o momento de revelação total da arbitrariedade do mecanismo vitimador que fundamentava e estabilizava a ordem sagrada e simbólica das sociedades arcaicas. Nesse sentido, Girard vai contra pressuposições comuns e propõe a responsabilidade fundamental da tradição judaico-cristã na *des-mistificação* e *des-sacralização* do mundo. A secularização do mundo ocidental foi realizada pela lenta erosão das estruturas míticas e sagradas que foi desencadeada pela revelação cristã – e essa afirmação, por si, questiona a visão reducionista da religião expressa por Dennett e por Dawkins. O fim da religião, e até mesmo o próprio ateísmo científico, foram produzidos por uma religião: o cristianismo.

Assim, para Girard, o cristianismo poderia ser considerado, no que diz respeito à história humana, algo análogo àquilo que a cultura significou no processo de seleção natural: o momento em que o homem deixa de ser vítima do processo cego de seleção darwinista

---

[12] Ver Daniel Dennett, *Breaking the Spell: Religion as a Natural Phenomenon*. Londres e Nova York, Viking, 2006 [Daniel Dennett, *Quebrando o Encanto: A Religião como Fenômeno Natural*. Rio de Janeiro, Globo, 2006. (N. T.)]. E também Richard Dawkins, *The God Delusion*. Londres, Bantam, 2006. [Richard Dawkins, *Deus: Um Delírio*. São Paulo, Companhia das Letras, 2007. (N. T.)]

[13] René Girard, *I See Satan Fall Like Lightning*. Maryknoll, Orbis, 2001, p. 40. Esse livro será publicado na Biblioteca René Girard.

e começa, por meio da cultura, a libertar-se dele. Igualmente, o cristianismo representa o momento em que o homem é libertado da necessidade de usar a lógica do sagrado, isto é, de produzir continuamente bodes expiatórios e de sacrificá-los para pôr fim a conflitos e a crises. Ao invés disso, ele reconhece a inocência de todas as vítimas que foram perseguidas para esse propósito e a injustiça de sua vitimação. Essa ruptura da ordem sacrificial leva a um desenvolvimento histórico inesperado, que ainda se prolonga nos dias de hoje. De fato, se a estrutura sacrificial não pode mais funcionar, porque sua injustiça e sua arbitrariedade foram desmascaradas, então, desde um ponto de vista evolucionário, a sociedade moderna se depara com um novo estágio *experimental*, enquanto a história se torna um laboratório em que a humanidade tenta encontrar novos processos e estruturas de equilíbrio e de estabilidade. Todavia, Girard raramente discutiu essas questões – exceto, talvez, em *Mentira Romântica e Verdade Romanesca*, em que esboçou uma teoria do desejo na modernidade. Foi por isso que aceitamos a sugestão de Gianni Vattimo, que questionava o fato de Girard relutar em desenvolver uma teoria da modernidade e da pós-modernidade baseada em suas premissas teóricas, e assim dedicamos o último capítulo deste livro a preencher parcialmente esse vazio.

A disseminação do paradigma cristão, que impôs a rejeição do sagrado e provocou a secularização do mundo, na verdade significa uma fase em que o homem não está mais protegido pela falsa transcendência do sagrado, pelos rígidos processos do uso sistêmico da violência (concreta ou simbólica). A erosão gradual de todo *dharma*, de toda hierarquia e divisão social rígida baseada em normas sagradas mergulhou o indivíduo moderno no fluxo social mimético, em oscilações cada vez mais extremas de desejo e de ressentimento, mobilizadas pela democratização crescente das sociedades. Tornaram-se necessárias, portanto, estruturas de "contenção", "instrumentos catecônticos" (do grego *katéchon*, algo que "segura"), por assim dizer, baseados em formas de transcendência secularizada (como a ideologia e as instituições democráticas, a tecnologia, os meios de comunicação de massas, a sociedade de mercado, a objetificação dos relacionamentos individuais, etc.), que contribuem para o adiamento, para a suspensão do acontecimento apocalíptico, o *terminus* real, ambivalente e potencial da dissolução da ordem religiosa do mundo (seja a revelação da violência ou a dissolução pela violência). Contudo, no que diz respeito aos caminhos futuros da humanidade, Girard nunca sugere interpretações rígidas, nem faz previsões totalizantes; pelo contrário, ele adverte contra toda teoria que não se interesse pelas oscilações e pelos paradoxos contínuos do desenvolvimento sócio-histórico. Girard afirma que a vitimação humana está sempre à espreita, e que nunca desaparece o risco de se mergulhar em mecanismos dominados por uma lógica sacrificial (e os atentados de 11 de setembro provaram isso). Claro que também há uma possibilidade de redenção – qualquer que seja o nome dado pelo discurso contemporâneo para mascarar esse desenvolvimento potencial (*Homo reciprocus*, defesa das vítimas, não-violência, ou, no caso de Girard, a *imitatio Christi*) – que pode transformar o risco potencial da imitação recíproca em imitação produtiva e pacífica. E é com isso que se preocupa a ética contemporânea.

Girard também traz à tona o extraordinário paradoxo da cultura ocidental, que revela suas raízes profundamente judaico-cristãs no exato momento em que parece estar livre de constrangimentos religiosos e confessionais graças à "expulsão racionalista da religião". Toda a perspectiva ideológica da cultura contemporânea baseia-se, na verdade, num princípio vitimológico, isto é, na centralidade das vítimas em todas as nossas preocupações éticas: as vítimas do Shoah, as vítimas do capitalismo, as vítimas da injustiça social, da guerra, da perseguição política, dos desastres ecológicos, da discriminação racial, sexual ou religiosa. E por mais paradoxal que isso soe, Girard afirma que o cristianismo foi o maior defensor da colocação da vítima no centro de nossas preocupações éticas. Essa centralidade, para Girard, é prova da inelutabilidade da ética cristã na cultura ocidental. Afinal, para o pensador francês, ela defende a inclusão, não a exclusão, o universalismo e fidelidades localizadas e partidárias. Em uma palavra, trata-se de perdão em lugar de reciprocidade.

capítulo 1
a vida das ideias

> Um editor alemão escreveu-me pedindo que contasse, em um esboço de autobiografia, como foi minha formação intelectual e moral. Pareceu-me divertida a tarefa, e o seu resultado talvez interesse meus filhos ou netos.
> Charles Darwin, *Autobiografia*

Professor René Girard, gostaríamos de começar falando sobre sua história pessoal e intelectual. Em primeiro lugar, o senhor poderia contar um pouco de sua infância?

Nasci na noite de 25 de dezembro de 1923, na cidade de Avignon, na França. Recebi o nome de René Nöel Theophile Girard. Cresci como uma criança feliz e fui criado em um ambiente sereno e agradável, em uma família bastante comum do sul da França. Tive quatro irmãos e irmãs, e era o segundo mais velho. Meu pai era o arquivista responsável pela conservação tanto da Biblioteca quanto do Museu de Avignon. Também cuidava do Palácio Papal, a maior fortaleza medieval da França, e pesquisava a arqueologia da cidade. Minha mãe também era uma espécie de intelectual. Interessava-se por música e arte. E foi uma das primeiras mulheres, creio, a ter o *baccalauréat*[1] na região dela. Meu pai era em parte de Avignon, em parte do centro do país. Minha mãe era do norte da Provença. A língua provençal já não é mais falada em Avignon e conheço apenas umas poucas palavras.

---

[1] Diploma conferido após a aprovação nos exames finais dos estudos secundários e que habilita a cursar a universidade. (N. T.)

Meu pai era um francês típico no sentido de que, do ponto de vista religioso, era anticlerical: um bom representante do *radical socialisme*, na tradição do antigo partido de esquerda do início do século e da Terceira República francesa. Minha mãe era católica, de uma família socialmente mais privilegiada que meu pai, mas mais conservadora. Era uma situação característica da França de então: ter mãe católica e pai anticlerical. Embora houvesse até monarquistas do jornal *Action Française*[2] na família de minha mãe, meus pais foram gaullistas de primeira hora.

Então o senhor não teve uma educação católica formal?

Minha mãe era uma boa católica, ortodoxa, mas bastante liberal: um espírito livre. Parei de ir à igreja por volta dos doze, treze anos de idade. Só tornei a ir aos trinta e oito. Mas seria incorreto dizer que não há elementos católicos em minha formação. Como fora educado no colégio jesuíta de Avignon, meu pai mandou todos os filhos para o *lycée*, a escola pública de ensino laico, mas eu assistia às aulas de catecismo opcionais. Minha mãe era uma francesa católica, mas uma intelectual. Adorava François Mauriac, por exemplo.[3] Ela também sabia um pouco de italiano e costumava ler *Os Noivos*, de Manzoni, para nós. Sempre pedíamos que ela lesse de novo o episódio da peste, que nos deixava simplesmente fascinados. E por muito tempo chamamos o livro de "A Peste de Milão".

---

[2] Jornal do movimento político de extrema direita, fundado em 1908 e dirigido pelo escritor Charles Maurras (1868-1952), pelo historiador Jacques Bainville (1879-1936) e pelo jornalista Léon Daudet (1868-1942). Quando do caso Dreyfus, criou-se um comitê nacionalista e anti-Dreyfus que se converteria na "Liga de Ação Francesa". Influenciado por Maurras, esse movimento defendia "o 'nacionalismo integral', a monarquia 'hereditária, antiparlamentar e descentralizada', fazendo da Igreja Católica a guardiã da ordem".

[3] François Mauriac (1885-1970) foi um escritor cristão. Ele é o autor de diversos romances, incluindo *La Robe Pretexte* (1914); *La Chair et le Sang* (1920); *Thérèse Desqueyroux* (1927); *La Fin de la Nuit* (1935). Ele também escreveu ensaios sobre Racine e Pascal e o famoso *Vie de Jésus* (1936). Ganhou o Prêmio Nobel em 1952.

E sua formação escolar?

Em 1940, obtive o *baccalauréat*. Em 1941, quis fazer o exame da École Normale Supérieure, a melhor escola de Humanidades em Paris. Para me preparar para o teste, fui para Lyon, onde meu irmão estudava medicina. Foi difícil, pois, mesmo na França teoricamente ainda não "ocupada", as condições de vida eram terríveis. Depois, voltei para casa, e meu pai sugeriu que tentasse ingressar na mesma escola que ele cursara para fazer pesquisa sobre temas medievais e pela qual era bastante aficionado. Minha única preocupação na época era adiar minha saída do "ninho" familiar, então aceitei e passei mais um ano em casa. Depois, fui para a École des Chartes em Paris. Foi um período bastante difícil: foi dez vezes pior que Lyon! Teria retornado a Avignon, mas era impossível. Em virtude da divisão do território francês imposta pelos alemães e mantida mesmo depois de ocupada a Zona de Vichy, estudantes do sul não podiam voltar para casa, exceto para as férias de verão. Então, graças aos alemães, permaneci em Paris e concluí minha graduação como paleógrafo-arquivista.

Não estava satisfeito naquela escola, cujo método era muito positivista. Tínhamos a incumbência de realizar pesquisas, editar manuscritos, etc. As condições de vida eram péssimas para alguém longe da família e sem ligação com o campo. Em suma, enfrentei um período duro, particularmente nos dois últimos anos da guerra. Ao mesmo tempo, "eu não me encontrava", porque não me dava conta do quanto desgostava da École des Chartes, pois não dispunha de nenhum padrão de comparação. A maioria dos cursos era extremamente factual e árida.

O senhor já tinha interesse por literatura nessa época?

No liceu em que estudei em Avignon, tinha amigos interessados em literatura, porém com um gosto típico do último surrealismo.

Conhecíamos René Char,[4] o famoso poeta, que convidaria Heidegger para os "seminários de Le Thor".[5] Na época, Char era um importante membro da FTP (Francs-Tireurs et Partisans), a ala pró-comunista das forças da Resistência, e mostrava-se muito receptivo com os mais jovens, que o idealizavam. No entanto, jamais consegui apreciar sua poesia.

Meu primeiro interesse literário real foi Proust, interesse condenado por meus amigos, já que o romance em geral e a ficção proustiana em particular eram considerados *démodés*, ultrapassados. Quando fui para os Estados Unidos, ainda que, a princípio, só devesse permanecer lá dois anos, René Char desaprovou minha ida, vista por ele como uma espécie de traição, o que em certa medida era verdade. A atmosfera intelectual e estética em que me encontrava me era estranha. Mesmo sem admitir ou estar consciente disso, eu queria era fugir dali.

O senhor mantinha contato com outros intelectuais ou escritores além de René Char?

René Char era, por assim dizer, um amigo muito próximo de Yvonne Zervos, mulher de Christian Zervos,[6] conhecido pesquisador de

---

[4] René Char (1907-1988), poeta francês, passou a juventude em Provença. Com seus primeiros livros, *Artine* (1930) e *Le Marteau Sans Maître* (1934), aproximou-se da experiência surrealista. Durante a Segunda Guerra Mundial, ele se tornou uma figura lendária na resistência contra os alemães. Seu livro *Feuillets D'hypnos* (1946) foi inspirado pela experiência do tempo da guerra. Outras obras incluem *Recherche de la Base et du Sommet* (1955) e *Commune Présence* (1964).
[5] Em setembro de 1966, por sugestão de Jean Beaufret – filósofo francês e tradutor de Heidegger –, René Char convidou Heidegger para uma série de seminários anuais em Le Thor, cidade da Provença. Os seminários (ocorridos em 1966, 1968 e 1969) trataram de Heráclito e Parmênides e estão publicados em *Seminare, Gesamtausgabe*, vol. 15. Frankfurt a.M., Klostermann, 1986; e em tradução francesa, no volume *Questions IV*. Paris, Gallimard, 1985, p. 197-306. A respeito do contato de Heidegger com René Char, ver Rüdiger Safranski, *Martin Heidegger. Between Good and Evil*. Trad. Ewald Osers. Cambridge, Harvard University Press, 1998, p. 303-04.
[6] Christian Zervos é autor de estudos fundamentais sobre arte pré-histórica e antiga: *L'Art de la Mésopotamie de la Fin du Quatrième Millenaire au XVe Siècle Avant Notre Ere*

artes visuais, tanto em suas manifestações arcaicas quanto em sua expressão moderna, e também respeitado *marchand* em Paris, além de grande amigo de Picasso, Braque, Matisse e de toda a "École de Paris". Graças a Char, Jacques (meu melhor amigo na época) e eu fomos convidados por Zervos para visitá-lo em Paris. Lá conhecemos seu amplo apartamento da Rue du Bac, onde havia fantásticas telas cubistas de Picasso e Braque, além de outras obras notáveis de membros da "Escola de Paris".

Meu amigo e eu ficamos impressionadíssimos. Ele era um jovem poeta discípulo de Char, cujo pai, um político comunista, ocupou, após a Liberação, um alto cargo municipal, tornando-se responsável pela promoção da arte e da cultura em Avignon. Como a conservação do Palácio Papal estava sob a responsabilidade de meu pai, Zervos, que ambicionava realizar lá uma grande exposição de pintura, julgou oportuno engajar a mim e a meu amigo na empreitada. A exposição necessitava do apoio de nossos pais, e nossa participação no projeto era um meio de mantê-los interessados nele.

A fim de atrair público para a cidade, Zervos sugeriu a Jean Vilar – àquela altura, já ator e diretor conhecido – a realização de um festival de teatro em Avignon, também no Palácio Papal. E tudo aconteceu como planejava Zervos. A exposição de pintura foi um sucesso; e o festival de teatro, um êxito ainda maior, prova disso é que é hoje um dos mais importantes festivais de verão na França.

Eu e meu amigo ficamos o tempo inteiro em uma verdadeira embriaguez mimética, por tomarmos parte em eventos culturais tão significativos. Recordo termos ido ao ateliê de Picasso no Quai des Grands Augustins e ajudado na escolha de doze telas, que levamos em uma caminhonete até Avignon. A única preocupação de Picasso era que Matisse tivesse tantos quadros quanto ele em exposição,

---

(1935); *L'Art en Grèce des Temps Historiques au Début du XVIIIe Siècle* (1936); *L'Art de La Crète Néolithique et Minoenne* (1956); *L'Art des Cíclades* (1957). Também escreveu um livro sobre Constantin Brancusi (1957).

quadros esses cuja importância no conjunto da obra fosse semelhante. Lembro-me também de não ter tido o cuidado necessário no transporte das telas de Matisse, e o resultado foi um indisfarçável furo em uma das *Blouses Roumaines*, que foi logo restaurada.

Durante o verão, Picasso veio até Avignon de carro com seu motorista particular e queixou-se, de forma bem-humorada, porém enfática, da total ausência de propaganda na estrada de Paris até lá. Braque também veio e passou um mês na cidade. Fernand Léger foi outro a vir. Um dos principais motivos da nossa empolgação era o fato de que estávamos todos os dias com atrizes como Sylvia Monfort e Jeanne Moreau, que tinham acabado de sair de uma escola de teatro e ainda eram praticamente desconhecidas.

É possível que, originalmente, tenha sido Picasso o autor da ideia de uma exposição em Avignon: ele adorava falar de sua primeira visita à cidade. Quando veio pela primeira vez da Espanha até Paris, passou por Avignon e foi ver o Palácio Papal. Sendo muito pobre, propôs ao porteiro do Palácio pintar seu retrato por cinco francos, e a proposta foi recusada. Pouco antes de morrer, Picasso desejou realizar a última exposição nesse Palácio, e assim aconteceu.

Voltando a sua educação formal, dada a sua formação na École des Chartes, *o senhor cogitou tornar-se o curador do museu e da biblioteca, assim como seu pai?*

Sim, isso poderia ter acontecido. Mas a ideia de passar a vida em arquivos medievais não me atraía nem um pouco. Então, quando surgiu a primeira chance de lecionar nos Estados Unidos, não hesitei. Na realidade, tive duas oportunidades. Inicialmente, consegui um emprego na Biblioteca da ONU. Era, de certo, mais prestigioso, mas logo entendi que se tratava de um trabalho de documentalista, no serviço de delegações nacionais das Nações Unidas, e não envolvia nenhum tipo de pesquisa pessoal. Além disso, a primeira pessoa que encontrei foi um de meus colegas *chartistes*. Foi o suficiente para que eu decidisse aceitar a segunda oferta e ir para a Universidade de Indiana, onde ensinaria francês e faria doutorado em história.

O senhor pensou em voltar à França?

Sim, claro, mas a rigidez da administração francesa restringia os empregos para alguém com o meu tipo de formação. Tive uma oportunidade graças a Lucien Goldmann: um cargo na École des Hautes Études em Paris. De fato, ele foi muito importante para mim porque publicou um artigo incrível sobre meu primeiro livro – "Marx, Lukács, Girard e a Sociologia do Romance".[7] O capítulo do meu livro sobre Proust também foi publicado em *Médiations*, o jornal que ele dirigia.[8]

Quando foi isso?

Foi logo no início de minha carreira, pouco depois da publicação de meu primeiro livro, *Mentira Romântica e Verdade Romanesca*,[9] em 1961. O prestígio e a autoridade acadêmica de Goldmann foram destruídos pelo estruturalismo pouco depois. Ele estava no auge da carreira até que, de uma hora para outra, ficou ultrapassado. Começava o grande carrossel a que os americanos chamam "teoria".[10]

A outra oferta quase aceita foi a da Universidade de Friburgo, na Alemanha. Fiquei muito interessado nesse convite, pois a universidade alemã era ótima, não muito grande, bem tranquila, não muito longe

---

[7] Lucien Goldmann, "Marx, Lukács, Girard et la Sociologie du Roman". *Médiations*, n. 2, 1961, p. 1943-53. Também em *Pour une Sociologie du Roman*. Paris, Gallimard, 1961, p. 19-57, com o título "Introduction aux Problems d'une Sociologie du Roman".
[8] René Girard, "Les Mondes Proustiens". *Médiations*, n. 1, 1961, p. 97-125.
[9] René Girard, *Mensonge Romantique et Vérité Romanesque*. Paris, Grasset, 1961. [Edição brasileira: *Mentira Romântica e Verdade Romanesca*. Trad. Lília Ledon da Silva. São Paulo, Editora É, 2010.]
[10] A esse respeito, ver René Girard, "Theory and its Terrors". In: Thomas M. Kavanagh (org.), *The Limits of Theory*. Stanford, Stanford University Press, 1989, p. 225-54.

da França. Mas, na época, eu estava na Universidade Johns Hopkins e, sinceramente, este foi o melhor emprego que tive do ponto de vista acadêmico. Eu tinha muitos alunos bons e estava envolvido demais em minha própria pesquisa para perder tempo com uma recolocação.

Como o senhor se definia politicamente na época em que residia na França?

Eu não tinha consciência política. Em Avignon, a maioria dos meus amigos era esquerdista; e meus pais, muito antigermânicos, embora não de esquerda. Já na América, como jovem professor assistente, assumia inevitavelmente uma posição de esquerda. Passei um ano na Carolina do Norte, que nem era a pior região do Sul, embora completamente segregada e bastante conservadora. Dada a situação daqueles anos, minha forte reação era inevitável. Era um democrata, claro. Mas mudei. Nesse sentido, posso ser definido como uma espécie de *outsider*. Diria que sou centrista, isto é, sou antimultidão, a "multidão engajada" com a qual Sartre sonhou.[11] Aliás, minha teoria do "bode expiatório" é a mais contrária a isso que se pode conceber. A multidão tende a ser totalmente de "direita" ou totalmente de "esquerda". Um intelectual tem a obrigação de evitar essas dicotomias.

Essa posição não implicaria um tipo de elitismo?

Há aí um mal-entendido. Durante a Revolução Cultural, os que eram incompetentes diziam que era o "elitismo" que deveria ser criticado, e não sua mediocridade. É verdade que aqueles que são verdadeiramente talentosos, aqueles que são realmente criativos e originais,

---

[11] Ver René Girard, *The Scapegoat*. Baltimore, Johns Hopkins University Press, 1986, p. 113. [Edição brasileira: *O Bode Expiatório*. São Paulo, Paulus, 2004, p. 149.] "No sentido que se diz, hoje, dos militares ou dos "militantes", que eles devem *mobilizar*. De que se trata? De se tornar o famoso grupo em fusão com o qual Jean-Paul Sartre sempre sonhava, sem jamais dizer, é claro, que tal grupo produz tão somente vítimas."

são considerados incompetentes pela maioria das pessoas. Em 1900, Matisse e Picasso eram considerados incompetentes por 99% de seus contemporâneos. Os artistas e os pensadores verdadeiramente originais correm esse tipo de risco, que é quase impossível de eliminar.

Que escritores e pensadores foram importantes para o senhor quando da mudança para os Estados Unidos?

Não lia muitos pensadores naquele período. Sequer imaginava que o interesse em Proust poderia redundar na publicação de meus próprios livros. Cheguei até a ser expulso do colégio público por mau comportamento. Contudo, lembro-me de um romance que foi importante para mim, embora o tenha lido pela primeira vez em uma edição francesa adaptada para crianças: *Dom Quixote*, de Cervantes.

Quantos anos tinha o senhor então?

Devia ter uns nove ou dez anos. Lembro-me de aprender a ler sozinho. Isso, aliás, é uma atitude típica minha, pois nunca aprendi nada em escolas ou universidades. Minha formação é, em larga medida, a de um autodidata. Talvez por isso esteja sempre mudando de campo. Nada aprendi no liceu, nem na École des Chartes. Depois, fiz o doutorado na Universidade de Indiana, mas nada excepcional. Fiz o doutorado em história contemporânea; e minha tese foi sobre a opinião que a América tinha da França de 1940 a 1943. A pesquisa a ser realizada não poderia ter sido concluída mais facilmente: escrevi à embaixada francesa e enviaram-me todos os artigos de jornal que possuíam do período, dos quais extraí todas as citações feitas na tese.[12] O que havia de admirável na Universidade de Indiana era a biblioteca. Recordo-me daqueles anos como anos de

---

[12] Ver René Girard, *American Opinion on France, 1940-1943*. Indiana, Indiana University, 1953. (Tese de doutorado)

intensa leitura. Em particular, lembro-me de ler poesia, como Saint-John Perse.[13] Mais tarde, escreveria um ensaio sobre sua obra. Foi esse o meu primeiro artigo publicado.[14]

O senhor leu Sartre nesse período, considerando que este era um dos mais importantes filósofos e intelectuais franceses?

Sartre só adquiriu importância para mim quando eu já estava nos Estados Unidos. Jamais gostei de seus romances, com exceção de *As Palavras*. Achei *A Náusea* literalmente nauseante. Porém, o primeiro livro de filosofia que de fato compreendi foi *O Ser e o Nada*. Lembro-me perfeitamente do capítulo sobre a má-fé.[15] Não concordava inteiramente com ele; na época, porém, não era capaz de formular essa discordância. De Sartre passei a Merleau-Ponty e a todos os autores ligados à fenomenologia. E foi tal o meu fascínio por essa corrente filosófica, que, durante um tempo, quis escrever em um estilo fenomenológico.

"Ce moment capital dans ma vie"

Quando concluiu o doutorado, parece que seu interesse intelectual não estava claramente definido.

---

[13] Saint-John Perse (1887-1975), pseudônimo de Alexis Saint-Léger Léger, diplomata e poeta francês. Esteve exilado nos Estados Unidos em 1940, durante o governo de Vichy. Em 1960, recebeu o Prêmio Nobel. Durante o exílio, trabalhou pela causa da Resistência francesa no estrangeiro. Entre seus livros encontram-se: *Éloges* (1911); *Anabase* (1924); *Exil* (1942); *Vents* (1946); *Chronique* (1960); *Oiseaux* (1963). [Edição brasileira: *Anábase*. Trad. Bruno Palma. Rio de Janeiro, Nova Fronteira, 1979.]
[14] Ver René Girard, "L'Histoire dans l'Oeuvre de Saint-John Perse". *Romanic Review*, n. 44, 1953, p. 47-55. O ensaio foi incluído em *Honneur à Saint-John Perse*. Paris, Gallimard, 1965. (Artigo publicado em *A Conversão da Arte*. Trad. Lília Ledon da Silva. São Paulo, Editora É, 2011.)
[15] Ver *L'Être et le Néant* (1943). Paris, Gallimard, 1991, em particular a primeira parte, "Le Problème du Néant", cap. II : "La Mauvaise Foi", p. 82-107. [Edição brasileira: *O Ser e o Nada*. Trad. Paulo Perdigão. Rio de Janeiro, Vozes, 1998.]

Não. Estava mais interessado em festas e carros americanos! Então comecei a dar cursos sobre romances. Quando comecei a ler Stendhal e a dar aulas sobre a ficção desse escritor, fiquei impressionado com a semelhança com outros romancistas: a vaidade em Stendhal era algo próximo do esnobismo em Proust, e havia, em Flaubert, um meio-termo entre ambos. Por fim, notei o mesmo em Cervantes e Dostoiévski. Ou seja, principiava a esboçar a teoria mimética, que permitia a definição da diferença na semelhança, sem renunciar a esta, como faz a desconstrução. O que eu queria era escrever uma história do desejo através da leitura de grandes obras literárias.

O senhor já identificou "esse momento capital em que as grandes linhas de minha obra se apresentaram a mim; foi exatamente no início de 1959, enquanto terminava Mentira Romântica*".*[16]

É verdade. Estava lendo, sequencialmente, *O Vermelho e o Negro*, de Stendhal, *Madame Bovary*, de Flaubert, e Dostoiévski. O momento crucial foi a leitura de *O Eterno Marido*, cujo enredo, como me dei conta na ocasião, era o mesmo de "O Curioso Impertinente", de Cervantes.[17] Essa foi a verdadeira intuição. Embora tudo seja diferente do ponto de vista formal, linguístico e estético, o fato de o argumento de ambos os textos ser o mesmo tornou-me o realista mimético que tenho sido desde então.

Em seu trabalho e em sua vida, há um sentimento constante de não pertencer a nenhum meio específico. Em Avignon, sentia-se pouco à vontade entre os amigos. Como europeu na América, viveu a

---

[16] François Lagarde, "Entretien avec René Girard". In: *René Girard ou la Christianization des Sciences Humaines*. Nova York, Peter Lang, 1994, p. 191.
[17] Miguel de Cervantes, "El Curioso Impertinente". In: *Don Quijote de la Mancha* (1605). Madrid, Cátedra, 1995, 17. ed., vol. 1, cap. 33-35, p. 395-438. Essa análise está em *Mentira Romântica e Verdade Romanesca*, p. 72.

experiência de ser estrangeiro. No começo da carreira, ainda não se situava no campo da crítica literária e depois partiu para os estudos antropológicos. Como o senhor explica essa sua inquietação?

Por um lado, não pertenço a nenhum meio; por outro, não posso considerar-me um *outsider* no sentido clássico. Nunca me senti rejeitado, como muitos intelectuais gostam de representar a si mesmos. Provavelmente isso se deu porque tive, quando criança, o forte sentimento de pertencer a um meio, sentimento que ainda conservo. Tive uma infância muito feliz e sempre procurei cercar-me de coisas ligadas a minha infância. Coisas bem simples, como a comida e os livros que li quando criança – por exemplo, a edição abreviada de *Dom Quixote* ou os romances da Condessa de Ségur.[18] Por isso não pertenço estritamente a nenhum meio, mas também não sinto que sou um *outsider*, e provavelmente essa é a razão de eu nunca ter perdido meu sotaque francês! Porém, o local das minhas lembranças não é a região da Provença, onde nasci, que é tão celebrada e admirada, mas que desapareceu da minha memória emocional. Esse local é a austera região montanhosa entre Chiase-Dieu e Ambert-en-Livradois, onde passávamos longos feriados.

Não acha que pode haver vantagem intelectual em ser um outsider?

Acredito que sempre há vantagem em ser aquilo que realmente se é. Minha relativa marginalidade pode ser vista em meus livros mais característicos: o primeiro e o livro sobre Shakespeare.[19] Sobretudo as partes sobre psicologia mimética. Aí está provavelmente o cerne

---

[18] Sophie Feodorovna Rostopchine, Condessa de Ségur (1799-1874), foi uma escritora francesa nascida na Rússia. Seu romance mais conhecido hoje é *Les Malheurs de Sophie* [Os Infortúnios de Sophie].
[19] René Girard, *A Theater of Envy: William Shakespeare*. Oxford/Nova York, Oxford University Press, 1991. [Edição brasileira: *Shakespeare: Teatro da Inveja*. Trad. Pedro Sette-Câmara. São Paulo, Editora É, 2010.]

de minha reflexão, de minhas inquietações. Os aspectos antropológicos e religiosos de meu trabalho estão fortemente ligados a esse conceito-chave.

Isso também é válido no que se refere à natureza interdisciplinar do meu trabalho. Quando passei da literatura à antropologia, fiz isso por conta própria. E foi por isso que transcorreram muitos anos entre o primeiro e o segundo livro que publiquei, pois foi esse o tempo necessário para uma formação autodidata em antropologia. Durante esse período, li mais do que em qualquer outro período da vida – interessavam-me principalmente os elementos religiosos e sacrificiais. Na verdade, nunca deixei de ler livros do ponto de vista do sacrifício.

Em uma entrevista a François Lagarde, o senhor disse ter perdido o cargo na Universidade de Indiana por falta de publicações.[20] "Publicar ou perecer" já nos anos de 1950?

Sim, pois a Universidade de Indiana era bem ambiciosa e uma excelente instituição. Terem me demitido de Indiana foi uma decisão justa. Dois anos depois de minha contratação, outro francês foi contratado pela universidade. Chamava-se Robert Champigny, autor de livros sobre Sartre e outros escritores.[21] Por fim, escolheram a ele e não a mim, o que era compreensível. Então, como reação, comecei a publicar! Publiquei um ensaio sobre Saint-John Perse. Depois, comecei a escrever também sobre Malraux. Um de seus livros, *Psychologie de l'Art*,[22] influenciou-me bastante. Considerei-o

---

[20] François Lagarde, "Entretien avec René Girard". In: *René Girard ou la Christianization des Sciences Humaines*, p. 190.
[21] Ver, por exemplo, Robert Champigny, *Stages On Sartre's Way, 1938-52*. Bloomington, Indiana University Press, 1959; *Sur un Heros Païen*. Paris, Gallimard, 1959; *Pour une Esthétique de l'Essai, Analyses Critiques: Breton, Sartre, Robbe-Grillet*. Paris, Minard, 1967.
[22] André Malraux, *Psychologie de l'Art*. Genebra, A. Skira, 1947-1950, em 3 volumes: *Psychologie de l'Art: Le Musée Imaginaire* (1947), *Psychologie de l'Art: La Création Artistique* (1948) e *Psychologie de l'Art: La Monnaie de l'Absolu. Études Complémentaires* (1950).

mais adequado que o *New Criticism*. Havia em Malraux o fascínio da morte e da destruição, o que também me interessava. Para ele, a arte primitiva – que me intrigava na época – estava inteiramente ligada à Segunda Guerra Mundial. Isso me fascinava, assim como a imagem do mundo arcaico em Malraux. Esse interesse constituiu sem dúvida uma preparação para escrever *A Violência e o Sagrado*.[23]

Em um do seus ensaios sobre Malraux,[24] o senhor mostra como as metáforas desse autor articulam-se à história. Parece adequar-se a sua concepção de realismo.

Sim. Sempre fui um realista, mesmo sem saber. Sempre acreditei no mundo externo e na possibilidade de conhecê-lo. Nenhuma disciplina nova produzirá qualquer resultado duradouro a menos que esteja fundada no realismo do senso comum. Eis um princípio que sempre se confirma. A meu ver, o legado do idealismo alemão consiste em um equívoco para toda a cultura europeia. Não advogo, contudo, um pragmatismo utilitarista, pois este traduz um certo modo de ver a ação no mundo que julgo sem fundamento. Estou interessado em padrões de pensamento e acho que o real deve ser levado a sério. A linguagem é um problema, claro, mas dos que podem ser resolvidos. Tenho certeza de que os engenheiros que resolveram o problema da inundação das terras pelo Nilo no Antigo Egito e os agrônomos da Califórnia atual, depois de uma breve apresentação, se entenderiam perfeitamente. O que o desconstrucionismo pode desconstruir muito bem é o idealismo alemão, porque ele não está fundado em premissas *reais*.

---

[23] René Girard, *La Violance et le Sacré*. Paris, Grasset, 1972. [Edição brasileira: *A Violência e o Sagrado*. Trad. Martha Conceição Gambini. São Paulo, Paz e Terra, 2008.]
[24] René Girard, "Les Reflections sur l'Art dans les Romans de Malraux". *Modern Language Notes*, n. 68, 1953, p. 544-46. A respeito da análise de Girard sobre a obra de Malraux, ver também "The Role of Eroticism in Malraux's Fiction". *Yale French Studies*, n. 11, 1953, p. 47-55 e "Le Règne Animal dans les Romans de Malraux". *French Review*, n. 26, 1953, p. 261-67.

Mentira Romântica e Verdade Romanesca

Há prenúncios da teoria mimética nos ensaios publicados antes de Mentira Romântica e Verdade Romanesca *(1961)?*

Lembro-me de um artigo, "Valéry et Stendhal",[25] no qual defendia Stendhal da acusação de má-fé feita por Valéry. Ali já se identificam elementos miméticos em minha argumentação contra a posição de Valéry, que advoga uma concepção solipsista da vida intelectual, concepção, a meu ver, indefensável e falsa, na qual há bem mais má-fé do que na visão sthendaliana. Stendhal, aliás, discute explicitamente a vaidade.

Pode falar mais a respeito do clima intelectual na Universidade Johns Hopkins, Baltimore, para onde o senhor se mudou em 1957 e onde escreveu seu primeiro livro?

Certamente. Fiquei lá onze anos, até 1968. A Johns Hopkins tinha uma bela tradição. Fora criada como escola de graduação seguindo o modelo germânico. Foi lá que conheci Leo Spitzer[26] e críticos literários como Georges Poulet e Jean Starobinski, bem como o poeta espanhol Pedro Salinas.[27]

---

[25] René Girard, "Valéry et Stendhal". In: *PMLA*, n. 59, 1954, p. 389-94.
[26] Leo Spitzer (1887-1961), crítico literário e filólogo austríaco, é considerado, ao lado de Charles Bally, um dos fundadores da estilística moderna. Ele terminou uma longa carreira docente com um cargo na Universidade Johns Hopkins. Seus livros *Stil-studien* (1928) e *Romanische Stil und Literaturstudien* (1931) incluem a maior parte de seus ensaios. Ele também publicou *Essays on Historical Semantics* (1948). Nesse contexto, vale a pena mencionar a preleção de boas-vindas à nomeação de Salinas para a cátedra de espanhol na Johns Hopkins em setembro de 1940, pronunciada por Leo Spitzer: "El Conceptismo Interior de Pedro Salinas". Ver *Linguística e Historia Literaria*. Madri, Gredos, 1955, p. 227-94.
[27] Pedro Salinas (1892-1951), poeta espanhol. Lecionou nas universidades de Sevilha e de Madri. Também fez conferências na Sorbone, em Paris, e na Universidade de Cambridge, na Inglaterra. Em 1936 ele se mudou para os Estados Unidos. Sua poesia trata principalmente do amor (*Presagios*, 1923; *La Voz e la Debida*, 1933; *Razón de Amor*, 1936). Também publicou romances (*Víspera del Gozo*, 1926; *El Desnudo Impecable*, 1951) e peças. Como crítico literário, publicou, entre outros: *Reality and the Poet in Spanish Poetry* (1940) e *La Literatura Española del Siglo XX* (1941).

Na verdade, Spitzer leu o manuscrito de *Mentira Romântica* e sugeriu-me a conexão com o texto de Max Scheler, *Das Ressentiment*, a palavra francesa já usada por Nietzsche.[28] Eu já havia lido o livro anos antes, mas não me havia ocorrido de forma suficientemente nítida a relação com meu próprio trabalho. E realmente acrescentei citações de Scheler, de certa forma por influência mimética de Spitzer.[29]

Outro leitor de meu manuscrito foi Georges Poulet, que reagiu mal ao livro. Eu tinha uma carta dele, de quinze páginas cerradas, extremamente passionais e hostis, apontando a impertinência de lidar com a literatura daquela maneira, uma vez que, em última instância, significava uma intrusão na vida do autor. No entanto, fiquei feliz com sua reação, pois confirmava o valor opositivo e crítico do meu realismo mimético.

Como se o senhor fosse um Sainte-Beuve do século XX...

Um híbrido de Sainte-Beuve e Freud. Poulet detestava Freud e via minha teoria como uma variante da psicanálise. A carta que me enviou era de fato maldosa e poderia ter desanimado um estreante. Claro, eu sabia que Poulet não ia gostar do meu livro, mas queria ver sua reação porque meu livro era uma resposta ao tipo de esteticismo que ele representava. Tinha plena consciência de que *Mentira Romântica* enfureceria os críticos que viam a literatura como um mundo isolado, que pertence apenas aos autores, como criação pura, desligado da sociedade! George Poulet era o principal expoente desse tipo de crítica.

O senhor está dizendo que Mentira Romântica e Verdade Romanesca *foi uma reação ao* New Criticism?

---

[28] Originalmente intitulado *Über Ressentiment und Moralisches Werturteil* (1912). Edição americana: *Ressentiment*. Trad. William W. Holdheim, com introdução de Lewis A. Coser. Nova York, Free Press of Glencoe, 1961.

[29] A epígrafe de *Mentira Romântica e Verdade Romanesca* – "O homem possui um Deus ou um ídolo" – foi tirada do livro de Scheler.

Foi uma reação contra um tipo de esteticismo. Em particular, a estudiosos como Poulet, que escreveu um livro sobre círculos na literatura no qual discorria por páginas e páginas sobre os círculos formados pela sombrinha de Emma Bovary.[30] A popularidade de críticos como Georges Poulet permite compreender por que os departamentos de literatura americanos seriam tão receptivos à desconstrução. Precisamente por causa do *New Criticism*. A princípio, havia algo muito positivo na desconstrução: os *new critics* eram anti-intelectuais, não possuíam a ampla educação europeia, nada sabiam de filosofia, preferindo simplesmente bani-la. Assim, a desconstrução possibilitou um retorno da filosofia, uma perspectiva mais ampla, uma reabilitação do pensamento. Os primeiros anos em que predominou a desconstrução nos estudos literários representaram um modo de libertar-se do *New Criticism*, embora, em muitos aspectos, fosse uma radicalização de tendências semelhantes.

Durante a escrita de Mentira Romântica e Verdade Romanesca *e* A Violência e o Sagrado, *o senhor teve algum tipo de amizade intelectual como aquela com Leo Spitzer, que fez comentários sobre a obra?*

John Freccero, um estudioso de Dante, foi um amigo importante e querido que me iniciou nesse autor. Ele estava concluindo seu doutorado com um renomadíssimo especialista em Dante, Charles Singleton, que, naquele ano, voltava para a Johns Hopkins após ter passado por Harvard.[31] Singleton foi muito atencioso comigo.

---

[30] Ver Georges Poulet, *Les Métamorphoses du Cercle*. Paris, Plon, 1961, p. 375-93.
[31] Charles S. Singleton foi uma das mais eminentes autoridades em Dante no século XX. Lecionou principalmente na Universidade Johns Hopkins e em Harvard. É autor de muitas obras importantes sobre literatura italiana. Além de ter preparado uma famosa edição do *Decamerão* de Boccaccio (*Decameron*. Trad. John Payne. Revisão e notas de Charles Singleton. Baltimore, Johns Hopkins University Press, 1974), escreveu estudos já clássicos sobre Dante, por exemplo, *Dante's Works: An Essay on the Vita Nuova* (1949); *Dante's Commedia: Elements of Structure* (1954) e "Journey to Beatrice" (1957), todos publicados pela Harvard University Press. Também preparou uma edição crítica da *Divina Comédia* para a série Bollingen, da Princeton University Press. *Divine Comedy*. Tradução e comentários de Charles S. Singleton. The Bollingen Series, Princeton, Princeton University Press, 1970-75.

Fui para a Johns Hopkins como professor assistente e, depois da publicação de *Mentira Romântica e Verdade Romanesca*, ele queria que eu fosse promovido e fez tudo para isso. Freccero tinha terminado uma tese sobre a angeologia em Dante[32] e demonstrou grande interesse por meu livro; conversamos muito a respeito. Depois, na Johns Hopkins, tive excelentes alunos como Eugenio Donato, Eric Gans e Andrew McKenna.[33] Lá, algum tempo depois, conheci Cesáreo Bandera, um especialista em Cervantes e Calderón, que desenvolve um trabalho na mesma linha do meu,[34] e ficamos amigos. Quando fui para Buffalo, ele me iniciou na Idade de Ouro Espanhola.

Em outubro de 1966, na Universidade Johns Hopkins, o senhor organizou, com Richard Macksey e Eugenio Donato, um importante colóquio internacional: The Languages of Criticism and the Sciences of Man [As Linguagens da Crítica e as Ciências do Homem], *com a participação de Lucien Goldmann, Roland Barthes, Jacques Derrida, Jacques Lacan, entre outros. Esse colóquio foi considerado responsável pela introdução do estruturalismo na América.*

Isso é verdade, em alguma medida. Paul de Man veio de Yale para o colóquio. Lacan ficou brincando com todos de forma extremamente calculada e hilariante. Ele tentou falar em inglês, apesar de não saber a língua. Lacan estava em plena forma, porque queria atrair

---

[32] John Freccero, *The Neutral Angels from Dante to Matteo Palmieri*. Baltimore, Johns Hopkins University, 1958. (Tese de doutorado.)
[33] Eric Gans é professor de francês na Universidade da Califórnia, Los Angeles (UCLA). Estudou com Girard no final dos anos de 1960 na Universidade Johns Hopkins. Formulou sua teoria da Antropologia Gerativa em livros como *The End of Culture: Toward a Generative Anthropology*. Berkeley, University of California Press, 1985; e *Originary Thinking: Elements of Generative Anthropology*. Stanford, Stanford University Press, 1993. É editor da revista virtual *Anthropoetics*, destinada à discussão da Antropologia Gerativa (http://www.anthropoetics.ucla.edu). Andrew McKenna é o autor de *Violence and Difference. Girard, Derrida, and Desconstruction*. Urbana e Chicago, University of Illinois Press, 1992.
[34] Ver, por exemplo, Cesáreo Bandera, *The Sacred Game*. University Park, Pennsylvannia State University Press, 1994.

toda a atenção para si, e o pessoal da literatura realmente ficou fascinado por ele, enquanto os psiquiatras continuaram indiferentes.

Quando Freud veio aos Estados Unidos, disse ao se aproximar de Nova York: "Estou trazendo-lhes uma praga". Mas estava enganado. Os americanos facilmente digeriram e americanizaram a psicanálise. Nós é que, em 1966, trouxemos a praga com Lacan e a desconstrução, ao menos para as universidades! Naquele momento, sentia-me tão desconfortável e alienado quanto em Avignon com meus amigos pós-surrealistas. Um ano depois, a desconstrução entrou mesmo na moda, o que me incomodava. Por isso, em 1968, fui para a Universidade de Buffalo.

No entanto, o evento todo foi um grande sucesso.

Sim. Levantamos uma verba considerável junto à Johns Hopkins e à Fundação Ford. Veio até um representante dessa fundação e, quando isso chegou aos ouvidos de Lacan, ele foi abraçar o sujeito como a um velho amigo.

Por algum tempo, o livro do colóquio foi o mais vendido da Johns Hopkins University Press.[35] Muitas pessoas viram que se tratava de um evento fundador. Todos os nomes significativos estiveram presentes, à exceção de Lévi-Strauss. Como estava indeciso quanto a quem convidar em seu lugar, consultei Michel Deguy (que tinha escrito na *Critique* um longo ensaio descritivo sobre meu livro).[36] Ele me contou que Derrida publicaria ensaios importantes nos próximos dois anos. Foi por isso que o convidamos.[37]

---

[35] Richard Macksey e Eugenio Donato (orgs.). *The Languages of Criticism and the Sciences of Man.* Baltimore, Johns Hopkins University Press, 1970. Com introdução de René Girard ("Tiresias and the Critic", p. 15-21).
[36] Michel Deguy, "Destin et Désir du Roman". *Critique*, n. 176, 1962, p. 19-31.
[37] Na verdade, *De la Grammatologie* foi publicado um ano depois do simpósio. Jacques Derrida, *De la Grammatologie*. Paris, Editions de Minuit, 1967.

Na verdade, Derrida foi o único participante do colóquio cujo desempenho se igualou ao de Lacan. Além disso, apresentou em sua conferência um de seus melhores ensaios.[38]

O senhor chegou a expor para alguns deles as ideias que desenvolveria em A Violência e o Sagrado*?*

Não, era uma questão particular minha, estranha ao espírito desse grupo. Lembro-me apenas de Eugenio Donato me sugerir a leitura dos antropólogos ingleses, em cujos livros encontrara muitas evidências de desejo mimético. E ainda passaram dois anos antes que fizesse essas leituras. Não sei que livro li primeiro – provavelmente Frazer –, mas foi uma revelação. Talvez tenha sido uma de minhas experiências intelectuais mais intensas. Comecei lendo trabalhos monográficos sobre uma só cultura. Li Tyler, Robertson-Smith, Radcliffe-Brown, Bronislaw Malinowski, entre outros. Lia um livro atrás do outro, anotando observações relevantes para a teoria mimética e posteriormente incluídas em *A Violência e o Sagrado*. A ideia do assassinato fundador foi sendo consolidada entre 1965 e 1968, mas o livro só saiu em 1972.

Em 1963, 1964, antes de realizar leituras de antropologia, comecei a ler as tragédias gregas e fiquei muito interessado no mito de Édipo, por ver ali um nítido desejo mimético. E, de fato, em *A Violência e o Sagrado*, pode-se encontrar a seguinte sequência de análise: primeiro, *Édipo*; depois, *As Bacantes*, de Eurípides, que desempenhou um papel fundamental na minha ideia de assassinato fundador; e, por fim, a antropologia moderna. No centro de conferências de Royaumont, apresentei um ensaio sobre o desejo mimético em *Édipo*.[39] Minha interpretação desagradou a Lucien Goldmann, para

---

[38] Jacques Derrida, "Structure, Sign, and Play in the Discourse of Human Sciences". In: Macksey e Donato, *The Languages of Criticism*, p. 247-65.
[39] Ver René Girard, *Oedipus Unbound. Selected Writtings on Rivalry and Desire*. Editado por Mark Anspach. Stanford, Stanford University Press, 2004.

quem o desejo e a rivalidade mimética eram característicos da "fase imperialista do capitalismo ocidental" e nada mais. Em compensação, Theodor Adorno estava presente e demonstrou bastante interesse pelo assunto.

Como já se disse, pode-se definir como realista alguém que creia firmemente na "verdade" dos fatos. Como o senhor conseguiu ser um dos protagonistas do debate teórico dos anos 1960 e 1970, sem ser influenciado pelas correntes filosóficas dominantes, como a hermenêutica e o pós-estruturalismo, para os quais não existe nada além de interpretações, e não há possibilidade de acesso à "verdade"? Aquilo que permitiu que você assimilasse seu próprio mimetismo foi o bom senso, a ingenuidade filosófica, ou a sabedoria? Ou terá sido outra coisa?

Com certeza, ingenuidade filosófica é uma definição que me cabe. A capacidade de surpreender-se é com toda a justiça considerada a principal emoção científica. Há uma atitude *blasé* em um antropólogo como Lévi-Strauss que é completamente anticientífica, e que me é alheia. Há também uma forte curiosidade, e a curiosidade e o entendimento estão obviamente relacionados. Há também uma forma de humildade, no sentido de uma atitude metodológica, um postulado de que você necessita para resolver problemas específicos. Às vezes tenho a impressão de que o livro que estou lendo poderia pôr em xeque toda a minha existência. Desde o ponto de vista da teoria mimética, deveríamos escrever toda uma crítica da posição do sujeito, sem, é claro, apagar a posição do observador, que é essencial desde uma perspectiva epistêmica, ainda que seja imprescindível não deixar de entrar no jogo!

As coisas ocultas

Como observamos, em 1968 o senhor mudou-se para a State University of New York, em Buffalo. O acontecimento mais importante do período, provavelmente, foi a publicação de A Violência e o Sagrado, *em 1972. Qual foi a reação ao livro?*

Não tão boa quanto imaginei. O livro foi bem recebido, mas não vendeu muito mais exemplares que o primeiro, que vendera pouco. Isso se deveu em parte ao seu conteúdo etnológico. Muitos críticos literários não perceberam a ligação entre meus dois livros e lamentaram que eu tivesse abandonado a literatura para trabalhar com etnologia. Talvez seja verdade que o papel fundamental do desejo mimético não foi suficientemente enfatizado.[40] Também fui acusado de ser dispersivo. Os velhos professores também repetiram para mim a velha fórmula canônica da especialização americana, que é uma forma de modéstia: "Você não acha que está fazendo coisas demais?". Hoje, aoo contrário, eles me acusam de repetir demais as mesmas coisas.

No entanto, a tradução para o inglês de A Violência e o Sagrado, *lançada em 1977, provocou inflamada discussão. A* Diacritics *dedicou um número ao seu trabalho.*[41]

Tive muita sorte. Saiu uma ótima e generosa resenha, feita por Victor Turner, no primeiro número da revista *Human Nature*.[42]

Victor Turner era realmente generoso e de uma grande liberdade intelectual. Ele foi o primeiro a apontar minha dívida para com Durkheim. Embora fosse contrário à abordagem e à metodologia de Durkhein, ele viu em minha obra uma tentativa de superar o durkheimismo sem rejeitá-lo.

---

[40] René Girard, com Jean-Michel Oughourlian e Guy Lefort, *Des Choses Cachées depuis la Fondation du Monde*. Paris, Grasset, 1978. [Edição brasileira: *Coisas Ocultas desde a Fundação do Mundo*. Trad. Martha Gambini. São Paulo, Paz e Terra, 2010.]
[41] Ver *Diacritics* 8, 1 (Spring 1978). Ver igualmente o debate organizado pela revista *Esprit*, após a publicação do original francês: *Esprit*, novembro de 1973, p. 513-81.
[42] Victor Turner, "Review of *Violence and the Sacred* by René Girard". *Human Nature*, 1978, p. 24.

Como os antropólogos reagiram?

Ou não manifestaram qualquer reação, ou reagiram de forma inteiramente negativa, como foi o caso de Claude Lévi-Strauss, que pareceu hostil à teoria mimética, embora eu tenha recebido somente respostas indiretas dele.[43] Entretanto, posso mencionar a reação positiva do antropólogo japonês Masao Yamaguchi,[44] que ficou interessado na teoria do bode expiatório. Eu lia seus textos sobre a cultura japonesa em traduções para o francês.[45] Yamaguchi mostra que a cultura japonesa como um todo, da monarquia ao teatro e às marionetes, está fundada em uma espécie de sistema baseado no mecanismo do bode expiatório. Todavia, ele continua em uma estrutura de referência muito positivista, enquanto a dimensão religiosa está ausente de seu trabalho. Ele me incentivou a ler Kenneth Burke, cujo "princípio vitimizador" é muito interessante, porém limitado a um papel marginal em seu sistema.[46]

Devo enfatizar que o período em Buffalo só teve importância por causa do livro sobre Shakespeare. Meu interesse por Shakespeare

---

[43] As críticas de Lévi-Strauss à obra de Girard são em sua maioria indiretas. Em ensaio recente, "Apologue dês Amibes" [In: Jean-Luc Jamard, Emmamuek Terray e Margarita Xanthakou (orgs.), *En Substances. Textes pour Françoise Héritier*. Paris, Fayard, 2000], ele escreveu: "O simples exercício (...) mostra que, longe de negar ou ignorar a violência, como frequentemente sou acusado de fazer, eu a situo na origem da vida social e a fundamento sobre bases mais profundas do que aqueles que, pelo sacrifício ou assassinato de um bode expiatório, fariam a sociedade surgir de costumes que pressupõem sua existência". (p. 496) Para a resposta de Girard, ver a entrevista com Maria Stella Barberi em *Aquele por Quem o Escândalo Vem*. São Paulo, Editora É, 2011.
[44] Autor, entre outros, de *Tennôsei no Bunka Jinrui Gaku* [Antropologia Cultural do Sistema Imperial] e *Haisha no Seishinshi* [História Psicológica dos Vencidos].
[45] Ver, por exemplo, Masao Yamaguchi. "Vers une Poétique du Bouc Émissaire". In: Paul Dumouchel (org.). *Violence et Vérité. Autour de René Girard*. Paris, Grasset, 1985, p. 421-33.
[46] Kenneth Burke tece considerações sobre os fenômenos do sacrifício e do bode expiatório em vários de seus livros. Ver, por exemplo, *The Philosophy of Literary Form*. Berkeley, University of California Press, 1973, p. 29-51; *The Rethoric of Religion*. Berkeley, University of California Press, 1973, p. 183-96; e *On Symbols and Society*. Chicago, University of Chicago Press, 1989, p. 282-302.

teve início quando assistia na TV a *Sonho de uma Noite de Verão*, encenada pelo English Royal Theater. Subitamente, fiquei impressionado pelo conteúdo mimético da peça. Depois de vê-la na TV, resolvi escrever um livro sobre Shakespeare. No começo de sua carreira, Shakespeare escreveu sobretudo comédias, começando com temas e problemas relacionados ao desejo mimético e à rivalidade. Bem está o que bem acaba, por assim dizer. Mas, em seguida, pensei: e quanto ao mecanismo do bode expiatório? Então reli *Júlio César*, que é a primeira tragédia verdadeira de Shakespeare, e ali todo o mecanismo mimético está plenamente presente. Em vez de estar no final da ação, a morte de César está no centro, algo que os gregos nunca fizeram – mas Shakespeare vai mais longe que a tragédia grega. Isso porque a tragédia é realmente uma exploração das consequências políticas e religiosas da morte de César. Do princípio ao fim, a morte de César permanece no centro da representação e é a maior preocupação do autor. Ela literalmente engendra o Império Romano, que, para Shakespeare, é uma monarquia sagrada por ter sido instaurado com base no assassinato de César pela coletividade. Toda a teoria mimética está presente em Shakespeare de modo tão explícito que sempre que penso a respeito fico entusiasmado.

Por falar na fundação de Roma, em Buffalo você também encontrou Michel Serres, que fez importantes contribuições para a teoria mimética.

Sim, ele ia com frequência dar cursos lá, onde o encontrei pela primeira vez. Mas também tinha um cargo na Hopkins, onde nos encontramos novamente, quando para lá retornei em 1975. O principal diálogo que tivemos foi durante um curso sobre Tito Lívio, enquanto Serres escrevia *Rome, le Livre des Fondations*.[47] Estava frequentando o curso e lembro bem sua explanação sobre o monte tarpeu, que é facilmente identificável como sacrificial.

---

[47] Ver Michel Serres, *Rome, le Livre des Fondations*. Paris, Grasset, 1983.

Tarpeia – a filha de Spurius Tarpeius, um dos comandantes encarregados da defesa de Roma – traiu a cidade ao permitir que os sabinos a invadissem; quando estes vieram para conquistar a cidade, em vez de cobri-la com ouro e joias, lançaram seus escudos sobre ela (isto é, a estavam impelindo para a morte). O monte tarpeu mais tarde se tornou um lugar para aplicação da pena capital, onde pessoas eram forçadas a lançar-se do despenhadeiro. Apedrejar e fazer com que alguém se atire de um despenhadeiro são formas de assassinato sacrificial relacionadas. São formas de aplicar a pena capital em que todos tomam parte, mas ninguém é responsável. Não se toca a vítima sobretudo. Trata-se de uma pena capital e de um meio de unir a comunidade, quando não se têm um poder central ou um sistema jurídico que pode prevenir conflitos miméticos. Deve haver um dispositivo que permita matar coletivamente à distância, sem nenhum contato poluidor com a vítima. E aí reside o começo do Estado como instituição. No *Levítico*, por exemplo, há casos de apedrejamento. Está claramente determinado que deve haver duas testemunhas, que terão de atirar as duas primeiras pedras. Uma vez atiradas, todos são levados a seguir o exemplo. Há um sistema a ser seguido. Como em todo rito sacrificial, trata-se da ritualização de um assassinato coletivo espontâneo.

Quando se presume que o costume do *pharmakós* deve ter desaparecido bem cedo, porque os gregos eram civilizados demais para isso, comete-se um grave equívoco. Em *Je Vois Satan*, analisei um texto escrito seis séculos depois da Grécia Clássica, um panegírico do guru pagão Apolônio de Tiana, que descreve o apedrejamento de um mendigo escolhido aleatoriamente. Esse crime odioso foi planejado pelo próprio guru, em uma tentativa de curar uma praga na cidade de Éfeso. Embora no princípio a comunidade tente resistir, todos jogam as pedras com entusiasmo tal que encontram um monstro quando tentam remover o corpo. Dada a exaltação, o desvario unânime, encontram não um mendigo, mas um monstro que é o demônio da praga; ele é morto, e a cidade, curada. Apolônio e seu biógrafo Filóstrato ficam orgulhosos do modo como todo o evento se desdobrou. (Isso foi três séculos depois de São Paulo.)[48]

Você mencionou Rome, *de Serres, mas também* Le Parasite *(1980)*, Les Origines de la Geometrie *(1993) e* Atlas *(1994) apresentam elementos do mecanismo do bode expiatório.*[49]

A origem do conhecimento é também a origem da ordem, em uma forma de classificação simbólica. A existência de um símbolo supõe a existência de uma totalidade. A religião proporciona isso, e religião, como instituição, vem à existência através do mecanismo do bode expiatório. Não consigo conceber outro modo de obter uma totalidade originária. O primeiro símbolo, o bode expiatório, constitui a fonte da totalidade, a qual organiza as relações sociais de uma maneira nova. Depois, mediante o rito, o sistema se converte em um processo de aprendizagem, uma vez que Rito é repetição. Claro, sociedades primitivas não repetem para aprender, como fazem os estudantes, mas para evitar a violência, o que, em última análise, dá no mesmo. Trata-se de um processo de aprendizagem também no sentido experimental, enraizado em um evento tomado como modelo.

O fato crucial desse segundo período na Johns Hopkins foi sem dúvida a publicação, em 1978, de Coisas Ocultas. *Por favor, fale um pouco mais a respeito da gênese desse livro e de sua estrutura peculiar – na verdade, uma longa entrevista.*

Quando escrevi *A Violência e o Sagrado*, pretendia que fosse um livro em duas partes: uma sobre cultura arcaica e a outra sobre

---

[48] Ver René Girard, *Je Vois Satan Tomber comme l'Éclair*. Paris, Grasset, 1999, p. 83-85.
[49] Michel Serres, *Le Parasite*. Paris, Grasset, 1980. [Edição americana: *The Parasite*. Tradução e notas de Lawrence R. Schehr. Baltimore, Johns Hopkins Universtity Press, 1982.]; *Les Origines de la Geometrie*. Paris, Flammarion, 1993; *Atlas*. Paris, Julliard, 1994.

cristianismo, mas talvez me desfizesse da parte sobre o cristianismo – mesmo já dispondo de vasto material sobre o assunto. O problema foi que levei tanto tempo para concluir o livro, que decidi publicar apenas a parte sobre religião primitiva. Assim, quase dois terços de *A Violência e o Sagrado* estavam escritos, e eu buscava aprimorar sua organização. Meu primeiro livro era sobre o desejo mimético e a rivalidade na literatura moderna; o segundo era a extensão das teses sobre o desejo mimético para a religião arcaica, mas eu deliberadamente desloquei o desejo mimético para o sexto capítulo. Eric Gans foi o único a questionar a organização do livro. Ele me perguntou: "Por que deixar o desejo mimético para o sexto capítulo? Deveria figurar no primeiro, se se quisesse começar do começo".

Escolhi começar com um capítulo sobre o sacrifício porque seria o principal tema do livro. Uma das muitas razões por que fiz isso foi para não dar a impressão de estar repetindo o primeiro livro. Foi por isso que desloquei o desejo mimético para o sexto capítulo. Vários resenhistas, entretanto, demonstraram não ter consciência alguma da continuidade entre meus dois primeiros livros, ignorando a presença do desejo mimético. Só enxergavam a teoria do bode expiatório, que derivava do rito do Levítico. Os antropólogos franceses praticamente me ignoraram, embora tenha recebido um número razoável de resenhas favoráveis. Eles não entenderam a relação entre o primeiro e o segundo livro: que era uma extensão da teoria mimética a todas as culturas assim como uma teoria completa. Talvez a incompreensão tenha sido culpa minha, por não ter começado com o ponto essencial: a rivalidade mimética (isto é, a propensão humana para o conflito, sobretudo entre vizinhos). Na época eu não desconfiava do abismo que separa até mesmo o mais claro dos autores (e eu não era um deles) e seu leitor, mesmo o mais receptivo, mesmo o mais preparado para compreender o que é novo em um livro.

Então comecei a escrever *Coisas Ocultas*, porque queria apresentar toda a teoria de modo completo. Queria dedicar uma parte ao desejo mimético, em seguida trataria do mundo primitivo e do processo de hominização e, por fim, do sagrado e do cristianismo. Comecei a escrever *Coisas Ocultas* imediatamente, em 1971, antes mesmo de publicar *A Violência e o Sagrado*. Nunca deixei de trabalhar um só dia. Para mim, era a continuação de um projeto, porque ainda estava elaborando a mesma teoria. Foi um longo e difícil processo, porque eu estava obcecado com a aparente impossibilidade de me explicar, mas não por escassez de exemplos comprobatórios na religião arcaica – muito pelo contrário. Difícil foi encontrar um meio de justapor todos esses exemplos e mostrar como eles se iluminam reciprocamente.

Nesse período, recebi uma carta de Jean-Michel Oughourlian convidando-me para participar de sua banca de doutorado na França. Seu trabalho era sobre vício em drogas, e ele descobriu que a teoria mimética seria muito útil nesse campo de estudo.[50] Depois, ele veio a Baltimore, com o propósito de entrevistar-me. Fizemos a entrevista, mas julguei inviável sua publicação em livro. Acabei propondo que compuséssemos uma espécie de diálogo (ou triálogo...), utilizando os dois terços do texto que eu já tinha. Escrever esse livro foi realmente completar meu manuscrito, às vezes parafraseando, às vezes dividindo o material em perguntas e respostas. Compor esse diálogo permitiu dar ao livro uma conclusão, dividindo em perguntas e respostas o material já redigido por mim. Esse livro não foi escrito com o mesmo cuidado que o anterior; mas também não é uma entrevista improvisada.

Quanto tempo levou para Coisas Ocultas *ficar pronto?*

---

[50] Jean-Michel Oughourlian é professor de psicopatologia na Sorborne em Paris. É também psiquiatra no Hospital Americano em Paris. Autor de *Un Mime Nommé Désir: Histérie, Transe, Possession, Adorcisme*. Paris, Grasset et Fasquelle, 1982. [Edição americana: *The Puppet of Desire. The Psychology of Hysteria, Possession, and Hypnosis*. Trad. Eugene Webb. Stanford, Stanford University Press, 1991.]

Todo o verão de 1977. Em 1976, Oughourlian e Guy Lefort, outro psiquiatra francês amigo dele, vieram a Baltimore. No outono, o livro estava pronto. Não fosse por Oughourlian e Lefort, provavelmente teria levado pelo menos mais um ano para ser finalizado. Poderia ficar melhor, mas foi bom livrar-me dele, porque eu estava exausto. O livro permaneceu na lista dos mais vendidos por vários meses! Françoise Verny foi a responsável por torná-lo um *best-seller*. Ela mantinha ótimas relações com a imprensa e a televisão francesas. Algumas pessoas com trânsito nesse meio, como Jean Boissonat, interessaram-se de fato pelo livro. Verny também conseguia que convidassem quem ela pedisse para o famoso programa de TV *Apostrophes*, e isso representava dois terços de sua influência!

O que havia de verdadeiramente novo no livro era a seção central sobre o cristianismo. A maioria de minhas ideias se acha lá, porém com dois graves erros que só pude emendar nos livros posteriores, *Je Vois Satan* e *Celui par qui le Scandale Arrive* [*Aquele por Quem o Escândalo Vem*]. O primeiro consiste na rejeição da palavra "sacrifício" no caso do cristianismo. O segundo reside no descarte precipitado e teimoso da Epístola aos Hebreus. Paradoxalmente, esses erros contribuíram para o sucesso do livro. Tais erros fizeram de mim alguém que poderia ser usado para propaganda anticristã.

Há nele alguma contribuição específica de Oughourlian e Lefort?

Sim. Oughourlian escreveu uma seção inteira do capítulo sobre a "psicologia interdividual", "Hipnose e Possessão",[51] o que se nota pela diferença de estilo.

---

[51] Ver R. Girard et al. *Des Choses Cachées depuis la Fondation du Monde*, livro III – "Psychologie Interdividuelle", capítulo II – "Le Désir sans Objet", seção D – "Hypnose et Possession", p. 445-56. [Edição brasileira: *Coisas Ocultas desde a Fundação do Mundo*, livro III – "Psicologia Interdividual", capítulo II, "Desejo sem Objeto", seção D – "Hipnose e Possessão", p. 367-76.]

Em Un Mime Nommé Désir, Oughourlian assinala que o conceito de "psicologia interdividual"[52] foi elaborado pelo senhor e por ele.

É verdade. Cunhei a expressão "psicologia interdividual", mas a contribuição de Oughourlian foi fundamental na elaboração do conceito.

Coisas Ocultas foi o livro que o tornou conhecido do grande público. Como foi recebido na universidade?

Com total silêncio. Essa é a reação acadêmica padronizada a livros muito bem-sucedidos junto ao público não acadêmico.

Não acha que essa reação está mudando? De certa maneira, mais e mais acadêmicos buscam a repercussão de seu trabalho nos meios de comunicação, no intuito de obter mais prestígio na universidade.

Sim, claro, mas um fato não contradiz o outro, antes o oposto. Quanto mais desejamos a mesma coisa, mais inimigos ganhamos. O fato de os acadêmicos secretamente ambicionarem a atenção da imprensa não significa que irão tolerar-nos mais, especialmente se obtivermos sucesso, até mesmo um sucesso moderado. Se fossem indiferentes aos meios de comunicação, não haveria problema. Nota-se logo quem é ou não indiferente à mídia. Aqueles que admitem não ser indiferentes em geral são os que têm menos obsessão por esse tipo de visibilidade e notoriedade. Acho que o sucesso midiático, embora agradável, não pode assegurar um sucesso duradouro das ideias em torno das quais todo o barulho foi feito. Os otimistas querem que acreditemos que as ideias mais notáveis e verdadeiras triunfarão. Não tenho muita certeza de que eles estejam certos...

---

[52] Jean-Michel Oughourlian. *The Puppet of Desire*, p. 15.

"...Ao fim"

O senhor *foi para Stanford em 1980 e aposentou-se em 1995. Enquanto esteve lá, fundou um centro interdisciplinar que foi responsável pela organização de um colóquio muito importante.*[53]

O ponto de partida do centro foi o simpósio "Desordem e Ordem", realizado em 1982. Dispúnhamos de algum dinheiro, porque Donald Kennedy, o reitor na época, apoiava as Humanidades. Convidamos para o simpósio vários ganhadores do Prêmio Nobel, como Kenneth Arrow, Ilya Prigogine e Heinz von Foerster.[54]

O projeto intelectual por trás desse centro interdisciplinar foi concebido por Jean-Pierre Dupuy. Foi ele quem me fez ver a relação entre a chamada teoria do caos e a teoria mimética. Mas não explorei muito essa possibilidade, escrevi apenas um ensaio publicado em *Understanding Origins*, no qual busquei mostrar a estreita relação entre o conceito derridiano de suplemento e a mitologia.[55] A meu ver, a ruptura lógica que Derrida identificou em Rousseau e outros autores reflete algo já presente na mitologia, algo responsável pelo início de toda a exploração filosófica das origens.

Ele também me pôs em contato com um grupo de economistas do CREA (Centre de Recherche en Épistemologie Appliquée), em Paris,

---

[53] Em 1986, René Girard tornou-se o co-diretor, ao lado de Jean-Pierre Dupuy, do "Programa de Pesquisas Interdisciplinares" na Universidade Stanford. Três colóquios foram, então, organizados: *Understanding Origins* [Compreendendo as Origens] (setembro de 1987); *Paradoxes of Self-reference in Humanities, Law and the Social Sciences* [Paradoxos da Autorreferência em Humanidades, Direito e Ciências Sociais] (maio de 1988); *Vengeance: A Colloquium in Literature, Philosophy and Anthropology* [Vingança: Um Colóquio sobre Literatura, Filosofia e Antropologia] (outubro de 1988). As atas do primeiro colóquio foram editadas por Jean-Pierre Dupuy e Francisco Varela em *Understanding Origins*. Dordrecht, Kluwer, 1992.
[54] Ver Paisley Livinsgton (org.), *Disorder and Order*. Stanford, Anima Libri, 1984; Ilya Prigogine, "Order out of Chaos", p. 41-60; Kenneth Arrow, "The Economy as Order and Disorder", p. 162-76; Heinz von Foerster, "Disorder/Order: Discovery or Invention?", p. 177-89.
[55] Ver René Girard. "Origins: A View from the Literature". In: Jean-Pierre Dupuy e Francisco Varela, *Understanding Origins*. Dordrecht, Kluwer Academic Publishers, 1992, p. 27-42.

entre os quais Lucien Scubla e André Orleans. Dupuy atuou como um catalisador de muitas coisas. Ele foi um dos que articularam o Programa Interdisciplinar no CREA, fundado na teoria mimética. Dupuy foi o primeiro a ver isso, e essa abordagem interdisciplinar me foi útil e me deu algumas ideias.

Em virtude de sua própria estrutura, o mecanismo mimético constitui um notável exemplo do conceito de duplo vínulo (double bind) *formulado por Gregory Bateson e referido pelo senhor em* Coisas Ocultas desde a Fundação do Mundo. *O senhor teve algum contato com Bateson e Paul Watzlawick, enquanto eles estiveram no Mental Research Institute de Palo Alto?*

Encontrei-me com Bateson em 1975. Mais tarde fiquei particularmente interessado em *Naven*,[56] um livro sobre um único ritual. De acordo com o próprio vocabulário de Bateson, este ritual produz o que ele denominou "cismogênese" simétrica[57] (*schismogenesis*), divisão de formas, que, em meu vocabulário, chamo de duplos, ou, antes, a indiferenciação de duplos no paroxismo da crise mimética.[58] Infelizmente, ele morreu em 1980, o mesmo ano em que vim para cá permanentemente. Após Bateson, li a obra de Paul Watzlawick.[59] Fizemos então dois ou três simpósios, para os quais o convidamos e dos quais ele participou.[60] Mas seria meio exagerado dizer que aqueles encontros realmente influenciaram meu trabalho.

---

[56] Gregory Bateson. *Naven*. Stanford, Stanford University Press, 1972. Em relação ao conceito de duplo vínculo, ver G. Bateson, "Toward a Theory of Schizophrenia". In: *Steps to an Ecology of Mind*. Nova York, Ballantine Books, 1972, p. 201 e 206.
[57] Em grego, σχισμός (*skhismós*) significa a "ação de fender, de dilacerar", e σχίσμα (*skhísma*), "fenda, separação, discórdia, cisma"; daí a tradução de "cismogênese" para o termo criado por Bateson. (N. T.)
[58] Ver René Girard, *Things Hidden*, p. 291-94. [*Coisas Ocultas*, p. 341-44.]
[59] Paul Watzlawick, Janet Baevin e Don Jackson. *Pragmatics of Human Communication*. Nova York, Norton, 1967.
[60] No colóquio "Disorder and Order", Watzlawicz apresentou o ensaio "Some Principles of Disorder and Order in Human Systems". In: Paisley Livingston, op. cit., p. 61-71.

No Colóquio de Cerisy-la-Salle,[61] seu trabalho esteve no centro de uma discussão interdisciplinar. O Colloquium on Violence and Religion (COV&R)[62] também proporciona um fórum para esse tipo de abordagem da teoria mimética.

De fato, alguns pesquisadores ainda estão tentando dar um enfoque interdisciplinar à minha teoria. É o caso de Cesáreo Bandera, embora seu principal interesse seja a literatura. Há também o teólogo suíço Raymund Schwager, que procurou estudar a teoria do caos, mas infelizmente faleceu. Schwager foi visitar-me na França, em razão de seu interesse pelos aspectos cristãos de minha teoria. Enquanto escrevia *Coisas Ocultas*, ele preparava um livro na mesma linha, que viria a ser publicado um pouco antes do meu.[63] Ele criou uma teologia que está ligada ao desejo mimético e que se desenvolveu de modo independente. Ele coordenava um centro em Innsbruck, integrado por pessoas como Josef Neuradomski e Wolfgang Palaver, cuja colaboração ainda me é preciosa.[64]

---

[61] O "Colloque de Cerisy-la-Salle", na edição dedicada a discutir a obra de René Girard, foi organizado por Paul Dumouchel e Jean-Pierre Dupuy e teve lugar de 11 a 18 de junho de 1983, com o nome de "Violence et Vérité. Autour de René Girard". Paul Dumouchel organizou o livro com os anais do colóquio: *Violence et Vérité. Autour de René Girard*. Paris, Grasset, 1985.

[62] "The Colloquium on Violence and Religion" (COV&R) é um grupo de *scholars* interdisciplinar e internacional, fundado em 1996, e que tem como base de sua orientação teórica a obra de René Girard. Seu propósito é "explorar, criticar e desenvolver o modelo mimético da relação entre violência e religião na gênese e na manutenção da cultura". O grupo realiza conferências anuais e publica a revista *Contagion: Journal of Violence, Mimesis, and Culture*.

[63] Raymund Schwager, *Braunchen wir einen Sundenbock?* Munique, 1978. Girard e Schwager têm mantido um intenso diálogo através dos anos. Além do livro citado por Girard, Schwager escreveu diversos artigos sobre a teoria mimética, por exemplo: "Haine sans Raison. La Perspective de René Girard". *Christus*, n. 121, 1984, p. 118-26; "Pour une Théologie de la Colère de Dieu". In: Dumouchel, *Violence et Verité*, p. 59-68; "Der Nachahamer als Sündenbock: zu René Girards Anthropologie". *Evangelische Kommentare*, 17.12, 1984, p. 680-83. Em *Le Bouc Émissaire*, Girard menciona duas vezes o livro de Schwager (p. 152 e 282), e uma vez em *Je Vois Satan Tomber comme L'Éclair* (p. 44).

[64] O "Theologische Literaturdokumentation Universität Innsbruck" mantém uma bibliografia atualizada tanto das obras de René Girard quanto de textos escritos sobre a teoria mimética, que pode ser acessada em: http://info.uibk.ac.at/c/c2/new/fak/mimdok/suche/index.html.

Depois de Coisas Ocultas, *o senhor publicou diversos livros tentando esclarecer sua teoria, sobretudo a partir de uma perspectiva cristã. No momento, tem algum outro projeto de longo prazo?*

Desejo retificar a perspectiva de meus primeiros livros no tocante às religiões arcaicas. Estou sempre revendo meu projeto em determinados aspectos e expandindo o período analisado. Tenho estudado a mitologia hindu e dei algumas palestras sobre uma leitura mimética da mitologia hindu na Biblioteca Nacional de Lyon em 2002.[65] Há um livro interessantíssimo sobre a Índia, escrito por um especialista holandês, J. C. Heesterman, de Leiden, *The Inner Conflict of Tradition*,[66] que estuda as origens violentas dos ritos hindus. O livro trata da natureza violenta do rito e das religiões arcaicas valendo-se de um enfoque em certos pontos bem próximo da teoria mimética. Eu poderia fazer a mesma coisa com o *Mahabharata*, o épico indiano, que é um livro absolutamente extraordinário e exemplar do ponto de vista da minha teoria, porque tudo funciona sacrificialmente. Posso dedicar algum tempo à redação de um comentário sobre os textos védicos e pós-védicos, mas escrever um livro sobre o sacrifício na Índia seria uma tarefa colossal... Seria necessário primeiro munir os leitores com informações essenciais referentes aos gregos e aos hebreus. E não sei ao certo se estou pronto para fazer isso.

Para concluir esta parte, permita-nos perguntar sobre sua conversão. Em um encontro com teólogos da libertação, realizado no Brasil em 1990, o senhor confessou: "Quanto a mim, foi meu trabalho que me levou à conversão, ao cristianismo. As duas coisas estão completamente unidas e misturadas. Eu nunca falei disso, porque me parecia difícil, constrangedor e perigoso demais para ser

---

[65] Ver René Girard, *Le Sacrifice*. Paris, Bibliothèque Nationale de France, 2003.
[66] J. C. Heesterman, *The Inner Conflict of Tradition*: Essays in Indian Ritual, Kingship, and Society. Chicago, University of Chicago Press, 1985.

abordado".[67] Contudo, em Quand ces Choses Commenceront..., *uma longa entrevista dada a Michel Treguer, o senhor explica a conversão.[68] Talvez em 1994 o tema já não fosse mais perigoso.*

O termo "perigoso" é excessivo. Quis dizer que minha fé cristã impedia a difusão da teoria mimética, considerando que hoje os acadêmicos sentem a obrigação de ser antirreligiosos e de manter a religião a distância.

O senhor disse a Michel Treguer que sua conversão tinha sido intelectual.[69] O que o senhor quis dizer?

O que eu queria dizer é que foi meu trabalho que me orientou para o cristianismo e me convenceu de sua verdade. Não é por ser cristão que penso do modo como penso; foi por causa de minhas pesquisas que me tornei cristão. Também questiono a distinção entre conversão intelectual e conversão emocional. Para mim, a palavra "espírito", assim como para São Paulo, inclui tanto o lado emocional quanto o lado intelectual de um ser humano; e, mais do que "intelectual", a expressão "a vida da alma"[70] deveria ser usada nesse caso. A conversão é uma forma de inteligência, de entendimento.

No seu caso específico, do entendimento da natureza mimética do desejo.

Melhor: da natureza da relação entre uma pessoa e o desejo.
Em uma palestra em um encontro recente do COV&R, Raymund

---

[67] Hugo Assmann (org.), *René Girard com Teólogos da Libertação. Um Diálogo sobre Ídolos e Sacrifícios*. Petrópolis, Vozes, 1991, p. 46.
[68] René Girard. *Quand ces Choses Commenceront... Entretiens avec Michel Treguer*. Paris, Arléa, 1994, p. 190-95.
[69] Ibidem, p. 191.
[70] Não custa recordar que René Girard é francês, e que em francês é comum a expressão "*vie de l'esprit*", que pode ser traduzida como vida do espírito, vida da alma, vida intelectual... Parece ser a expressão francesa que Girard tem em mente. (N. T.)

Schwager disse que minha teoria demanda uma conversão, porque o ponto mais importante dela é o entendimento de que sempre se é parte do mecanismo mimético.[71] Acho que a problemática da autenticidade, da autenticidade existencial, é importante. O desejo inautêntico é o desejo que é influenciado pelos outros. Quando, por exemplo, Heidegger pensa nos outros, está sempre se referindo à multidão. Isso demonstra um pré-entendimento do desejo mimético, que, porém, exclui o eu, porque o eu é sempre inevitavelmente autêntico em comparação com os outros. A invenção do desejo mimético é, de certo modo, apenas a supressão dessa distinção: não existe desejo autêntico, e todo desejo é sempre mediado pelos outros. Mas essa supressão supõe a conversão de que Schwager falava. Uma conversão em que você aceita que é parte do mecanismo mimético que domina os relacionamentos humanos, em que o observador reconhece o fato de que ele mesmo faz parte de sua própria observação. A distinção entre desejo "autêntico" e "inautêntico" nem sempre é desprovida de fundamento, mas quando ela coincide com a distinção entre o eu e os outros, acho que é digna de suspeita. Martin Heidegger acredita que está fora de toda influência mimética de seu meio social, daí o conceito de *Das Man*, que é o automatismo de todas aquelas pessoas que pensam e desejam tudo que é pensado e desejado em volta delas. O irônico é que, no momento em que todos à sua volta viraram nazistas, Heidegger virou nazista também...

---

[71] Raymund Schwager, "Conversion and Authenticity: Lonergan and Girard", reunião do COV&R. Boston, Boston College, 31 de maio a 3 de junho de 2000.

capítulo 2
uma teoria a ser tomada como modelo: o mecanismo mimético

Uma teoria a ser tomada como modelo.
Charles Darwin, *Autobiografia*

O mecanismo mimético em funcionamento

O senhor sempre apresenta uma explicação genética da origem da cultura ao lado da hipótese de sua evolução histórica. Neste capítulo, por uma questão de clareza, gostaríamos de discutir as noções centrais de sua teoria de uma forma sincrônica, como um mecanismo que engendra tanto a dinâmica psicológica interindividual quanto o fenômeno social mais geral. Para começar, o senhor poderia explicitar a distinção entre mecanismo mimético e desejo mimético, conforme estabelecida em seus livros?

A expressão "mecanismo mimético" abrange uma sequência fenomenológica que é bem ampla. Descreve todo o processo, começando pelo desejo mimético, que depois se torna rivalidade mimética, com possível escalada até o estágio de uma crise mimética e, por fim, terminando com a solução do bode expiatório. Para explicar essa sequência, temos de começar pelo princípio, isto é, o desejo mimético.

Em primeiro lugar, temos de distinguir entre desejo e apetites. Apetites por coisas como comida ou sexo – que não estão necessariamente ligadas ao desejo – têm um fundamento biológico. Todo apetite, no entanto, pode ser contaminado pelo desejo mimético a partir do momento em que haja um modelo – a presença do modelo é decisiva em minha teoria. Se o desejo é mimético, isto é, imitativo, então o sujeito desejará o mesmo objeto possuído ou desejado por seu modelo. Sendo assim, ou o sujeito está no mesmo domínio relacional que seu modelo ou está em outro. Se está em um domínio diferente, é claro que não poderá possuir o objeto de seu modelo e terá apenas aquilo que chamo de relação de *mediação externa* com seu modelo. Por exemplo, se o sujeito e sua atriz favorita, que pode servir como seu modelo de conduta, moram em mundos diferentes, um conflito direto entre sujeito e modelo está fora de questão, e a mediação externa termina por ser positiva, ou pelo menos não conflituosa. No entanto, se pertencer ao mesmo domínio contextual, ao mesmo mundo de seu modelo, se o modelo é também seu igual, então os objetos do modelo estão acessíveis, de modo que há possibilidade de a rivalidade irromper. Chamo a esse tipo de relação mimética de *mediação interna*: trata-se de uma relação que se retroalimenta. Devido à proximidade física e psicológica entre sujeito e modelo, a mediação interna tende a ficar cada vez mais simétrica: o sujeito tenderá a imitar seu modelo, assim como o modelo o imitará. O sujeito se tornará o modelo de seu modelo, assim como o imitador se tornará imitador de seu imitador. Um sempre se move em direção a mais simetria, e assim sempre em direção a mais conflito, pois a simetria não pode produzir senão *duplos*, como os chamo nesse momento de rivalidade intensa.[1] Os duplos surgem assim que o objeto desaparece no calor da rivalidade: os dois rivais ficam cada vez mais preocupados com a derrota do adversário do que com a obtenção do objeto, que pode se tornar irrelevante, como se fosse apenas uma desculpa para a escalada da disputa. Desse modo, os rivais se tornam cada vez mais indiferenciados, cada vez mais idênticos: duplos. Uma crise mimética sempre é uma crise de indiferenciação que irrompe quando os papéis de sujeito e modelo se reduzem ao de rivais. É o desaparecimento do objeto

---

[1] Ver René Girard, *Things Hidden*, Livro III, Capítulo 2: "Desire without Object", p. 299-305. [Edição brasileira: *Coisas Ocultas desde a Fundação do Mundo*. Livro III, Capítulo 2: "O Desejo sem Objeto", p. 349-55.]

que possibilita isso. Essa crise não cresce só entre os oponentes; ela contagia os espectadores.

Essa hipótese contradiz a concepção moderna de desejo, vista como uma expressão autêntica do eu. O desejo não é algo que "pertence" ao indivíduo, mas é, antes, uma forma de direção dos apetites e interesses, uma vez que proporciona um aumento do foco cognitivo em relação aos objetos da realidade, e esse "vetor" de direção é fornecido por um modelo.

O que vem a ser o desejo? Eis a verdadeira questão. O mundo moderno é ultraindividualista, quer que o desejo seja estritamente individualizado, único. Em outras palavras, meu apego ao objeto do desejo é de certo modo predeterminado. Se o desejo é só meu, eu sempre desejo as mesmas coisas. E se o desejo é fixo, não há mais diferença entre instinto e desejo. A *mobilidade* do desejo, em contraste com a fixidez dos apetites ou instintos ou do ambiente social, decorre da imitação. Aí reside a grande diferença: todos temos sempre um *modelo* que imitamos. Só o desejo mimético pode ser *livre*, ser de fato desejo, pois *tem* de escolher um modelo. O desejo mimético é aquilo que nos torna humanos, aquilo que nos permite romper com apetites habituais e animalescos, e que constrói nossas identidades próprias, ainda que instáveis. É graças à mobilidade do desejo, à sua natureza mimética e à instabilidade de nossas identidades que temos a capacidade de *adaptar-nos*, e a possibilidade de aprender e de *evoluir*.

O que o senhor diz é interessante porque, se considerarmos patologias como o autismo, que é definido por uma deficiência radical na atividade relacional com os outros, o que ficou claro para os pesquisadores é o fato de que a imitação é o mecanismo por meio do qual a criança chega a conhecer algo da vida interior do outro. Ela serve como primeira ponte entre o eu e o outro. A capacidade da criança de traduzir o comportamento dos outros e de ter o mesmo comportamento é que serve de base para seu desenvolvimento posterior no que diz respeito à intersubjetividade, à comunicação e à cognição social.[2] Não imitar significa ter uma deficiência cultural.

Não compreendemos isso porque, para tanto, nunca recorremos ao primeiro estágio do desenvolvimento humano. Toda criança tem apetites, instintos e um ambiente cultural no qual aprende imitando. Imitação e aprendizagem são inseparáveis. Normalmente a palavra "imitação" é guardada para aquilo que é considerado "inautêntico" – e talvez seja por isso que, nas humanidades, não há uma teoria verdadeira da ação psicológica que explique o comportamento imitativo. Ao discutir as hipóteses miméticas, Paul Ricoeur diz que, se você é afetado pelo comportamento imitativo, você é visto como uma criança a brincar, no sentido de que não tem o controle de suas ações – e, de fato, na imitação há sempre algum grau de "inconsciência".[3] Nas ciências sociais, costumamos ter teorias – por exemplo, a de Piaget, que vê esses fenômenos e comportamentos como algo limitado aos estágios iniciais do desenvolvimento psicológico, que raramente se estendem à vida adulta. Não nos resignamos a admitir que a imitação de pessoas que admiramos e que invejamos é a expressão de nossos desejos. Achamos que isso é motivo de vergonha. Considerando essa falta de compreensão da mímesis, podemos perguntar se não seria melhor reverter à ideia de imitação, tal como proposta pela filosofia grega, por exemplo, por Platão ou por Aristóteles. No livro *República*, quando Platão fala da imitação, subitamente aparece a imagem do espelho como um dos

---

[2] Ver, por exemplo, Andrew N. Meltzoff e M. Keith Moore, "Infant Intersubjectivity: Broadening the Dialogue to Include Imitation, Identity and Intention". In: Stein Braten (org.), *Intersubjective Communication and Emotion in Early Ontogeny*. Cambridge, Cambridge University Press, 1998, p. 47-62; A. N. Meltzoff e M. Keith Moore, "Persons and Representation: Why Infant Imitation is Important for Theories of Human Development". In: J. Nadel e G. Butterworth (orgs.), *Imitation in Infancy*. Cambridge, Cambridge University Press, 1999, p. 9-35; A. N. Meltzoff e A. Gopnik, "The Role of Imitation in Understanding Persons and Developing a Theory of Mind". In: S. Baron-Cohen, H. Tager-Flusberg e D. J. Cohen (orgs.), *Understanding Other Minds*. Oxford, Oxford University Press, 1993, p. 335-66.
[3] No encontro do COV&R em Saint Denis, Paris, "Education, Mimesis, Violence and Reduction of Violence", 27 a 30 de maio de 1998, Ricoeur também apresentou um trabalho intitulado "Religion and Symbolic Violence", publicado posteriormente em *Contagion*, n. 6, 1999, p. 1-11.

sinais da crise mimética: é o sinal do surgimento dos duplos, e é por isso que Platão acaba por recusar a mímesis, porque conhece o risco de conflito nas ideias e nas práticas imitativas, que não estão relacionadas apenas à arte, mas às coisas humanas em geral.[4]

Por que o senhor preferiu o termo mimético em vez de imitativo?

Uso os dois termos de maneira distinta. Há menos consciência no mimetismo, e mais na imitação. Não quero reduzir a mímesis ao desejo mimético em todas as suas formas. Essa atitude epistemológica é típica do século XX. O behaviorismo, por exemplo, é uma recusa total da imitação. Também é isso o que acontece com Freud – como já observei em *A Violência e o Sagrado*.[5] Em *Além do Princípio do Prazer*, a palavra *imitação* (*Nachahmung*) aparece o tempo inteiro, mas não desempenha papel nenhum na teoria de Freud. Acho que uma das razões para essa recusa generalizada é que o conceito de imitação, desprovido de seu elemento de conflito, é "simples" demais, decepcionando o apetite atual (e muito mimético) pela "complexidade". Estou inteiramente ciente disso, porque meu primeiro livro exemplificava esse modo de pensar. Essa atitude de recusa da discussão do conceito de imitação ainda é uma tendência dominante de nossa cultura, e a emergência da

---

[4] A imagem do espelho aparece em *Alcibíades*, 133a; *Timeu*, 46a-c; Platão, *Epigramas*, 11; *Sofista*, 239d. Na *República*, Platão descreve a imitação desenfreada como uma crise efetiva de duplos: *República*, III, 395e-396b. Girard já mencionara essa ideia em *Things Hidden*, p. 15 [*Coisas Ocultas*, p. 36]. Ver também Giuseppe Fornari, *Fra Dioniso e Cristo. La Sapienza Sacrificale Greca e la Civiltà Occidentale*. Bologna, Pitagora, 2001, p. 389-91. Derrida, no capítulo 'The Double Session', em *Dissemination*, observa que, na *República*, Platão diz que Homero "é condenado por *praticar* a mímesis (ou a diegese mimética e não a simples)", e Parmênides, por outro lado, "é condenado por *negligenciar* a mímesis. Se é preciso fazer a violência *a ele*, é porque seu *logos*, a 'tese paterna', proibiria a (a explicação da) proliferação dos duplos ('ídolos, ícones, semelhanças, reproduções')... (*Sofista*, 241d-e)." Jacques Derrida, *La Dissemination*. Paris, Editions du Seuil, 1972; Edição americana: *Dissemination*. Tradução, introdução e notas de Barbara Johnson. Chicago, University of Chicago Press, 1981, p. 186.
[5] Sobre isso, ver Paul Dumouchel e Jean-Pierre Dupuy (orgs.), *L'Auto-Organisation. De la Physique au Politique*. Paris, Éditions du Seuil, 1983, p. 283 e seguintes. René Girard, *Violence and the Sacred*, p. 169. [*A Violência e o Sagrado*, p. 211.]

teoria mimética provavelmente é parte desse processo, mas também uma reação a ele. Em seu livro *Le Feu Sacré* [O Fogo Sagrado], Régis Debray "louva" a minha pessoa em quinze páginas ferozes; ele associa minha obra à de Gabriel Tarde e à tradição da imitação que começa com Aristóteles. Naturalmente, ele nunca leva em consideração a ideia de rivalidade mimética...

De fato, nos últimos anos tem sido crescente o interesse pela imitação nas áreas da ciência cognitiva e da neurociência.[6] Os psicólogos do desenvolvimento afirmaram que o modo como os recém-nascidos imitam não pode ser explicado nem pelo condicionamento, nem pela ativação de comportamentos inatos.[7] Os neurofisiologistas descobriram uma classe interessante de neurônios, os chamados "neurônios-espelho", que "entram em ação" quando um indivíduo está realizando algum movimento e também quando esse indivíduo observa o mesmo movimento em outra pessoa.[8]

Esse é mesmo um desenvolvimento muito promissor na compreensão da estrutura cognitiva profunda de nosso comportamento mimético, e Michel Serres tem grande interesse por essa conexão.[9] Porém, se você examinar essa literatura, logo verá que a aquisição e a apropriação *nunca* são relacionadas entre os comportamentos que provavelmente serão imitados. As teorias da imitação nunca falam da imitação apropriadora e da rivalidade mimética. E esse é o

---

[6] A conferência "Perspective on Imitation. From Cognitive Neuroscience to Social Sciences" aconteceu na Abadia de Royaumont de 24 a 26 de maio de 2002.

[7] Ver, por exemplo, A. Meltzoff, "Foundations for Developing a Concepto f Self: The Role of Imitation in Relating Self to Other and the Value of Social Mirroring, Social Modeling, and Self Practice in Infancy". In: D. Chicchetti e M. Beeghly (orgs.), *The Self in Transition: Infancy to Childhood*. Chicago, Chicago University Press, 1990, p. 139-64.

[8] Ver, por exemplo, G. Rizzolati, L. Fogassi e V. Gallese, "Neurophysiological Mechanisms Underlying the Understanding and Imitation of Action". In: *Nature Reviews Neuroscience*, n. 2.9, 2001, p. 661-70.

[9] Ver René Girard e Michel Serres, *Le Tragique et la Pitié. Discours de Réception de René Girard à l'Academia Française et Réponse de Michel Serres*. Paris, Le Pommier, 2006. Esse livro será publicado na Biblioteca René Girard.

ponto crucial da teoria mimética. A rivalidade mimética se evidencia assim que a criança começa a interagir com outras. A criança tem uma relação de mediação externa, isto é, de imitação positiva, com os adultos, e uma relação de mediação interna, isto é, de imitação e rivalidade, com seus pares. Não se trata de matéria de psicologia experimental, mas de observação do dia a dia. O primeiro a definir maravilhosamente bem esse tipo de rivalidade foi Santo Agostinho nas *Confissões*. A cena por ele descrita é a de duas crianças amamentadas pela mesma ama. As duas disputam o leite, apesar de haver mais do que o suficiente para ambas. Cada uma quer todo o leite para si, no intuito de impedir a outra de obtê-lo.[10] Ainda que seja um tanto mítico, esse exemplo simboliza muito bem o papel da rivalidade mimética, não apenas entre crianças, mas também em toda a humanidade. Conflitos miméticos são evidentes tanto entre crianças quanto entre adultos, embora sempre nos recusemos a admitir que nossas ações são afetadas por esse tipo de comportamento.

Rivalidade mimética

Embora a mobilidade do desejo seja o traço distintivo do processo de individualização que tem lugar após o Renascimento, o senhor afirma que o desejo mimético não é uma invenção moderna.

De fato, não é uma invenção moderna. O que distingue a época moderna é a oferta de modelos, que é bem maior e já não há mais diferenças de classe em matéria de desejo, ou seja, não há mais

---

[10] "Em que podia pecar, neste tempo? Em desejar ardentemente, chorando, os peitos de minha mãe? (...) Assim, a debilidade dos membros infantis é inocente, mas não a alma das crianças. Vi e observei uma, cheia de inveja, que ainda não falava e já olhava, pálida, de rosto colérico, para o irmãozinho de leite. Quem não é testemunho do que afirmo? Diz-se até que as mães e as amas procurem esconjurar este defeito, não sei com que práticas supersticiosas." Santo Agostinho, *Confissões* (I, 11). Trad. J. Oliveira Santos e A. Ambrósio Pina. Introdução de Emmanuel Carneiro de Leão. Petrópolis, Vozes, 2000, p. 30.

mediação externa. As pessoas que se encontram no patamar social mais baixo desejam o mesmo que as pessoas situadas no patamar mais alto têm.[11] Elas acham que também deveriam ter, ao passo que em certos períodos históricos a estratificação social e a divisão era muito mais rígidas (pense nos escravos da Grécia antiga ou no sistema de castas da Índia), e o acesso a determinados bens e itens era muito limitado ou estritamente controlado pela classe social e econômica.

No entanto, o desejo mimético e a rivalidade mimética estavam presentes e claramente definidos nos mitos e nas escrituras religiosas, como a Bíblia ou os Vedas hindus, por exemplo. Os textos mais interessantes, do meu ponto de vista, são os *Brâmanas*, que são compilações de ritos e comentários sobre o sacrifício. De uma perspectiva descritiva, são textos maravilhosos para ilustrar aquilo que chamo de rivalidade mimética.[12] Claro, temos de presumir (como sempre faço) que nos mitos há um elemento de referencialidade, e que não são pura invenção de mentes ingênuas, como as pessoas normalmente acreditam. Os mitos são formas de organização do conhecimento – e, aliás, a palavra *Veda* quer dizer *conhecimento, ciência* – e esse conhecimento está essencialmente relacionado a desejo e sacrifício.

Em Je Vois Satan Tomber comme l'Éclair,[13] *o senhor também afirma que o desejo e a rivalidade miméticos estão claros na Bíblia,*

---

[11] Há um comentário ingênuo, mas agudo, em um dos livros de Andy Warhol: "O que há de admirável neste país é que a América inaugurou a tradição em que os consumidores mais ricos compram essencialmente as mesmas coisas que os mais pobres. Pode-se ligar a televisão, ver Coca-Cola e saber que o presidente toma Coca-Cola, Liz Taylor toma Coca-Cola, e pensar que você também pode tomar Coca-Cola. Uma Coca-Cola é uma Coca-Cola e nenhuma quantia de dinheiro lhe dará uma Coca-Cola melhor do que aquela que o vagabundo da esquina está bebendo". Andy Warhol, *The Philosophy of Andy Warhol: From A to B and Back Again*. São Diego, Harcourt Brace, 1975, p. 100-01. Esse livro será publicado na Biblioteca René Girard.
[12] Ver René Girard, *O Sacrifício*. São Paulo, Editora É, 2011.
[13] Ver René Girard, *I See Satan Fall Like Lightning*, p. 7-8.

que passa de uma perspectiva puramente descritiva para uma compreensão mais normativa da imitação e do conflito.

Sim. A começar no Gênesis, o desejo está nitidamente representado como mimético: Eva é induzida pela serpente a comer a maçã, e Adão, mimeticamente, deseja o mesmo objeto que Eva, em uma clara cadeia de imitação. Há também um elemento de *inveja* no assassinato de Abel por Caim, e a inveja é um dos nomes mais comuns dados à rivalidade mimética. Então, atribuo uma imensa importância ao último mandamento do "Decálogo": "Não cobiçarás a casa do teu próximo. Não cobiçarás a mulher de teu próximo, nem o seu escravo, nem a sua escrava, nem o seu boi, nem o seu jumento, nem coisa alguma que pertença a teu próximo" (Êxodo 20,17). Vemos aqui, ao que tudo indica, o nascimento da ideia de desejo mimético, pois a lei busca enumerar os objetos que não devemos cobiçar. Todavia, antes que se conclua essa lista de objetos, é como se se constatasse que não faz sentido listá-los, por serem demasiado numerosos: os limites fixados são o *próximo* e "tudo o que pertence ao próximo". Esse mandamento é uma proibição do desejo mimético. Mas o que precede o décimo mandamento? "Não matarás. Não cometerás adultério. Não roubarás. Não apresentarás um testemunho mentiroso contra o teu próximo" (Êxodo 20,13-16). Trata-se, portanto, de quatro crimes contra o próximo: matá-lo, roubar-lhe a mulher, apropriar-se de suas propriedades, e, por fim, difamá-lo. Qual é a razão desses atos? O quinto mandamento dessa sequência e último do decálogo revela a causa: desejo mimético. As palavras finais "nem coisa alguma que pertença a teu próximo" atribuem a este um lugar privilegiado: ele vem primeiro; constitui, portanto, o modelo. E aí está a noção de desejo mimético presente já no Antigo Testamento!

Quando os Evangelhos falam em termos de imitação e não de proibição, estão seguindo a orientação contida no décimo mandamento. A maioria das pessoas erroneamente supõe que, nos Evangelhos, a imitação é uma só: imitação de Jesus, logo imitação que priva o indivíduo de seu próprio desejo não imitativo. Mas não é verdade!

Sempre estamos no contexto sugerido pelo décimo mandamento. Jesus nos pede para imitá-lo, e não ao próximo, a fim de proteger-nos da rivalidade mimética. O modelo que estimula a rivalidade mimética não é pior do que nós, talvez seja até muito melhor, mas ele deseja do mesmo modo que desejamos: egoística, avidamente. E imitamos o egoísmo dele, que é um mau modelo para nós, e vice-versa, no processo que logo culminaria na escalada da rivalidade.

O bode expiatório e a ordem social

A fenomenologia do desejo mimético, de acordo com essa ilustração, parece principalmente relacionada às relações interindividuais; entretanto, conforme o senhor explicou em seus livros, ela pode ter também um efeito desagregador de larga escala, produzindo crises miméticas e destruindo a ordem social.

De fato: enquanto a máquina mimética dessa imitação recíproca de rivais, desse "duplo vínculo", está em operação, ela reserva a energia conflitual e, claro, tende a se espalhar em todas as direções porque, uma vez que continue, o mecanismo somente se torna mais mimeticamente atrativo aos expectadores – se duas pessoas estão lutando pelo mesmo objeto, então esse objeto parecerá mais valioso para os observadores. Portanto, tende a atrair mais e mais pessoas, e, assim que o faz, sua atração continua crescendo. Enquanto isso acontece, há, também, uma tendência ao desaparecimento do objeto, que é destruído no conflito. Como disse, para a mímesis se tornar puramente antagonística, o objeto tem de desaparecer. Quando isso acontece, ocorre a proliferação de duplos, e com ela a crise mimética fica às portas. Uma vez que o antagonismo e a violência irrompem, também se espalham de modo mimético, por meio da vingança e do ressentimento acumulado, produzindo o estado de crise radical hobbesiana de todos contra todos.

A forma mais efetiva (ou talvez a única) de reconciliação – que interromperia a crise e salvaria a comunidade da total autodestruição – é a convergência da ira coletiva na direção de uma vítima fortuita, um bode expiatório, nomeado pelo próprio mimetismo, e unanimemente adotado como tal. Na exaltação da violência mimética da multidão, repentinamente surge um ponto de atenção, na forma de um "culpado" que é considerado a causa da desordem e o responsável por desencadear a crise na comunidade. Ele não é mais culpado que nenhum outro, mas toda a comunidade acredita que ele é o responsável pelo caos. O assassinato do bode expiatório põe fim à crise, uma vez que a transferência contra ele é unânime. Essa é a importância do mecanismo do bode expiatório: ele canaliza a violência coletiva contra um membro da comunidade arbitrariamente escolhido, e a vítima se torna o inimigo comum de toda a comunidade, que, como resultado, se reconcilia.

A natureza mimética desse processo é particularmente óbvia nos rituais, nos quais todos esses estágios de desenvolvimento são reencenados. Por que com tanta frequência um ritual começa com uma desordem forjada, com a simulação deliberada de uma crise cultural, e termina com uma vítima que é expulsa ou ritualmente assassinada? O propósito é simplesmente reencenar a crise mimética que leva ao mecanismo do bode expiatório. A esperança é que a reencenação desse mecanismo reative seu poder de reconciliação.

O senhor não acha que talvez a passagem da mímesis de apropriação e a escalada dos duplos até a resolução vitimizadora não tenha uma relação tão perfeita de causa e consequência, como sugere a sua explicação? A crise poderia ser provocada por circunstâncias que não estão necessariamente relacionadas à mímesis de apropriação, por exemplo, nos casos de uma peste ou de problemas naturais efetivamente ocorridos. Pode-se procurar um bode expiatório por causa da ignorância da base biológica da doença e da necessidade de achar o "responsável" pela crise. Portanto, deveríamos tentar distinguir a fenomenologia do desejo mimético e a rivalidade mimética que resulta no mecanismo do bode expiatório.

A crise poderia ter sua origem em um acontecimento catastrófico objetivo: uma epidemia, uma escassez de alimentos, uma enchente. Mas esse acontecimento objetivo transforma-se em uma crise mimética que, como explicado, tem grandes chances de gerar bodes expiatórios. Não haveria bode expiatório se a comunidade não passasse da mímesis do objeto desejado, que divide, à mímesis de antagonismo, que permite todo tipo de aliança contra a vítima. O mecanismo inteiro está contido nessa passagem. O crucial para a resolução dessa crise é a passagem do desejo pelo objeto, que divide os imitadores, para o ódio pelo rival, que, quando o ódio é dirigido a uma única vítima, tem poder reconciliador. A mímesis de rivalidade e de conflito é espontânea e automaticamente transformada em mímesis reconciliadora. Se é impossível aos rivais chegar a um acordo quanto ao objeto que todos querem, por outro lado chega-se rapidamente a esse acordo contra a vítima que todos detestam.

Para resumir: o princípio vitimizador mimético é desencadeado quando o desejo mimético vira rivalidade mimética. Essa rivalidade, esse conflito mimético, através dos mecanismos de contágio social, atinge proporções sociais e, por fim, a polarização do bode expiatório e a resolução, com uma reconciliação mimética final da comunidade.

Correto. No início, as rivalidades miméticas constituiriam centros de atenção isolados, para depois contaminarem progressivamente um ao outro, tornando-se mais mimeticamente atrativos à medida que incluem mais rivais, levando-se em conta que a mímesis é cumulativa. Eis a dinâmica do mecanismo do bode expiatório, a qual, em última instância, termina com um escândalo (*skándalon*)[14]

---

[14] Conforme registra o *Dictionnaire Grec Français* (1894), de Anatole Bailly, na edição revista por P. Chantraine e L. Séchan (1963), σκάνδαλον (*skándalon*) quer dizer "armadilha posta no caminho, obstáculo para fazer cair" e, em sentido figurado, "escândalo". No

devorando todos os demais, ou seja, termina produzindo uma única vítima. Quando há uma única vítima e ela é destruída, não se tem a vingança como reação, porque todos hostilizavam e culpavam essa vítima única. E assim alcança-se ao menos um momento de paz. Contudo, a comunidade nunca se gaba desta reconciliação, pois a vê como um presente da vítima que acabara de morrer. A vítima, portanto, é maléfica porque causou a crise, mas também é benéfico, porque sua morte restaurou a paz; portanto, o bode expiatório é divinizado, no sentido arcaico, que é o todo-poderoso, onipotente para o bem e para o mal simultaneamente. Trata-se de um fato puramente mecânico e não determinístico. Em muitos casos em que ocorre o fenômeno do bode expiatório, é possível dizer por que esta ou aquela vítima foi escolhida, mas não identificar uma regra geral que norteie tal escolha.

O senhor poderia esclarecer a diferença entre um fato mecânico e um fato determinístico?

O mecanismo mimético não é determinístico porque, de um lado, há um elemento de aleatoriedade na seleção da vítima que será o bode expiatório; de outro, não necessariamente todo grupo social em crise mimética encontrará uma resolução por meio do mecanismo do bode expiatório.[15] Esse ponto é de fato crucial. Nunca disse que o mecanismo mimético é determinista. Podemos hipoteticamente supor que diversos grupos pré-históricos não tenham sobrevivido exatamente porque não acharam um modo de lidar com a crise mimética; suas rivalidades miméticas não encontraram uma vítima que polarizasse sua raiva e os salvasse da autodestruição.

---

latim, além do substantivo *scandalum*, o verbo *scando* também deriva do grego. Segundo o *Dicionário Latino-Português* de Ernesto Faria, *scandere* significa "subir, trepar, escalar (sents. próprio e figurativo)" e, na terminologia gramatical, "escandir versos". Na escansão, aliás, de fato passamos de uma sílaba métrica a outra como se saltássemos obstáculos. Sobre a noção de *skándalon* tal como a interpreta Girard, ver o capítulo 6. (N. T.)
[15] Sobre esse tema, ver Paul Dumouchel e Jean-Pierre Dupuy, *L'Auto-Organisation. De la Physique au Politique*. Paris, Editions du Seuil, 1983, p. 283 e seguintes.

Poderíamos até conceber grupos que resolveram uma ou duas crises por meio do assassinato fundador mas que não conseguiram reproduzi-lo ritualmente e desenvolver um sistema religioso duradouro, sucumbindo portanto à crise seguinte. O que eu disse é que o limiar da cultura está relacionado ao mecanismo do bode expiatório, e que as primeiras instituições conhecidas estão intimamente relacionadas a essa reprodução deliberada e planejada.

Pode-se dizer então que a escolha da vítima tem de ser arbitrária?

Não necessariamente. Isso depende do grau de consciência dos sacrificadores, mas também da vítima. Por exemplo, se alguém denunciar o mecanismo do bode expiatório e esse mecanismo vencer, de imediato obterá sua vítima, que será precisamente o "desordeiro" que fez a denúncia. Isso funciona no caso do servo de Javé, no caso de Cristo. Assim, não considero Jesus uma vítima aleatória, ao contrário do que Hans Urs von Balthazar afirma em *La Gloire et la Croix* [A Glória e a Cruz]. Cristo, por assim dizer, se alardeia a si mesmo enquanto vítima de seus perseguidores. Esse padrão também funciona no caso de Platão – que mostra estar consciente desse mecanismo. Há uma frase impressionante em Platão que permanece inexplicada. Uma das personagens da *República* diz o seguinte: se existisse um homem perfeito, no qual não houvesse maldade alguma, nem desejo de vingança, ele acabaria assassinado.[16] Sócrates está perto de ser esse homem. E, ao criticar iniquidades culturais, ele designa a si mesmo como bode expiatório. Isso mostra o quanto esse filósofo estava consciente do mecanismo expiatório, consciência essa que talvez derive da Bíblia:

---

[16] Ver Platão, *A República*, II, 361b-362a: "Dizem que, nessas circunstâncias, o justo será vergastado, torturado e amarrado; queimar-lhe-ão os olhos e, por último, depois de passar por todos esses tormentos, será empalado, para compreender, facilmente, que o que importa não é ser, porém parecer justo". [Platão, *A República*. Trad. Carlos Alberto Nunes. Belém, UFPA Editora, 1976, p. 88.] Ver também Fornari, *Fra Dioniso e Cristo*, p. 375.

Platão poderia ter tomado conhecimento do Antigo Testamento, visto ter viajado pelo Egito, onde havia muitos judeus.[17] Mas como não há de fato uma história da Diáspora, isso é muito questionável. O período inicial ainda representa um mistério. Nietzsche escreveu sobre o fato de Platão conhecer a Bíblia. (Talvez por isso não gostasse do filósofo ateniense...)[18]

Retornando à sua questão: não acho que podemos dizer que a vítima é escolhida aleatoriamente. Afinal, aleatoriedade quer dizer possibilidade pura. Se observarmos os mitos, veremos que as vítimas são escolhidas entre estrangeiros ou pessoas com deficiência física com uma frequência grande demais para ser um acaso: esses "sinais preferenciais" aumentam a possibilidade de ser escolhido como bode expiatório. Isso fica bem claro em Isaías, no caso do servo de Javé. Todos temos uma aversão natural às exceções, às deformidades físicas, que se tornam então sinais denunciadores de uma vítima. No segundo *Isaías*, na parte referente ao "servo de Javé", encontra-se a seguinte passagem: "não tinha beleza nem esplendor que pudesse atrair o nosso olhar, nem formosura capaz de nos deleitar. Era desprezado e abandonado pelos homens, homem sujeito à dor, familiarizado com o sofrimento, como pessoa de quem todos escondem o rosto; desprezado, não fazíamos caso nenhum dele" (Isaías 53,2-3). Os sinais preferencialmente indicativos de vítima são tomados como *razões* para vitimizá-lo, razões falsas, sim, mas que não podem ser consideradas aleatórias. De fato não o são, apenas tomam uma coisa por outra, confundindo

---

[17] Evidências da viagem de Platão podem ser encontradas em Diógenes Laertius. Ver Diógenes Laertius, *Lives, Teachings and Sayings of Famous Philosophers*, II, 6 [Edição brasileira: *Vidas e Doutrinas dos Filósofos Ilustres*. Trad. Mário da Gama Kury. Brasília, Editora da UNB, 2008.]. Devo essa observação a Giuseppe Fornari.

[18] Friedrich Nietzsche, *Twilight of the Idols*. Trad. R. J. Hollingdale. Londres, Penguin, 1968, p. 117: "Acho-o [Platão] tão desviado dos instintos fundamentais dos helenos, tão impregnado de moral, tão cristão anteriormente ao cristianismo. (...) Pagou-se caro pelo fato de esse ateniense haver frequentado a escola dos egípcios (ou dos judeus no Egito?...)." [Citado conforme *Crepúsculo dos Ídolos*. Trad. Paulo César de Souza. São Paulo, Cia. das Letras, 2006, p. 102.]

enfermidades e culpa. Por isso, as bruxas frequentemente são retratadas nas ilustrações medievais da mesma maneira que os judeus nas caricaturas antissemíticas: com feições distorcidas, corcundas, mancos. E se repararmos nos deuses gregos, veremos que são todos assim: baixinhos, caolhos, mutilados, gagos, deformados (há um texto paródico de Luciano de Samósata, *Tragodopodagra*, que trata do assunto).[19] Há também exceções, que demonstram beleza extraordinária, como Apolo e Vênus, mas temos de lembrar que é mais frequente que os dois extremos sejam transformados em bodes expiatórios do que as pessoas medianas. O rei é um dos alvos prediletos quando se busca uma vítima. Entretanto, como sua figura tem origem no mecanismo do bode expiatório (representa a glorificação daquele que a comunidade culpou e vitimou), o rei tende a recuperar o seu *status* original.[20] Portanto, não se pode falar em fortuidade, em caráter aleatório *stricto sensu*, mas sim em arbitrariedade.

Trata-se, então, de uma combinação de casualidade e necessidade.

Com frequência, mas não necessariamente; pois, ainda que inexistam sinais indicativos de vítima, será escolhido um bode expiatório. No momento da escolha, porém, algo costuma ser interpretado como sinal. Todos pensam ter encontrado a solução, o culpado. De certo modo, o mecanismo do bode expiatório funciona como uma falsa ciência, uma grande descoberta que realizamos, ou algo que subitamente é revelado e cuja intuição lemos nos olhos dos outros, o que só faz reforçá-la ao extremo. Hocart fala do fetichismo por

---

[19] Carlo Ginzburg mostra a conexão disseminada, nas figuras mitológicas, entre mancar, ou ter qualquer membro mutilado, e o assassinato ritual e o mundo da morte. Contudo, ele não considera seriamente a hipótese do bode expiatório. *Cf.* Carlo Ginzburg, *Storia Notturna. Una Decifrazione del Sabba*. Turin, Einaudi, 1989, p. 206-75.

[20] Ver René Girard, *Things Hidden*, Livro I, Capítulo 2 ; "The development of Culture and Institutions", em particular, p. 51-8, "Sacred Kingship and Central Power". [Edição brasileira: *Coisas Ocultas*, Livro I, Capítulo 2; "Gênese da Cultura e das Instituições", em particular, "A Realeza Sagrada e o Poder Central", p. 73-80.]

um objeto físico que funciona como evidência.[21] Veja o exemplo de Fedra, a protagonista da tragédia *Hipólito*, de Eurípides, que comete o suicídio e culpa seu enteado. Por que Teseu é facilmente convencido de que Hipólito a violentou? Porque Fedra tem a espada desse herói. No relato bíblico de José, a mulher de Putifar tem seu manto, e isso parece provar que o rapaz tentou relacionar-se sexualmente com ela. Recorre-se a um objeto que parece uma prova: essa é a evidência apresentada!

Mesmo assim, no que diz respeito à aleatoriedade, como o senhor disse em Coisas Ocultas, *os rituais parecem guardar a "memória" dos elementos aleatórios na base da seleção da vítima no mecanismo do bode expiatório, fazendo jogos de charadas, para a seleção contingente da vítima a ser sacrificada.[22] Ao menos a seleção da vítima substituta poderia acontecer puramente por acaso.*

É verdade. Isso também se relacionava com minha leitura de *Les Jeux et les Hommes*, de Callois, em que fica evidente que o único elemento das brincadeiras e dos jogos que não é compartilhado com os animais de fato é *alea*, sorte, que é um subproduto cultural da prática ritual.[23] Claro que o resultado de um jogo de sorte pode ser duplo: ou você é selecionado como vítima, ou sua vida é poupada. O ritual é uma forma cultural que prepara a resolução sacrificial, mas que serve sobretudo como forma de controlar a violência, e a sofisticação cada vez maior das formas e dos elementos rituais ajuda a distanciar cada vez mais uma cultura da violência original implícita no ato ritual. Isso é claro em diversos mitos. Ao resolver o

---

[21] Arthur Maurice Hocart, *Kings and Councillors*. Chicago, University of Chicago Press, 1970, p. 12 e seguintes. Hocart, em particular, refere-se ao preconceito popular de historiadores e estudiosos da cultura que atribuem sua "fé à evidência direta, aos escritos de testemunhas oculares, a moedas, a ruínas". Para uma discussão mais detalhada desse assunto, ver o capítulo 5 deste livro.
[22] Girard, *Things Hidden*, p. 100-1. [*Coisas Ocultas*, p. 124-25.]
[23] Roger Callois classifica os jogos de acordo com quatro características: *agon, alea, imitatio* e *ilinx*.

enigma da Esfinge, Édipo, como vítima sacrificial, salva a si mesmo e à cidade de Tebas, que faz dele seu rei. O labirinto é uma máquina arquitetônica ritual, que tem o Minotauro (isto é, a violência sacrificial) como centro. Se alguém "resolve" o labirinto, como no caso de Teseu, ajudado por Ariadne, sua vida será poupada e ele se tornará herói. Todos esses elementos performáticos também são comuns nos chamados "ritos de passagem".[24]

Seria correto afirmar, portanto, que o mecanismo do bode expiatório supõe a coletivização prévia do fenômeno dos duplos, isto é, a indiferenciação que envolve o grupo social como um todo? A indiferenciação é o reflexo do mecanismo dos duplos em nível social.

Sim. Quanto mais indiferenciadas as pessoas, mais fácil é decidir que qualquer uma delas é culpada. A palavra "duplo" é em si mesma mítica, no sentido de que significa a ausência de qualquer diferença. Os gêmeos míticos constituem a metáfora da indiferenciação e tiveram um importante papel na minha descoberta do mecanismo do bode expiatório na mitologia. Ao ler a obra de Lévi-Strauss – na qual tudo é diferença, existindo diferença até mesmo entre gêmeos –, percebi a importância que tinham: são uma negação da diferença, mas isso não é levado em conta! Segundo Lévi-Strauss, na esteira de Saussure, a língua não pode expressar uma ausência de diferença. Para isso servem os gêmeos, e a metáfora dos gêmeos é levada tão a sério por certas sociedades, que, nelas, chegam a ser mortos. (Claro, em outras prevalece a consciência de que gêmeos biológicos nada têm a ver com o processo de indiferenciação social, e nada acontece nesses casos.) Esses fatos embasaram a crítica que fiz a Lévi-Strauss, apesar de ter sido um autor indispensável à descoberta do real significado dos gêmeos: para temê-los, é preciso existir aquela primazia da diferença. Assim, vemos que culturas

---

[24] Para uma análise completa da imagem do labirinto na mitologia grega a partir de um ponto de vista mimético, ver Giuseppe Fornari, "Labyrinthine Strategies of Sacrifice: The *Cretans* by Euripides" In: *Contagion*, n. 4, 1997, p. 163-88.

primitivas falam da indiferenciação, ainda que, em princípio, não possam. A língua recorre à metáfora dos gêmeos para falar da indiferenciação. A língua mostra bem mais argúcia do que supõe Lévi-Strauss, e é mais realista.

Portanto, o mecanismo do bode expiatório precede qualquer espécie de ordem cultural, e em particular precede a linguagem. É precisamente o que permite o desenvolvimento de uma ordem cultural.

Exato! A pergunta é: de que modo? E a resposta está no rito. Como disse, para evitar episódios frequentes e imprevisíveis de violência mimética, entram em cena atos substitutivos de violência planejada, controlada, meditada, periódica e ritualizada. O rito equivale a uma escola, pois repete indefinidamente o mecanismo do bode expiatório com vítimas substitutas. Por corresponder à resolução de uma crise, o rito intervém sempre nesses momentos críticos e sempre estará presente quando suceder o mesmo tipo de situação crítica. O rito vira a instituição reguladora das crises. É o caso da crise da adolescência e dos ritos de passagem que a regulam, bem como da crise da morte, que gera ritos funerários, e da crise da doença, que origina a medicina ritual. Pouco importa se a crise é real ou imaginária, pois uma crise imaginária pode causar uma catástrofe real.

Há duas maneiras possíveis de ver o rito. Por um lado, a visão iluminista afirma que a religião é superstição e se por toda parte existem rituais, é porque sacerdotes ardilosos e gananciosos impõem suas charlatanices às pessoas de bem. Por outro lado, se simplesmente considerarmos que o clero não pode efetivamente ser anterior à invenção da cultura, então é preciso que a religião venha antes e, longe de ser uma força irrisória, é, na verdade, a origem de toda a cultura. E a humanidade é filha da religião.

Hocart sustenta essa afirmação com o seguinte:

> *Ritual não tem boa imagem perante os intelectuais. Eles o associam a um movimento clerical, pelo qual a maior parte deles têm antipatia. Por isso, não gostam da ideia de que as instituições que eles aprovam, e que lhes parecem formas tão práticas e razoáveis da moderna administração, tenham surgido a partir do ritual, que consideram charlatanice. Aos olhos deles, apenas interesses econômicos podem criar algo tão sólido quanto o Estado. Mas, se eles simplesmente olhassem ao redor de si, por toda parte veriam comunidades reunidas pelo interesse em um ritual comum; eles até veriam que o entusiasmo ritual produz efeitos mais duradouros do que as ambições econômicas, porque o ritual envolve uma regra de vida, e a economia é tão somente uma regra de ganho, que mais divide do que une.*[25]

Esse é certamente um texto maravilhoso, mas não radical o bastante. Cumpre lembrar aqui a história de Caim, segundo a qual ele é o fundador da primeira cultura – embora não encontremos nessa história nenhum ato específico de fundação. O que encontramos é o assassinato de Abel e a consequente lei contra o assassinato – "quem matar Caim será vingado sete vezes" (Gênesis 4,15). Tal lei corresponde à fundação da cultura, cujo fundamento é justamente o assassinato ritual, e punir com a morte não é senão isso, como atesta o apedrejamento no Levítico. Tão logo se tem a pena capital, ocorre uma repetição do assassinato fundador, ou seja, um assassinato no qual todos tomam parte e do qual ninguém é responsável. Desse assassinato original emerge cada aspecto da cultura: a Bíblia apresenta o legado de Caim como instituição legal, domesticação de animais, música e tecnologia (Gênesis 4,20-22).

---

[25] Hocart, *Kings and Councillors*, p. 35.

Esse é o equivalente exato do mito de Prometeu na versão de Ésquilo.

Sim. Prometeu é a vítima sacrificial que é acorrentada e canibalizada (a águia bica perpetuamente seu fígado), em uma repetição do ritual sacrificial. Como vítima sacrificial, ele é "responsável" pela invenção da cultura, é representado como a matriz da qual emergem a linguagem, a ciência matemática e a tecnologia. O mito de Marsias é outro mito em que a arte e o sacrifício estão relacionados: um contexto artístico se encerra com o assassinato do herói (esfolado vivo). Poder-se-ia dizer o mesmo do único episódio do Evangelho em que há uma referência direta à arte: a dança de Salomé, em Marcos. É a dançarina que decide que João Batista deve ser decapitado.

Em A Ruína de Kasch, Calasso sintetiza a convergência de espaços sacrificiais e artísticos de maneira aforística: "O fragor dos aplausos engole os gritos da vítima. Quando a estrela de cinema ou o político são assassinados por ser 'famosos demais', diz-se que o assassino é louco. Mas sua loucura revela a origem do aplauso".[26]

A mímesis cultural e a função do objeto

Depois dessa explanação geral do mecanismo mimético, gostaríamos de enfocar a questão do objeto em sua teoria. Por exemplo, o senhor disse que sempre que um apetite se torna um desejo, ele é afetado por um modelo. O desejo é todo construído socialmente. Entretanto, parece que em sua teoria não há espaço para necessidades básicas.

Permita-me uma distinção fundamental: um apetite não implica imitação. Quando alguém está sufocado, há um grande apetite por

---

[26] Roberto Calasso, *La Rovina di Kasch*. Milão, Adelphi, 1983, p. 192.

respirar e não há imitação nisso, pois respirar é uma necessidade fisiológica. Não há imitação quando alguém caminha quilômetros no deserto a fim de encontrar água. No entanto, em nosso mundo moderno, é diferente porque há modelos sociais e culturais de bom gosto quanto a comida e bebida, e qualquer forma de apetite é mediada por modelos de comportamento e, paradoxalmente, quanto mais seguimos a moda, mais imaginamos exercer preferências "pessoais" e "individuais" que são apenas nossas...

Quanto mais cruel e selvagem for uma sociedade, mais violência ocorrerá nela, em nome da satisfação de tudo o que é pura necessidade. Não se deve excluir a possibilidade de uma violência inteiramente desvinculada de qualquer desejo mimético, mas simplesmente relacionada à escassez. No entanto, mesmo no nível das necessidades básicas, quando a necessidade começa e está relacionada a um objeto, qualquer tipo de objeto, não há dúvida de que logo estará impregnada com a mímesis. Nesses casos, sempre há alguma mediação social em jogo. Por exemplo, segundo os marxistas, certos sentimentos surgem em uma classe social e são por isso especificamente sociais. Alguns marxistas afirmam que o desejo mimético é uma coisa aristocrática, uma forma de luxo. Mas é claro! Antes da era moderna, só aristocratas podiam dar-se a esse luxo. O sistema da cavalaria constitui um modo de glorificar o desejo mimético. Cervantes compreendeu isso muito bem. Dom Quixote é um fidalgo, que quer dizer "filho de alguém", um homem livre, um aristocrata. Em um mundo de terrível carência, o homem comum sem dúvida só tinha apetites. Na Idade Média, é o que atestam os *Fabliaux*, os quais tratam sobretudo de apetites físicos. No plano dos apetites, as pessoas lutam pelo pedaço de pão que de fato lhes falta. Portanto, os marxistas estão parcialmente certos. Se a teoria mimética negasse a objetividade de certas lutas, então seria falsa, mascararia a existência e suas necessidades básicas. Mas também é verdade que o mimetismo, sobretudo entre aqueles que tendem para ele, pode florescer na miséria mais extrema. Veja, por exemplo, o esnobismo da esposa de Marmeladov em *Crime e Castigo*, de Dostoiévski.

É por isso que o senhor não aceita a leitura que Lucien Scubla faz da sua obra, segundo a qual "a rivalidade mimética é a única fonte da violência humana"?[27]

Concordo com a parte essencial, embora essa fórmula subestime demais as necessidades básicas e os apetites. Como já assinalei, existem apetites capazes de desencadear conflitos. Uma vez desencadeados, contudo, facilmente caem na armadilha de um mecanismo mimético. Pode-se considerar que todo processo violento com certa duração se tornará fatalmente mimético. Hoje se fala muito da violência, mas o que se tem em mente como "ato violento" é o assalto de que as pessoas são vítimas nas grandes cidades. É isso que as preocupa. Trata-se de uma violência totalmente divorciada do seu contexto relacional ou associada apenas ao *background* sociológico mais geral. Uma violência sem antecedentes, sem consequentes. Todos os profissionais que lidam com problemas de violência dirão que a agressão fortuita não é a principal causa da violência. A conduta violenta ocorre sobretudo entre pessoas que se conhecem há muito tempo.[28] Em geral, a violência tem atrás de si uma história mimética, como no caso de violência doméstica. Esse é o crime mais comum, bem mais que qualquer violência entre desconhecidos. Assaltar alguém na rua não pode ser considerado um comportamento diretamente mimético, no tocante à relação entre vítima e assaltante. Por trás da agressão aleatória, costuma haver, contudo, uma relação mimética na história pessoal do assaltante, ou em sua relação com a sociedade como um todo, que permanece oculta, mas pode ser descoberta e explorada.

---

[27] Lucien Scubla, "Contribution à la Théorie du Sacrifice". In: Michel Deguy e Jean-Pierre Dupuy (orgs.), *René Girad et le Problème du Mal*. Paris, Grasset, 1982, p. 103-67.
[28] Um relatório recente da Organização Mundial da Saúde sobre os casos de morte violenta em oitenta países explica que metade deles são causados por suicídio, ao passo que a maioria dos homicídios é cometida em família. Apenas um quinto das mortes violentas anuais é causado por guerras. Ver *World Report on Violence and Health*. Genebra, World Health Organization, 2002.

Devemos enfatizar, entretanto, que a mímesis não gera só efeitos desagregadores, como mímesis de apropriação, mas também possibilita a transmissão cultural.

É verdade. No início, enfatizei principalmente a mímesis competitiva e conflituosa.[29] Fiz isso porque foi por meio da análise de romances – nos quais a representação de relações conflituosas é essencial – que comecei a compreender o mecanismo mimético. Em meu trabalho, predomina a mímesis "má" – por assim dizer –, porém a mímesis "boa" é bem mais importante. Sem esta última, não haveria mente humana, não haveria educação, nem transmissão de cultura. Não obstante, é preciso enfatizar a mímesis "má", pois sua realidade continua despercebida e é sempre negligenciada, tomada erroneamente por comportamento não mimético, até mesmo negada pela maioria dos pesquisadores e estudiosos. A intensa capacidade de imitar dos seres humanos é aquilo que os força a tornarem-se aquilo que são, mas essa capacidade cobra um alto preço, por causa da explosão de conflitos relacionada à mímesis de apropriação. A imitação não serve de canal apenas para o conhecimento, mas também para a violência.

Uma forte ênfase nessa mímesis "boa" é encontrada em teorias como a proposta por Richard Dawkins. Sua teoria do meme, como a unidade mínima da transmissão cultural, seria um exemplo.[30]

Dawkins não tem noção alguma do que sejam rivalidade mimética, crise mimética, bode expiatório e outras realidades apontadas pela teoria mimética. Entretanto, considero que, em geral, e do meu ponto de vista, as teorias biológicas ou neurocognitivas da mímesis estão mais avançadas que a literária.

---

[29] Ver René Girard, *Things Hidden*, p. 15-19. [Edição brasileira: *Coisas Ocultas*, p. 27-31.]
[30] Richard Dawkins, *The Selfish Gene*. Nova York, Oxford University Press, 1976. [Edição brasileira: *O Gene Egoísta*. Trad. Rejane Rubino. São Paulo, Companhia das Letras, 2007.]

Cientistas não têm medo de desenvolver teorias e conceitos que são relevantes para a mente humana e para o comportamento social, como a imitação e o mimetismo, por exemplo, mas que continuam ignorados pela maioria dos *scholars* especializados em literatura e dos estudantes das ciências sociais. Os estudos literários tradicionalmente se baseiam na ideia de individualidade, no pressuposto de que um autor é único. Por isso, a crítica literária tende a negar o desejo mimético. A negação do desejo mimético e a preponderância do individualismo são a mesmíssima coisa, pois quanto mais sentimos o desejo mimético, mais individualistas temos de ser para negá-lo.

O senhor está sugerindo que a institucionalização dos estudos literários ajuda a dissimular o mecanismo do desejo mimético?

Sim, e essa é a tese de Sandor Goodhart em *Sacrificing Commentary*.[31] Para ele, a real função da crítica é trazer a literatura de volta ao individualismo convencional e à recusa do desejo mimético. A crítica literária tem a função social de sempre reinserir a literatura no âmbito da norma social, em vez de enfatizar o abismo entre a visão de um grande escritor e a visão normativa de determinada época. A crítica literária deve desvelar a natureza mimética do desejo, e não ocultá-la através do comprometimento com conceitos como originalidade e inovação, constantemente defendidos de maneira encantatória e vazia.

Retomando a questão do conceito de mímesis, o senhor concordaria que sua perspectiva talvez ganhasse em clareza, se fizesse uma distinção entre mímesis de apropriação e mímesis cultural?[32]

---

[31] Sandor Goodhart, *Sacrificing Commentary: Reading The End of Literature*. Baltimore, Johns Hopkins University Press, 1996.
[32] Em um contexto diferente, Leonardo Boff trata de um problema semelhante: "Continuo sentindo a falta de ênfase no outro polo do desejo mimético e o desejo que produz a

Acho que não. Essa forma de expressão implicaria que a imitação cultural não envolve nenhuma forma de rivalidade, o que não é verdade porque também podemos competir por objetos culturais. Talvez possamos dizer que a mímesis tem a estrutura mesma do *duplo vínculo*, já que a mímesis não é somente apropriadora no sentido de ser conflituosa, mas também é cultural. Entretanto, o problema é que tendem a reduzir a mímesis ao mimetismo (*mimicry*), daí só a perceberem em seus aspectos mais superficiais e inofensivos. Foi por isso que enfatizei o lado violento da mímesis.

Também podemos dizer que a mímesis conflitual tem alguns aspectos "positivos", pois, em termos gerativos, ela engendra a complexidade social das leis, tabus e estruturas sociais a fim de manter a violência sob controle. No seu projeto antropológico, o objeto geralmente é responsável por desencadear o processo da mímesis de apropriação. Não seria possível que o objeto também desempenhasse um papel fundamental na mímesis cultural pacífica? De uma perspectiva histórica, o que temos em mente ao formular essa pergunta é a "hipótese da hominização em decorrência da caça", segundo a qual grupos sociais, tanto humanos quanto animais, podem surgir como resultado de uma "cooperação para caçar e distribuir a carne".[33]

É verdade, mas esse objeto bom é, por assim dizer, um objeto morto. A caça sempre teve uma dimensão sacrificial e uma dimensão

---

bondade na história. Se, por um lado, temos uma estrutura mimética, um desejo mimético que produz vítimas e cria toda uma cultura vitimista na história, há também, simultaneamente, um desejo inclusivo de um mimetismo 'comunionário', que gera na história tudo isso que é a produção da bondade e da vida na história". In: Hugo Assmann (org.), *René Girard com Teólogos da Libertação, Um Diálogo sobre Ídolos e Sacrifícios*. Petrópolis, Editora Vozes, 1991, p. 56-57.

[33] Walter Burkert, "The Problem of Ritual Killing". In: Robert Hamerton-Kelly (org.), *Violent Origins. Ritual Killing and Cultural Formation*. Stanford, Stanford University Press, 1987, p. 164. Esse livro será publicado na Biblioteca René Girard.

social que não podem ter-se originado apenas da necessidade de caçar. A religião também não pode ter-se originado apenas do medo e da admiração que os animais selvagens podem inspirar. A hipótese da hominização como resultado da caça não faz justiça ao papel do sacrifício humano.[34] Acho que qualquer forma de cooperação complexa deve ser baseada em alguma espécie de ordem cultural, que, por sua vez, está fundada no mecanismo vitimador. Essa é a minha hipótese sobre a origem da cultura. O pouco que sabemos do mundo da caça pré-histórica sugere uma elaborada organização cultural.

Evidentemente, reconhecemos que a originalidade de sua perspectiva está relacionada ao desvelamento da dimensão apropriadora da mímesis: a forma como um objeto concreto causa esse efeito desagregador. Contudo, como sugeriram Dupuy e Dumouchel, o objeto da sociedade de consumo não é exclusivamente o objeto da mímesis de apropriação. Ao contrário, ela pode produzir formas de controlar a explosão da rivalidade mimética.

Não faço objeções a essa visão. Dupuy e Dumouchel são autores basicamente otimistas em relação à sociedade moderna. Para eles, a sociedade de consumo funciona como um meio de atenuar a rivalidade mimética ao reduzir o potencial de conflito. Ao disponibilizar a todos os mesmos objetos, as mesmas mercadorias, a sociedade moderna reduziu as chances de conflito e rivalidade. O problema é que, se levado ao extremo, como nas sociedades de consumo contemporâneas, todos terminam perdendo o interesse nesses objetos universalmente acessíveis e idênticos. Leva tempo para que as pessoas se desapeguem dos objetos. Afinal, ao tornar disponíveis os objetos, a sociedade de consumo faz com que deixem de ser desejáveis. Como em todas as soluções sacrificiais, para sobreviver, a sociedade precisa

---

[34] Ver a discussão de Girard com Bukert em *Violent Origins*, p. 177-88.

renovar-se periodicamente.³⁵ Além disso, a sociedade de mercado está devorando as reservas da terra, assim como as sociedades primitivas devoravam suas vítimas. Entretanto, todos os remédios sacrificiais perderam sua eficácia porque quanto mais disponíveis, menos efetivos eles se tornam.

Então, como deveríamos, por exemplo, interpretar a afirmação de Jean-Pierre Dupuy: "O objeto é uma verdadeira criação do desejo mimético; é a composição das codeterminações miméticas que o faz emergir do nada: nem criação de uma pura liberdade, nem ponto focal de um determinismo cego".³⁶

Devo dizer que o objeto inteiramente criado pelo desejo mimético é um falso objeto. O prestígio e a honra são exemplos desses falsos objetos que o desejo mimético cria. Não obstante, há toda uma lista de objetos reais pelos quais as pessoas competem, como a bolsa de estudos disputada por dois alunos ou o prêmio Nobel cobiçado por dois físicos. A sociedade de consumo transforma o desejo mimético e sua possível crise em um instrumento de riqueza econômica, mas isso produz um efeito colateral: oferecem-se mais objetos, que são cada vez menos desejados mimeticamente. Ocorre assim uma inflação de objetos, cuja consequência é uma imensa variedade de produtos que vai da loja para a lata de lixo. Ao ato de comprar segue-se o de jogar fora! E isso em um mundo em que metade da população humana passa fome...

Vivemos, portanto, em um mundo em que o importante não é conservar o objeto, mas sim adquiri-lo?

---

³⁵ Daniel Miller, em seu livro *A Theory of Shopping*. Cambridge, Polity Press, 1998, fala de compras como *sacrifício*, embora esteja confinada à perspectiva de Bataille: "O discurso das compras é puramente destrutivo, um maravilhoso exame de completo desperdício. Ele captura a potencialidade transgressora do dinheiro, explorado por Simmel e outros, como liberação social de considerações de particularidade", p. 95.
³⁶ Jean-Pierre Dupuy, "Mimésis et Morphogenèse". In: M. Deguy e J.-P. Dupuy (eds.), *René Girard et le Problème du Mal*, p. 232.

A sociedade de consumo tornou-se simplesmente um sistema de *troca de signos*, não de troca de objetos reais. É por isso que vivemos em um mundo minimalista e anoréxico: porque o mundo em que o consumo é sinal de riqueza não tem mais apelo. Assim, é preciso ter uma aparência macilenta ou subversiva para ser *cool*, como diria Thomas Frank.[37] O único inconveniente é todos resolverem fazer o mesmo e acabarmos bem semelhantes aos demais. A sociedade de consumo, em seu extremo, torna-nos místicos, no sentido de que nos mostra que objetos jamais satisfarão nossos desejos.[38] Pode corromper-nos, pois pode levar a todo tipo de atividades inúteis, mas também devolve a consciência de nossas necessidades de algo inteiramente diferente. Algo que a sociedade de consumo não pode oferecer.

Ao mesmo tempo, deve-se destacar que a elevação do nível de mediação interna na sociedade contemporânea não termina necessariamente em crise mimética. O mundo atual se mostra mais capaz de absorver altas doses de indiferenciação. Observando esse problema nas sociedades primitivas, temos algumas perguntas: o bode expiatório representa o retorno do objeto? O corpo da vítima permite converter os duplos (em sua forma coletiva) nos níveis anteriores de diferenciação?

Não se pode imobilizar o desejo no nível do objeto. Por isso, o não objeto (não comer, mostrar-se indiferente) é tão importante. Não se

---

[37] Thomas Frank, *The Conquest of Cool: Business Culture, Counterculture, and the Rise of Hip Consumerism*. Chicago, University of Chicago Press, 1997. Frank afirma que um importante fenômeno de marketing, que teve seu início nos anos 1960, é a chamada "mercantilização da revolta", isto é, o fato de que o próprio sistema contra o qual as pessoas se revoltam vende-lhes sinais de sua revolta.

[38] Dupuy também se refere ao capitalismo como o mais "espiritual" dos universos, pois sua preocupação não é estritamente materialista (como afirma a análise sociológica de Max Weber), representando a pura aquisição de objetos, mas está baseada na *inveja*. Objetos são "signos de inveja" em que o papel de mediador, do outro, está sempre presente. Ver Jean-Pierre Dupuy, "Le Signe et l'Envie". In: Dumouchel e Dupuy, *L'Autoorganisation*, p. 74.

trata de uma invenção do mundo dos negócios, que sempre prefere vender mais. Além disso, essa formulação me parece filosófica demais, porque propõe uma dialética entre subjetividade e objetividade que implicaria uma consideração excessivamente moderna desses problemas, que na verdade são sobretudo antropológicos. Acho que temos de manter uma apreciação antropológica dessas questões. A objetividade da vítima é precária nesse estágio do mecanismo do bode expiatório. Na agitação da indiferenciação, que se resolve com a polarização da vítima, o cadáver às vezes é lastimado e sepultado. Essa objetividade, então, imediatamente se converte na transcendência da vítima, que é o aspecto mais importante do fenômeno do bode expiatório nesse estágio. Qual é a relação de transcendência com o objeto? Há um problema teológico nessa questão, que é um problema fascinante em si mesmo.

"Méconnaissance"

Para ressaltar a continuidade estrutural do fenômeno social que estamos discutindo – apesar das óbvias diferenças históricas que apresentam –, poderíamos dizer que, assim como o desejo mimético não é uma invenção moderna, o mecanismo do bode expiatório é visível não apenas nos rituais primitivos ou sociedades arcaicas, mas também está presente no mundo moderno.

É verdade. E para compreender como o mecanismo do bode expiatório funciona nas sociedades modernas, é necessário mais uma vez começar com o desejo mimético. O paradoxo do desejo mimético consiste no fato de parecer solidamente fixado em um objeto específico, quando, na verdade, é inteiramente oportunista. Quando tende a tornar-se oportunista, o desejo mimético orienta-se paradoxalmente por modelos substitutos, antagonistas substitutos. A era dos escândalos na qual vivemos corresponde a um deslocamento do desejo. Um grande *skándalon* coletivo equivale ao pequeno *skándalon* entre dois vizinhos multiplicado muitas vezes. Permitam-me insistir que, nos Evangelhos, *skándalon* significa rivalidade *mimética*, e, portanto, a ambição vazia, os ridículos antagonismos e ressentimentos recíprocos que todo mundo sente por todo mundo, pela simples razão de que nossos desejos às vezes são frustrados. Quando o *skándalon* em pequena escala se torna oportunista, tende a unir-se ao maior *skándalon* em curso, tranquilizando-se pelo fato de sua indignação ser partilhada por muitos. Nesse momento, a mímesis se torna "lateral", em vez de voltar-se apenas para o vizinho, e isso é sinal de crise, de contágio crescente. O escândalo maior devora os menores, até restar um único escândalo, uma única vítima – assim funciona o mecanismo do bode expiatório. O ressentimento crescente que as pessoas sentem por causa do aumento da magnitude dos rivais miméticos desencadeia um ressentimento maior em direção a um elemento da sociedade, por exemplo os judeus durante o nazismo na Alemanha, o caso Dreyfus na França do final do século XIX, os imigrantes africanos na Europa contemporânea, os muçulmanos nos recentes atentados terroristas. Há um magnífico exemplo desse fenômeno em *Júlio César*, de Shakespeare: o recrutamento mimético dos conspiradores contra César.[39] Na peça, Ligário, um dos conspiradores, está muito doente, mas a ideia de matar César o restabelece, e seu ressentimento difuso se concentra. Ele esquece tudo, pois César passa a ser o alvo fixo de seu ódio. Que progresso! Infelizmente, nove entre dez políticos agem assim. O chamado espírito partidário não é senão escolher todos os demais como bode expiatório. Porém, graças à revelação cristã da inocência fundamental daqueles vitimados como bodes expiatórios, e da arbitrariedade fundamental da acusação contra eles, essa polarização do ódio logo é revelada como aquilo que é, e a resolução unânime final não acontece. Como já falei do cristianismo, permita-me esclarecer rapidamente meu argumento a respeito da posição especial que ele ocupa na história do mecanismo mimético (ainda que a maioria dos meus leitores provavelmente já saiba disso).

---

[39] Ver *Júlio César*, Ato II, Cena I. Ver igualmente René Girard, *Shakespeare: Teatro da Inveja*. Trad. Pedro Sette-Câmara. São Paulo, Editora É, 2010, p. 367-69.

Resumindo, antes do advento do judaísmo e do cristianismo, o mecanismo do bode expiatório era aceito e justificado porque permanecia despercebido. Ele trazia a paz de volta para a comunidade no apogeu da crise mimética caótica. Todas as religiões arcaicas baseavam seus rituais exatamente em torno da reprodução do assassinato fundador. Em outras palavras, elas consideravam o bode expiatório *culpado* da erupção da crise mimética. Por outro lado, o cristianismo, na figura de Jesus, denunciou o mecanismo do bode expiatório, mostrando o que ele verdadeiramente é: o assassinato de uma vítima inocente, morta para pacificar uma comunidade tumultuada. É nesse momento que o mecanismo mimético é totalmente revelado.

O que nos conduz ao conceito de desconhecimento (méconnaissance), que é central para a teoria mimética – e voltaremos a esse conceito. O senhor disse que o processo sacrificial requer certo grau de engano, de autoengano. Se o mecanismo do bode expiatório promove coesão social, então a inocência da vítima deve ser ocultada, de modo que permita que toda a comunidade se una em torno da crença na culpa da vítima. E o senhor destacou que, assim que os atores compreendem o mecanismo mimético, sabendo como ele funciona, este entra em colapso e deixa de reconciliar a comunidade. No entanto, de acordo com Henri Atlan, essa proposição fundamental nunca se colocou como um problema. Pelo contrário, é apresentada como autoevidente.[40]

O problema aqui é que não enfatizei o suficiente o caráter inconsciente do mecanismo do bode expiatório. Trata-se de uma questão muito simples e, ao mesmo tempo, um aspecto crucial de minha teoria. Tomemos como exemplo o caso Dreyfus. Se for contra Dreyfus, você acredita firmemente na culpa de Dreyfus. Imagine-se

---

[40] Henri Atlan, "Violence Fondatrice et Référent Divin". In: Paul Dumouchel (org.), *Violence et Vérité. Autour de René Girard*. Paris, Grasset, 1985, p. 434-50.

como um francês de 1894, preocupado com o exército e incomodado pelos alemães. Convencer-se da inocência de Dreyfus destruiria o conforto espiritual, a indignação justificada, que você deriva da crença na sua culpa. Isso é tudo o que quero dizer! Estar contra Dreyfus ou a seu favor não é a mesma coisa! Desconfio de que Atlan, embora bastante perspicaz, não entendeu o que eu disse.

A maioria dos teólogos que resenharam *Coisas Ocultas* também demonstrou total incompreensão desse ponto. Um crítico chegou a dizer que, se existe alguma religião do bode expiatório, essa religião é o cristianismo, uma vez que os Evangelhos se referem explicitamente a esse fenômeno! Minha resposta foi muito simples: exatamente porque Jesus é explicitamente representado como bode expiatório, o cristianismo, como religião, não pode fundar-se no mecanismo expiatório. A razão disso deveria ser óbvia: se acreditamos que nosso bode expiatório é culpado, não o chamaremos de "nosso bode expiatório". Se os franceses tivessem tomado Dreyfus por bode expiatório, não admitiriam sua "culpa". Se reconhecermos a inocência de uma vítima, não seremos capazes de usar de violência contra ela. E o cristianismo consiste precisamente em um modo de dizer, com toda a veemência, que a vítima é inocente. Afinal, a vítima é o filho de Deus. Eis o papel-chave do desconhecimento (*méconnaissance*) no processo – permitir a ilusão de termos denunciado alguém *de fato* culpado e, portanto, *merecedor* da punição infligida. Para elegermos um bode expiatório, precisamos ignorar a verdade. Daí não o representarmos como vítima, como bode expiatório, empenhando-nos, em vez disso, em considerá-lo culpado, a exemplo do que faz a mitologia: o parricídio e o incesto cometidos por Édipo são tidos como crimes de fato ocorridos. Tomar alguém como bode expiatório é não ter um conhecimento preciso do que se está fazendo.

Em Júlio César, de Shakespeare, Brutus faz um notável discurso no qual se explicita esse princípio duas vezes: "Caio, sejamos sacrificadores / não carniceiros"; "aos olhos do povo há de ensejar-nos /

sermos chamados purificadores / não assassinos".[41] Como o senhor interpreta essa passagem?

Brutus define a diferença entre a legítima violência do sacrifício e a ilegítima violência da guerra civil, diferença essa que nem ele nem os demais conspiradores conseguem tornar crível. Brutus sabe o que está fazendo e que, para fazê-lo bem, não deveria ter a lucidez de reconhecer no sacrifício um assassinato. Dizendo-o nos meus termos, ele revela a necessária *méconnaissance* característica do assassinato do bode expiatório. Segundo Brutus, devemos proceder de tal modo que não pareça assassinato. Eis um texto de fato impressionante e com uma intuição poderosa. Portanto, o princípio em jogo consiste em que a mão direita não saiba o que faz a esquerda. E isso mostra que em Shakespeare há uma compreensão do sacrifício que é aguçadíssima e muito superior à da antropologia moderna.

Vamos insistir nesse ponto, a fim de esclarecê-lo de forma definitiva: por que o senhor optou pelo termo méconnaissance *e não por* inconsciente, *que é mais comum?[42]*

Porque, na mente dos leitores, a palavra "inconsciente" teria uma conotação freudiana. Empreguei *méconnaissance* porque o mecanismo do bode expiatório é sem dúvida inconsciente de sua própria injustiça, sem ignorar quem foi assassinado. Desse modo, acho que a natureza inconsciente da violência sacrificial é revelada no Novo Testamento, especialmente em Lucas: "Pai, perdoa-lhes: *não sabem* o que fazem" (Lucas 23,34). A afirmação de Cristo

---

[41] Willian Shakespeare, *Júlio César*. In: *Teatro Completo: Tragédias*. Trad. Carlos Alberto Nunes. Rio de Janeiro, Agir, 2008, Ato 2, Cena 1, p. 197. Para uma análise mais detalhada, ver René Girard, "Sejamos Sacrificadores, Não Carniceiros: Sacrifício em Júlio César". In: *Shakespeare: Teatro da Inveja*. São Paulo, Editora É, 2010, p. 397-413.
[42] Esse conceito foi desenvolvido por Jean-Pierre Dupuy em "Totalisation et Méconnaissance". In: Dumouchel (org.), *Violence et Vérité*, p. 110-35.

deve ser entendida literalmente. Uma prova disso é a afirmação análoga nos Atos dos Apóstolos. Pedro, dirigindo-se à multidão que estivera presente à crucificação, diz "agistes por ignorância" (Atos 3,17).[43] A palavra "ignorância" é de fato o termo grego para "não saber". Mas, em linguagem contemporânea, deve-se dizer "inconsciente". Entretanto, não quero dizer *o* inconsciente, com o artigo definido antes do termo, porque isso implica uma forma de essencialismo ontológico de que desconfio. Não há como negar, contudo, uma falta de consciência na escolha e no assassinato do bode expiatório. E essa inconsciência é essencial, tal como o inconsciente em Freud. Não se confunde com esse último, além de ser antes um fenômeno coletivo e não individual.

O senhor poderia esclarecer sua crítica ao conceito freudiano de inconsciente?

Apenas condeno a ideia de que haja *um* inconsciente, como uma entidade mental à parte. Não há nada de errado com a ideia de alguma coisa ser inconsciente, mas me incomoda a ideia de postular-se *o* inconsciente, como uma espécie de recipiente, ideia que se mostrou equivocada. Deveria ter dado mais ênfase à natureza inconsciente do mecanismo do bode expiatório; recuso-me, porém, a atribuí-lo a um inconsciente com vida própria, no estilo de Freud.

Em Freud, o inconsciente também tem uma estrutura coletiva, mas é, na verdade, basicamente composto por experiências individuais. Quanto à psicologia interdividual, a méconnaissance também parece eviar o reconhecimento da natureza mimética do desejo. O senhor acha que quanto mais mimético alguém é, mais forte a méconnaissance será?

---

[43] Ver René Girard, *I See Satan*, p. 126-27. Em alguns manuscritos, não consta essa sentença de Lucas.

Vou responder com um paradoxo. Quanto mais mimético se é, mais forte será sua *méconnaissance* e também as possibilidades de compreendê-la. De repente, você pode perceber que a natureza de seu próprio desejo é estritamente imitativa. Creio que todos os grandes escritores do desejo mimético são hipermiméticos. Como tentei mostrar em meus livros, Proust e Dostoiévski são exemplos extraordinários disso. Em seus romances, há uma ruptura radical entre a mediocridade de suas primeiras obras, que são tentativas de autojustificação, e a grandeza de seus trabalhos posteriores, que representam a queda do eu, no sentido que Camus emprega o termo em seu livro *A Queda*. Acho que *A Queda* é um livro sobre a má-fé dos escritores modernos, que condenam toda criação a fim de justificar-se a si mesmos e construir uma fortaleza de superioridade moral ilusória.

Como o senhor definiria um indivíduo hipermimético?

Autores como Shakespeare e Proust obviamente falam de si mesmos. Tomemos, por exemplo, a relação do narrador proustiano com Albertine. A natureza mecânica do desejo mimético é óbvia: quando Albertine está ausente, ele está apaixonado; quando está presente, já não se interessa pela "amada". Isso não acontece uma ou duas vezes, mas um sem-número delas; é quase uma experiência científica! Há algo semelhante na relação entre Kafka e Felice, como revelado em sua correspondência. Um dos melhores ensaios sobre Kafka é o de Elias Canetti.[44] Trata-se de um texto sobre o Kafka mimético,

---

[44] Elias Canetti, *Der Andere Prozess*. Munique, Carl Hanser, 1969. Edição americana: *Kafka's Other Trial. The Letters to Felice*. Trad. Christopher Middeleton. Nova York, Schocken, 1974. Ver, por exemplo, p. 16-17: "Tenho ciúmes de todos em suas cartas, tanto aqueles cujos nomes são citados quanto dos inominados, homens e mulheres, homens de negócios e escritores (escritores sobretudo, claro)... Tenho ciúmes de Werfel, Sófocles, Ricarda Huch, Lagerlöf, Jacobsen. Meu ciúme é puerilmente satisfeito porque você chama Eulenberg Hermann em vez de Herbert, enquanto Franz sem dúvida está profundamente gravado em seu cérebro... Mas outras pessoas devem ser encontradas em sua correspondência; quero começar a brigar com todos eles, o lote completo, não porque tenham cometido

que é muito engraçado. Em termos freudianos, poderia ser descrito como uma análise da neurose de Kafka. Entretanto, é um ensaio sobre Kafka como um homem absolutamente hipermimético, e Canetti parece tê-lo compreendido perfeitamente.

Se tivermos algo de hiperminéticos, estamos até certo ponto em melhor posição para enxergar o quanto estamos sujeitos ao desejo mimético; pois, se somos caricatos nesse terreno, fica mais fácil entender a natureza autossabotadora do nosso comportamento. No que tem de mecânico, ela é bem próxima da possessão demoníaca mencionada nos Evangelhos.

Então, uma pessoa hipermimética possui uma sensibilidade especial para o funcionamento do mecanismo mimético?

Exato. Há dois tipos de indivíduo hipermimético, a saber, o totalmente cego e o que se torna totalmente lúcido. O interessante em Dostoiévski – e, em larga medida, no Proust de *Jean Santeuil* – é que, em suas primeiras obras, ele não poderia ser mais cego em relação a si mesmo. Ele era uma caricatura do desejo mimético, idealizando suas próprias reações miméticas. E quando se lê sua correspondência, nota-se que poderia ter sido vendida como se fosse um de seus romances daquele primeiro período e vice-versa. Então, com *Memórias do Subsolo*, ele tem seu grande *insight*.[45] Todavia, não revela o mecanismo mimético tão completamente quanto Shakespeare. Ele se assemelha a Shakespeare em muitas coisas, mas este demonstra mais conhecimento desse mecanismo e de seu poder de regenerar sociedades arcaicas. Shakespeare com certeza está mais

---

qualquer falta, mas para afastá-las de você e para afastá-la deles, para que leia somente as cartas que dizem respeito apenas a você, sua família... e, claro, a mim!". No dia seguinte, ele recebe uma carta inesperada dela, pois é domingo, e ele agradece a ela: "Querida, mais uma vez, esse é o tipo de carta que combina com alegria silenciosa. Não está repleta de amigos e escritores".

[45] Para uma discussão detalhada dessa questão, ver René Girard, *Dostoiévski: Do Duplo à Unidade*. São Paulo, Editora É, 2011.

próximo de nossa pesquisa antropológica atual do que Dostoiévski. *Sonho de uma Noite de Verão* é uma obra tão perspicaz que nem mesmo grandes autores como George Orwell conseguem entendê-la, acusando Shakespeare de superficialidade! Orwell não entende como essa obra está acima de seus personagens e de suas ridículas ações infantis. Ele não compreende sua dimensão gerativa.

capítulo 3
as espécies simbólicas

O quanto o homem deve ter personificado a divindade.
Charles Darwin, *Notebooks*

Elos perdidos

Segundo Michel Serres, sua obra propõe uma teoria darwinista da cultura porque "apresenta uma dinâmica, mostra uma evolução e oferece uma explicação universal da cultura".[1] Seu objetivo é mesmo esse?

Por que não? Acho muito ingênua a concepção de Darwin da religião; acho que não há algo extremamente perspicaz e admirável em seu modo de argumentar, mas sempre fui fascinado por seu modo de pensar. Essa é a razão pela qual há uma perspectiva darwinista no processo de hominização conforme apresentei em *Coisas Ocultas*. Sinto grande afinidade por sua maneira de argumentar: "um longo argumento do princípio ao fim".[2] A teoria da seleção natural parece-me bastante sacrificial. Afinal, Darwin, ao valer-se da teoria malthusiana da população, salienta a importância da morte tanto quanto da sobrevivência. Em certo sentido, ele representa a natureza como uma máquina supersacrificial.[3]

---

[1] Michel Serres, *Atlas*. Paris, Juillard, 1994, p. 219-20.
[2] *The Autobiography of Charles Darwin and Selected Letters*. Edição de Francis Darwin. Nova York, Dover, 1958, p. 55. Ver também Ernst Mayr, *One Long Argument: Charles Darwin and the Genesis of Modern Evolutionary Thought*. Londres, Allen Lane/Penguin, 1991.
[3] A mesma ideia é enfatizada por Stanley E. Hyman, que vê *The Origin of Species* como um "trágico ritual" dionisíaco, ligado à noção de *agone* e *sparagmos;* ver *The Tangled Bank: Darwin, Marx, Frazer and Freud as Imaginative Writers*. Nova York, Atheneum, 1962, p. 26-33.

Qualquer grande descoberta científica que represente uma mudança de paradigma é amplamente determinada pelo contexto cultural mais amplo em que essa descoberta se desenvolveu. Acho que a descoberta da seleção natural tem a marca da época em que ela foi concebida. Ela é parte da descoberta moderna de que o sacrifício é a base não só da cultura humana, mas também da ordem natural.

A fim de explicar a emergência da esfera do simbolismo, em Coisas Ocultas *o senhor esboçou uma teoria da hominização e da origem da cultura dentro de um arcabouço naturalista, basicamente misturando explicações etnográficas com teorias antropológicas. Esse aspecto crucial da evolução da cultura humana foi pouco explorado em sua teoria desde então.*

Simplesmente não tive a oportunidade de retornar a ele. Também estou só parcialmente equipado para articular minha teoria com um certo vocabulário científico, mas sempre tentei pensar dentro de um arcabouço evolucionista. A compatibilidade entre teísmo e evolução não é uma questão que se apresente para mim, e todo o debate entre darwinistas e criacionistas (ou defensores do desenho inteligente) é, a partir do meu ponto de vista, simplesmente ultrapassado e não muito interessante. Um dos pontos centrais da teoria mimética, que poderia contribuir muito para o debate, se ele for levado a sério, é que a religião é a mãe da cultura. No processo de emergência de elementos culturais, não pode haver uma espécie de começo absoluto. O processo é gradual e extremamente complexo.

Como o senhor reage, então, à proposta do filósofo Elliot Sober: "Os biólogos interessados pela cultura muitas vezes ficam chocados com a ausência de teorias gerais viáveis nas ciências sociais. Toda a biologia é unida pela teoria da evolução biológica. Talvez o progresso nas ciências sociais seja impedido porque não há uma teoria geral da evolução cultural"?[4]

A teoria mimética busca esclarecer a origem das grandes instituições culturais, a começar pelo sacrifício ritual, que é inteiramente coerente com um arcabouço darwinista. Há um conjunto de hipóteses nessa área que são fortemente compatíveis com um arcabouço mimético e que substanciam suas afirmações. Concordo com a ideia expressada pelo sociobiólogo Edward O. Wilson. Ainda que ele creia que a religião é pura fantasia, diz que não pode ser totalmente inútil, por ter um valor adaptativo intrínseco; não fosse assim, já teria sido descartada, como um construto social irrelevante.[5] É exatamente isso que sugiro quando digo que a religião protege homens e sociedades da escalada mimética. A religião tem um valor adaptativo. Mas isso não é o bastante: ela é também a origem da hominização, da diferenciação entre animais e seres humanos, porque, como expliquei em *Coisas Ocultas*, ela cria a cultura e as instituições por meio do sacrifício.

De fato, é exatamente esse ponto que afugenta tantos filósofos da minha teoria: a criação da cultura é obra da religião por meio do mecanismo vitimador, que é contingente e mecânico. Contudo, os cientistas objetam que essa transição é puramente filosófica, porque é complexa demais (e hipotética demais) para ser provada. Essa é a natureza paradoxal dos diálogos em que entrei: os filósofos praticamente não acreditam em "fatos"; os cientistas muitas vezes não estão interessados em passar do plano físico para o filosófico.

---

[4] Elliot Sober, "Models of Cultural Evolution". In: Elliot Sober (org.), *Conceptual Issues in Evolutionary Biology*. Cambridge, MIT Press, 1994, p. 486.
[5] "As religiões são como as demais instituições humanas na medida em que evoluem de maneiras que aumentam o bem-estar de seus praticantes. Como esse benefício demográfico acaba valendo para o grupo como um todo, ele pode ser obtido em parte pelo altruísmo e em parte pela exploração, com alguns setores lucrando às custas de outros. Por outro lado, o benefício pode surgir na forma de uma saúde melhor de todos os membros." (Edward O. Wilson, *On Human Nature*. Cambridge, Harvard University Press, 1978, p. 175.) Ver também Edward O. Wilson, *Sociobiology: The New Synthesis*. Cambridge, Belknap Press/Harvard University Press, 1975, p. 559-64.

Há uma atitude muito contraditória no modo como os teóricos evolucionistas lidam com a transmissão cultural. Ainda que eles estejam acostumados a trabalhar com vastas escalas de tempo para explicar a evolução das espécies, frequentemente caem em uma espécie de perspectiva temporal ao discutir a cultura humana, e a transmissão e a evolução de traços culturais. Há um pressuposto inquestionado, relacionado à ação humana: eles parecem adotar uma espécie de "individualismo metodológico". Assim que eles começam a discutir a cultura humana, parecem presumir que o indivíduo moderno é o protótipo do ser humano primitivo que produz e que transmite cultura. Esse pressuposto implícito é tão prejudicial quanto seu contrário, como o da "mentalidade primitiva" de Levy-Bruhl. Durkheim afirma que a autonomia dos fatos sociais não pode simplesmente ser explicada pela psicologia individual. A emergência da cultura humana é um desses fatos.

Em relação à evolução da cultura, pode-se dizer que ela se desenvolve por padrões lamarckianos, e não dentro de um arcabouço darwinista.

É verdade que a cultura e o simbolismo são essencialmente transmitidos por meio da repetição e do reforço. Mas será isso realmente lamarckiano? Mesmo assim, é no nível do *grupo social* que é preciso recorrer à seleção darwinista. Isso é puramente conjectural e hipotético, porque seria impossível provar isso de modo absoluto, e é por isso que a ideia de seleção grupal foi tão criticada na área, ainda que pareça agora estar sendo discutida novamente.[6] Todavia, certamente podemos fazer um exercício conjectural. A partir dos pressupostos da teoria mimética, pode-se dizer que muitos grupos e sociedades pereceram e foram destruídos por lutas internas, pela

---

[6] Para uma crítica da ideia de seleção do grupo, ver G. C. Williams, *Adaptation and Natural Selection: A Critique of Some Current Evolutionary Thought.* Princeton, Princeton University Press, 1966. Para uma reavaliação recente, ver a introdução de Elliot Sober e D. S. Wilson a *Unto Others. The Evolution and Psychology of Unselfish Behavior.* Cambridge, Harvard University Press, 1998, p. 1-13.

explosão da rivalidade mimética, sem que se conseguisse encontrar uma forma de resolvê-la. O mecanismo do bode expiatório trouxe uma contribuição fundamental para a *saúde* do grupo. É por essa razão que essa prática é encontrada no mundo inteiro. Trata-se do resultado de uma forma de seleção sistêmica, que durou milhares de anos. O mecanismo do bode expiatório e depois a religião trouxeram aquele instrumento fundamental de proteção contra a violência natural intraespecífica que todo grupo de hominídeos vai fazer irromper em algum momento por razões puramente etológicas. Esse é o estágio limite da evolução cultural, em que não faz sentido falar da autonomia do indivíduo. O próprio grupo é que medeia tudo.

Nesse sentido, uma hipótese como a do gene egoísta de Richard Dawkins é puramente abstrata no que diz respeito a explicar interações sociais, porque recorre sobretudo à teoria dos jogos para mostrar que o altruísmo animal é possível – como se as interações sociais e até a cultura pudessem ser reduzidas a explicações puramente econômicas! Para estender sua teoria ao plano da cultura, ele teve de inventar a noção ainda mais problemática de meme, a unidade cultural mínima (que, aliás, se parece muito com as ideias de Tarde expressas em As Leis da Imitação*).*

Ao fazê-lo, Dawkins supõe uma ruptura radical entre o animal e o humano, já que nunca oferece uma explicação para a emergência da cultura. Os memes, na visão dele, parecem emergir do nada, e a força selecionadora, que deveria discriminar entre os memes que serão preservados e os que serão descartados, permanece inexplorada (ou é puramente contingente).[7] A teoria de Dawkins da imitação parece-me bastante deficiente de modo geral. Ele propõe uma teoria para a transmissão imitativa da cultura que nunca explica os efeitos negativos da imitação.

---

[7] Susan Blackmore fala da *máquina de memes*, que funcionaria como um puro algoritmo inconsciente. Ver *The Meme Machine*. Oxford, Oxford University Press, 1999.

Como escreveu Stephen Sanderson, a teoria de Dawkins é totalmente "ideacional e mentalista" e possui um preconceito metafísico.[8] *Segundo John Tooby e Leda Cosmides, "a maioria dos cientistas sociais acredita estar referindo um grande princípio explanatório quando diz que um comportamento é 'aprendido' ou 'natural'". Contudo, "no tocante às hipóteses que pretendem explicar fenômenos mentais ou comportamentais é impressionante como não fazem sentido. Nesse ponto do estudo do comportamento humano, o aprendizado e a cultura são fenômenos que devem ser explicados, e não explicações em si mesmos".*[9]

É por isso que precisamos de uma teoria, como a teoria mimética e o mecanismo do bode expiatório: ambas que poderiam explicar a emergência da cultura e da atividade simbólica, começando de um ponto de vista puramente naturalista, e levando em conta todos os constrangimentos biológicos, etológicos e antropológicos a que os primatas estão submetidos. Em outras palavras, a teoria mimética, estruturada em torno do mecanismo vitimador, oferece uma base comum para a relação de diversas abordagens metodológicas e também de diversas fontes de dados.

A etologia e o mecanismo vitimário

Para tanto, pode ser importante deter-se sobre a tênue fronteira entre os reinos animal e humano, que eventualmente causa a emergência da esfera do simbolismo. Segundo as observações etológicas de Konrad Lorenz, já se pode identificar em certas espécies padrões de comportamento que formam o que chamamos de "sacrifício instintivo".

---

[8] Para essa discussão, ver Stephen K. Sanderson, *The Evolution of Human Sociality. A Darwinian Conflict Perspective*. Lanham, Rowman & Littlefield, 2001, p. 153.
[9] John Tooby e Leda Cosmides, "Evolutionary Psychology and the Generation of Culture, Part I: Theoretical Considerations". *Ethology and Sociobiology*, n. 10, 1989, p. 46.

De fato, conforme pesquisas recentes, a atual visão sobre os chimpanzés e os primatas difere bastante da perspectiva vigente na época em que escrevi *Coisas Ocultas*. Hoje acreditamos que usam ferramentas, caçam juntos e, segundo alguns pesquisadores, até realizam ritos, ao menos de forma rudimentar. Essa perspectiva evolucionista transforma a ruptura total implicada na hipótese estruturalista em um processo gradual, que vai atingindo níveis de complexidade cada vez maiores.

No trabalho de Lorenz, interessa-me sua descrição do comportamento dos gansos, exposta em *Da Agressão*.[10] Quando dois gansos se aproximam um do outro, demonstrando sinais de hostilidade, essa agressão recíproca é geralmente redirecionada, e o golpe, desferido contra um terceiro objeto.[11] Esse redirecionamento da agressividade foi "cristalizado" pela evolução em um padrão instintivo que pode criar um laço, principalmente entre macho e fêmea (mas há também casos de homossexualidade engendrada por esse mecanismo). No caso dos gansos, o casal é permanente ou semipermanente, tendo sido criado por uma espécie de mecanismo expiatório incipiente, embora não seja apropriado chamá-lo assim, uma vez que esse bode expiatório, esse terceiro elemento consiste muitas vezes em um objeto inanimado. Nesse comportamento dos gansos delineia-se – daí seu fascínio – um primeiro esboço do mecanismo do bode expiatório, dado o redirecionamento da violência contra uma terceira parte. Essa observação, se correta, poderia explicar a emergência de um laço entre indivíduos que, juntos, fazem outro de bode expiatório, que o vitimam. O redirecionamento da agressão interna de um grupo específico contra um elemento externo (ou um elemento interno, percebido como externo, que é expulso) cria uma forte coesão dentro do próprio grupo. Essa poderia ser uma das razões de as sociedades primitivas recorrerem ao assassinato ritual: fortalecer os laços da

---

[10] Konrad Lorenz, *Das Sogenannte Böse: zur Naturgeschichte der Aggression*. Viena, Borotha-Schoeler, 1963. Edição americana: *On Agression*. Nova York, MJF Books, 1966.
[11] Ibidem, cap. 11, "The Bond", p. 165-219.

comunidade. A invenção do sacrifício ritual tem como base uma observação anterior da eficácia etológica da agressão e da violência compartilhadas, e do "enlevo" oriundo desse ato de realizar o mesmo redirecionamento, criando um vínculo adicional.

Lorenz também menciona o riso humano como uma forma de redirecionar a agressão: quando um grupo de pessoas ri de algo, como uma forma inofensiva de sacrifício, percebe-se imediatamente um tipo de cadeia empática, um laço mais forte entre os elementos do grupo.

Trata-se de um mecanismo puramente etológico do qual não temos consciência. O Evangelho de Lucas, por exemplo, explica que "Herodes, juntamente com a sua escolta, tratou-o com desprezo e escárnio; e, vestindo-o [Jesus] com uma veste brilhante, o mandou novamente a Pilatos. E nesse mesmo dia Herodes e Pilatos ficaram amigos entre si, poi antes eram inimigos" (Lucas 23,11-12). Ter um bode expiatório comum, seja ele real ou simbólico, é o mais eficiente mecanismo para reforçar uma amizade. Em alguma medida, o limite do pensamento de Lorenz reside na ausência de uma noção de laço social: ele sempre raciocina em termos de casais; do seu ponto de vista, é como se não houvesse sociedade. Ora, quando há padrões de dominância, não se forma uma verdadeira sociedade. Isso é compreensível porque ele fala apenas de animais. O mecanismo do bode expiatório somente pode emergir de agrupamentos sociais, como um bando ou uma multidão. Com o bando, estamos mais próximos da sociedade. Não por acaso, Elias Canetti inclui considerações a respeito dessa forma de associação em *Massa e Poder*.[12]

Há uma passagem em Da Agressão, *de Lorenz, que sugere um cenário diferente do evento primordial de violência intraespecífica.*

---

[12] Trad. Sérgio Tellaroli. São Paulo, Companhia das Letras, 1995; ver, em particular, cap. 2.

Ele oferece evidências de uma forma de consciência a respeito da primeira carnificina humana:

> *Alguns dos pássaros e mamíferos mais inteligentes e sociáveis reagem de maneira extremamente dramática à súbita morte de um membro de sua espécie. Gansos Greyland ficarão de pé, com as asas ostensivamente abertas sobre um amigo morto, grasnando em atitude defensiva, como testemunhou Hienroth, depois de atirar em um ganso que estava em companhia dos seus. (...) O professor Grzimek contou-me que um chimpanzé adulto, após tê-lo mordido violentamente, parecia muito preocupado com o que tinha feito, a ponto de pressionar com os dedos as bordas das piores feridas, uma vez esquecida a raiva que o levara a provocá-las. (...) Parece razoável supor que, após ter matado um membro de sua própria horda, golpeando-o com uma pedra, o primeiro Caim tenha ficado muito preocupado com as consequências de seu ato. (...) Parece razoável supor que o primeiro assassino tenha percebido plenamente a enormidade de sua ação. Não teria sido preciso que a informação circulasse lentamente, para ficar claro o risco que a horda correria de reduzir perigosamente sua capacidade de lutar, se um número excessivo de seus membros fossem mortos.[13]*

Se isso é verdade, como presumir que as comunidades primitivas não tivessem nenhum conhecimento do "significado" do assassinato

---

[13] Lorenz, *On Aggression*, p. 249-50.

fundador – elemento fundamental na sua teoria? Nesse caso, como pensar em méconnaissance*?*

A exemplo de Darwin, Lorenz prefere descartar qualquer separação entre animais e seres humanos. Subestimam a atividade simbólica ou sequer a mencionam. A simbolicidade é essencial. Os cientistas tendem a negligenciar a emergência da simbolicidade como força por trás da descontinuidade entre animais e humanos. Geralmente, os evolucionistas minimizam a simbolicidade ou tentam derivá-la de uma origem puramente fisiológica. Por exemplo, os autores que li tentam explicar a linguagem puramente a partir da evolução do cérebro, enquanto os etologistas enfatizam demais as raízes etológicas comuns, já que não veem o salto (se quisermos evitar dizer "ruptura") fundamental entre a cultura humana e a animal, que de fato tem sua origem na emergência da esfera simbólica. A capacidade de simbolizar precisa ter uma origem, e para mim essa origem é o mecanismo do bode expiatório. Nesse sentido, é possível explicar como o aumento da capacidade de simbolizar está associado ao ritual. Isso exige aquilo que os filósofos costumavam chamar de "totalidade", de modo que as coisas dentro da totalidade podem referir-se umas às outras, e assim adquirir sentido por meio da indexação e de conexões analógicas, metonímicas e metafóricas entre os elementos da totalidade.

Na passagem que você citou, Lorenz utiliza a história de Caim como metáfora para explicar esses possíveis eventos, embora, a meu juízo, seja inadequado estendê-la ao reino animal. Tal expediente não passa de outra maneira de evitar a postulação da descontinuidade entre o homem e os animais. Além disso, na última sentença – "Não teria sido preciso que a informação circulasse lentamente, para ficar claro o risco que a horda correria de reduzir perigosamente sua capacidade de lutar, se um número excessivo de seus membros fossem mortos" – ele parece ter a ideia de um mecanismo coletivo. Ele sugere que Caim é um nome coletivo. Mas isso está muito claro no texto bíblico: "quem matar Caim será vingado sete vezes" (Gênesis 4,15). Eis a lei de uma tribo, não a lei de um só homem. Não se pode ler a Bíblia de forma literal: Adão, Eva, Caim são nomes coletivos. Lorenz nunca desenvolveu plenamente essa ideia que está latente em sua linguagem metafórica.

Se a hipótese de Lorenz estiver correta, o mecanismo do bode expiatório pode não ser um processo casual, mas sim uma alternativa já existente em grupos animais como um instinto de autopreservação. Aleatória teria sido a sua atualização em diferentes grupos de hominídeos, que, precisamente por "redescobrirem" em seus próprios termos a mesma disposição básica para a autopreservação, teriam formado grupos nos quais desenvolveriam ritos e linguagem. Em outras palavras, uma ordem simbólica.

Ao definir o mecanismo do bode expiatório como um processo fortuito, é preciso considerar uma série de passos progressivos. Não se pode apontar o momento exato em que esse mecanismo ocorre e finalmente surge a cultura. Esse é um processo que se estende, talvez, por centenas de milhares ou mesmo por milhões de anos.

Nessa longa história que redunda na "descoberta" do mecanismo do bode expiatório, inscreve-se o relato que Lorenz faz da briga dos gansos como um primeiro passo da referida evolução, uma espécie de rito infraexpiatório. Por se tratar de engrenagem complexa, o "mecanismo do bode expiatório" só se desenvolve se existir um grupo, um bando. Eis o pré-requisito para o desenvolvimento pleno desse mecanismo.

Mas quanto a essa espécie de protoconsciência, podemos admitir que um mecanismo próximo ao do bode expiatório já se encontra em grupos de animais como um instinto de autopreservação?

Quando escrevi *Coisas Ocultas*, ainda não se dispunha de muitas das informações sobre comportamento animal hoje existentes, ou então elas eram interpretadas de outra maneira. Agora se acredita, por exemplo, que chimpanzés cometem assassinatos coletivamente, para depois devorarem sua vítima, que costuma ser um macaco de outra espécie.[14] Há também outras formas de violência coletiva nesses grupos, bem como formas de caçar com aspectos rituais. Já aparecem nesses comportamentos, portanto, todos os sinais da possibilidade de emergência do mecanismo expiatório. Esse é um outro estágio do longo processo evolutivo que levou ao mecanismo do bode expiatório na sua funcionalidade final. No entanto, o cérebro dos macacos provavelmente não é desenvolvido o suficiente para atingir o nível da atividade simbólica. Não basta, porém, um cérebro de tamanho adequado, para que se alcance o nível simbólico: torna-se necessário um *centro de significação*, que é fornecido pela *vítima expiatória*. O surgimento de uma esfera de simbolismo tem de ser explicado dentro de um arcabouço etológico, como resultado da reunião de padrões instintivos, em que a protoconsciência instintiva básica do assassinato de um membro da mesma espécie pode ser incluída. Além disso, é preciso levar em conta o súbito abrandamento da raiva, reforçado pelo laço instintivo sentido pelos vitimadores, que é percebido como algo relacionado à vítima (ao assassinato da vítima. A divinização dessa vítima possivelmente está associada a esse acontecimento emocional e cognitivo.

A evolução da mente

Essa possibilidade foi intuída de modo perspicaz por Arthur C. Clarke e Stanley Kubrick na primeira cena de 2001: Uma Odisseia no Espaço.[15]

A vítima é o ponto focal do acontecimento em que o bode expiatório é vitimado porque aqueles hominídeos estão mais ou menos

---

[14] Ver, por exemplo, Christopher Boesch, "Hunting Strategies of Gombe and Taï Chimpanzees". In: Richard W. Wrangham, W. C. McGrew, Frans B. M. de Waal e Paul G. Heltne, *Chimpanzee Cultures*. Cambridge, Harvard University Press, 1994.

[15] A sugestão é de Giuseppe Fornari, *Fra Dioniso e Cristo. La Sapienza Sacrificale Greca e la Civiltà Occidentale*. Bolonha, Pitagora, 2001, p. 17-18.

"cientes" de que cometeram algo "errado", e, ao mesmo tempo, estão impressionados com a restauração da paz e com o vínculo feliz que sentem ao matar a vítima. Esse sistema complexo de padrões instintivos e de efeitos emocionais produz uma espécie de "curto-circuito" em sua percepção, que tem de ser elaborado em um nível superior. Primeiro, ainda que o mecanismo seja totalmente endógeno, ele é percebido como algo *externo* (na versão de Kubrick, isso seria representado pelo monólito negro). Assim, o ponto focal do mecanismo é, mais uma vez, a vítima – uma fonte natural desse "algo", que tem de ser valorizado e se torna *sagrado*.

Esse "dom" de restauração da paz e o vínculo feliz também induziram a mente primitiva a mimeticamente *repetir* o acontecimento, percebido como a maneira mais eficaz de adquirir paz e solidariedade dentro do grupo em momentos de crise. Na repetição "supersticiosa" do acontecimento, uma forma de "encenação", em que se matava uma vítima substituta, tinha de ser usado. Não se presumia mais que a vítima fosse responsável pela crise, mas é tanto uma nova vítima *real* que tem de ser morta quanto um *símbolo* daquele protoacontecimento; trata-se do *primeiro sinal simbólico* jamais inventado por esses hominídeos, do primeiro momento em que algo *representa* outra coisa. Trata-se, por assim dizer, do ur-símbolo. E, para lidar com a complexidade cognitiva do manejo de uma esfera simbólica emergente, foi necessário um cérebro maior, e o mecanismo do bode expiatório atuou como um tipo de pressão evolucionária, como elemento de seleção natural.

Dessa forma, um sistema simbólico foi estabelecido metonimicamente ao mover-se do primeiro símbolo, a vítima, como o centro de significação, para a rede social implicada no desenvolvimento progressivo dos rituais.

Sim, mas o processo requer a existência de um grupo de elementos de um dado conjunto, que é sistemicamente fechado. Nesse sentido, a língua é um sistema fechado. Existe um número finito de fonemas e sinais diacríticos, aos quais não podemos acrescentar nenhum outro. O número de combinações possíveis é praticamente infinito, mas os elementos disponíveis são claramente definidos. Nesse sistema, há signos que se referem ao mundo, à realidade extralinguística, e signos que se referem a outros signos. Essa referência interna aos próprios signos os primatas são incapazes de apreender. E esse é o nível simbólico. Acaso se pode apreender esse nível de autorreferência sem um centro do qual emerge o sentido? Não sei se consigo expressar essa ideia com clareza, mas tenho convicção de que só por meio do centro os diversos elementos da totalidade podem comunicar-se. Ainda que o centro venha a desaparecer, uma vez estabelecida a comunicação, seguem comunicando-se. Na verdade, o centro deve desaparecer, de modo que a comunicação se desenvolva mediante níveis de complexidade crescentes.

Um sistema simbólico funciona assim. Pode ser centrado ou descentrado, mas é originalmente centrado, e, nesse ponto, discordo de Derrida, para quem as estruturas são sempre já descentradas. O centro ensina as pessoas a se comunicarem umas com as outras. Depois disso, podem acontecer a dissolução do centro, o esquecimento dos ritos e a emergência das instituições. Todavia, para que as instituições nasçam, o centro torna-se importante, pois só há duas possibilidades: ou invalidamos a religião, em uma visão iluminista; ou compreendemos que ela está em toda parte e, portanto, é a origem de tudo. Deve-se escolher entre essas duas perspectivas. Se a religião for simplesmente rejeitada, como julgaremos o fato de que as únicas coisas comuns a todas as culturas são língua, ritual e Deus? Portanto, religião é tudo: é a fonte daquele centro e, com isso, da emergência do rito, da linguagem, da atividade simbólica. Por fim, a própria religião é produto do mecanismo do bode expiatório.

Em Origins of the Modern Mind *[Origens da Mente Moderna], Merlin Donald procura o princípio genético que possibilitou a passagem daquilo que ele chama de forma mimética de comunicação para uma forma simbólica. Como Donald reconhece, "a evolução da humanidade provavelmente foi impulsionada no nível da mudança cultural, e a pressão evolucionária deve ter-se feito sentir quando uma inovação cognitiva concedeu a um grupo de hominídeos, enquanto grupo, uma vantagem cultural significativa em relação a outro".[16] E depois ele procura uma resposta:*

> *O que garantiu essa vantagem competitiva? (...) Que tipo de adaptação poderia explicar a explosão de ferramentas, de artefatos e de invenções de toda espécie, com toda espécie de propósito, e por fim a criação e a manutenção das estruturas políticas e sociais tribais, que regulavam tudo, do casamento à propriedade, da justiça à obrigação pessoal? Que mudança poderia ter rompido os constrangimentos da cultura mimética com tanta força, levando às rápidas trocas de informação que encontramos na cultura humana primitiva?[17]*

Na teoria evolucionária moderna, há um "elo perdido". Como explicar a passagem de animais a seres humanos e a emergência da simbolicidade? Donald sugere que os mitos se desenvolveram antes da linguagem.[18]

---

[16] Merlin Donald, *Origins of the Modern Mind: Three Stages in the Evolution of Culture and Cognition.* Cambridge, Harvard University Press,1991, p. 210.
[17] Ibidem, p. 211.
[18] "O mito é o instrumento mental prototípico, fundamental e integrador. Ele tenta integrar diversos eventos em um arcabouço temporal e causal. (...) A preponderância do mito na sociedade primitiva testemunha que os seres humanos estavam usando a linguagem para um tipo totalmente novo de pensamento integrador. Assim, é preciso considerar a possibilidade de que a adaptação humana primária não era a linguagem enquanto linguagem, mas enquanto pensamento integrador e inicialmente mítico. Os seres humanos modernos desenvolveram a linguagem em resposta à pressão para aprimorar seu aparato conceitual, não o contrário. (...) Os objetos primários da linguagem e do discurso são temáticos; suas realizações mais proeminentes são o discurso e o pensamento simbólico. As palavras e as frases, os léxicos e as gramáticas, tornar-se-iam

Concordo com isso. A partir de uma perspectiva evolucionária, a linguagem e a esfera simbólica só poderiam ser geradas por uma "catástrofe" sistêmica, que funcionará como trampolim para a emergência da cultura, o que é paralelo a *The Symbolic Species* [As Espécies Simbólicas] de Terrence Deacon.[19] Na parte dedicada à linguagem, Deacon enfatiza bastante a oposição entre indexação e simbolicidade, e constantemente usa a expressão "contraintuitivo". A simbolicidade é contraintuitiva do ponto de vista da indexação, porque desfaz o laço entre signo e objeto.

A troca está no centro desse sistema. O dom é o contrário de ficar com tudo para si, que é o que faz o animal dominante. O processo de fazer com que não apenas o animal dominante mas *toda* a cultura abandone essa atitude e dê tudo para o outro a fim de receber do outro – isso é totalmente contraintuitivo. Não é possível explicar os tabus, a proibição e toda a complexidade dos sistemas de troca simbólica simplesmente por meio de explicações biológicas da emergência de comportamentos altruístas. É preciso que tenha havido nesse momento o abalo que forçou a mudança de comportamento. Esse abalo é absolutamente indispensável. O mesmo raciocínio pode ser aplicado à linguagem. A única coisa que pode produzir uma estrutura relacional como essa é o *medo*, o medo da morte. Se as pessoas estiverem ameaçadas, elas abstêm-se de certos atos; caso contrário, a apropriação caótica prevalecerá, e

---

males necessários, instrumentos que tinham de ser inventados para que se chegasse a esse objetivo representacional superior. Sob esse aspecto, a linguagem teria representado não um fim em si mesma, mas uma adaptação que atendia a necessidades cognitivas e culturais específicas, isto é, que em última instância servia à formalização e à unificação do pensamento e do conhecimento. Não se tratava tanto de um sistema de comunicação, mas de um subproduto integral de um novo método de pensar, muito mais poderoso. A linguagem era acima de tudo uma invenção pública e coletiva. Assim, o surgimento de uma nova adaptação periférica, como o aparato vocal moderno, deve ter dependido de uma mudança correspondente no nível das capacidades de pensamento, uma mudança fundamental que permitiu, e que depois acelerou, a invenção linguística." (Donald, *Origins of the Modern Mind*, p. 215-16.)

[19] Terrence W. Deacon, *The Symbolic Species. The Co-Evolution of Language and the Brain.* Nova York, Norton, 1997, especialmente p. 340-41.

a violência sempre aumentará. A proibição é a primeira condição para os elos sociais e também o primeiro signo cultural. O medo é essencialmente o medo da violência mimética; a proibição é um proteção contra a escalada mimética. Todos esses fenômenos incrivelmente complexos foram desencadeados pelo assassinato fundador, pelo mecanismo do bode expiatório.

É a proibição que torna a simbolicidade contraintuitiva?

Os símbolos não são equivalentes aos signos; eles não têm uma relação de univocidade com seu referente. Para romper essa relação de indexação entre referente efetivo e o signo, é preciso um instrumento cultural. Os macacos não conseguem chegar a esse nível, porque é preciso um momento catastrófico no processo evolucionário, que não está ligado apenas à encefalização. Essa catástrofe é a crise mimética, a luta mortal de todos contra todos em sentido hobbesiano, que não é uma hipótese exótica, mas uma temível realidade. A resolução por meio do bode expiatório, que salva as protocomunidades da crise de violência mimética, é codificada em um sistema ritual de normas e de proibições, e por sua vez produz aquelas estruturas simbólicas "contraintuitivas" que Terrence Deacon justamente enfatiza, e que encontramos por toda parte na cultura humana. Contudo, por não ser antropólogo, ele raramente relaciona isso com outros aspectos da cultura humana.

Retomemos o trabalho de Merlin Donald. Ele propõe o seguinte processo de evolução da mente humana: culturas episódicas, miméticas, míticas e teóricas. Na cultura mimética, ele distingue três disposições: mimetismo (mimicry), *imitação e mímesis.*[20] *Essa distinção seria relevante para a teoria mimética? Quando o senhor diz que o mecanismo mimético implica um processo de*

---

[20] Donald, *Origins of the Modern Mind*, p. 168.

complexificação gradual, talvez possamos ver a distinção feita por Donald como algo referente não a uma simultaneidade, porém a partes de um processo histórico. Nessa perspectiva, a mímesis representaria o momento do mecanismo expiatório em que o simbólico emerge. Desse modo, teríamos não exatamente uma distinção nítida entre o nível da simbolização e o nível pré-simbólico, mas sim uma série de níveis de complexidade. Nesse sentido, mimetismo, imitação e mímesis corresponderiam a diferentes níveis de crise: quanto mais alto o nível de crise, tanto mais elevado o nível intelectual dos grupos humanos.

Compartilho essa perspectiva. Entretanto, que nível de representação do mecanismo expiatório é preciso alcançar para ter o rito correspondente? Não sei ao certo. A imitação ritual deve ter surgido antes do "pensamento humano". Isso acontece primeiro no nível mais baixo; mais tarde, para que se constituísse uma religião, teria sido necessário algum tipo de representação. Quando falamos de mimetismo, referimo-nos sem dúvida a animais inferiores, como o papagaio. A mímesis já caracterizaria o nível dos hominídeos. E a imitação, cada vez mais consciente de sua função, seria uma realização especificamente humana que tem lugar por meio do mecanismo expiatório e do rito, ou seja, com a emergência do nível simbólico. Não tenho nada contra semelhante distinção, embora me pareça que Donald liga a mímesis a uma capacidade puramente criativa do ser humano, por ele superestimada, perpetuando assim o preconceito moderno contra a imitação.

Aristóteles já tinha sugerido que a diferença entre os animais e os seres humanos está na capacidade imitativa destes últimos.[21] A imitação é intrinsecamente um processo pedagógico, e pode ser parte de qualquer forma de mímesis. A repetição também pode ser associada à imitação. Um indivíduo pode "imitar" a si próprio repetindo

---

[21] Ver Aristóteles, *Poética*, IV, 48b.

aquilo que aprendeu. Trata-se de um reforço cognitivo. Pode-se afirmar que a repetição, e portanto os padrões e as ações ritualísticas, vêm dos mesmos mecanismos cognitivos de imitação.

De fato, há um texto de Kierkegaard que parece sugerir uma conexão entre mímesis e repetição, tanto em termos poéticos quanto na ideia de imitação recíproca e surgimento de duplos.[22]

Desde um ponto de vista científico, porém, isso teria de ser testado e provado. Luc-Laurent Salvador apresenta esse elo entre a imitação e a repetição como uma forma de reforço psicológico e cognitivo por meio da ideia de *"cycle assimilateur"*[23] [*ciclo assimilador*]. Em termos antropológicos, creio que o ritual é uma prática cultural da maior importância, porque revela, de um lado, a estrutura de nossos mecanismos cognitivos e, de outro, funciona como instrumento pedagógico para sociedades primitivas. A repetição é tão importante quanto a imitação para a transmissão cultural, e claro que no fundo são exatamente a mesma coisa.

A repetição poderia ser relacionada a formas de superstição psicológica, todos os atos aleatórios que são repetidos como forma de condicionar a realidade. As rotinas cotidianas também são repetições ritualísticas de uma sequência predeterminada de atos; seu objetivo é diminuir a ansiedade a respeito da imprevisibilidade do futuro. Em transtornos obsessivo-compulsivos (TOCs), as repetições de atos específicos são levados ao extremo. Essa hipótese também foi discutida pelo antropólogo Alan Fiske. Pascal Boyer escreveu que "ao comparar centenas de sequências rituais com descrições clínicas

---

[22] Søren Kierkegaard, *Fear and Trembling. Repetition*. Edição, tradução, introdução e notas de Howard V. Hong e Edna H. Hong. Princeton, Princeton University Press, 1983. Para uma discussão desse texto em relação à ideia de mimesis, ver A. Melberg, *Theories of Mimesis*. Cambridge, Cambridge University Press, 1995, p. 130-89.
[23] Luc-Laurent Salvador, *Imitation et Attribution de Causalité: La Genèse Mimétique du Soi, la Genèse Mimétique du Réel. Applications à la 'Psychose Naissante' et à l'Autisme*. Paris, Université René Descartes, 1996, p. 23-32. (Tese de Doutorado)

de casos de TOC, Fiske mostrou que os mesmos temas reaparecem o tempo inteiro em ambos os domínios".[24]

A explicação tem grande apelo, mas isso não significa que o ritual é um comportamento patológico, como pensava Freud,[25] mas apenas que existem estruturas mentais que são mais facilmente ativadas ou magnificadas quando a comunidade está sofrendo pressões fortes, como no caso de uma crise mimética, quando é preciso agir de algum modo para resolver a crise. Seria interessante ver se essas "engenhocas mentais" foram simplesmente herdadas de nossos ancestrais animais, ou se de fato foram reforçadas seletivamente por práticas ritualísticas, como no caso da linguagem, que, segundo cientistas como Steven Pinker, parece estar profundamente arraigada em nosso cérebro.[26]

Inteligência social

Em Coisas Ocultas, *o senhor afirma que, graças ao processo único de encefalização dos hominídeos, inventaram-se ferramentas e armas que desagregaram as sociedades primitivas baseadas em uma hierarquia social,*[27] *difundindo formas de violência coletiva. Daí*

---

[24] "De fato, a lista de Fiske de temas comuns em rituais poderia ser usada como descrição clínica das obsessões comuns desses pacientes. Nas duas situações, as pessoas estão preocupadas com pureza e com poluição; a poluição pode ser evitada pela realização de certas ações (...) [que consistem] em gestos repetitivos; há a sensação de que existem grandes perigos em não realizar essas sequências, em sair do roteiro habitual; por fim, muitas vezes não existe conexão evidente entre as ações realizadas e seu sentido habitual." (Pascal Boyer, *Religion Explained. The Human Instincts that Fashion Gods, Spirits and Ancestors.* Londres, William Heinemann, 2001, p. 273.)
A referência remete a Aon P. Fiske e N. Haslam, "Is Obsessive-Compulsive Disorder a Pathology of the Human Disposition to Perform Socially Meaningful Rituals? Evidence of Similar Content", *Journal of Nervous and Mental Disease*, (1985) 1997, p. 211-22.
[25] Ver Sigmund Freud, "Obsessive Acts and Religious Practice" (1907). In: *The Standard Edition*, v. 9. Londres, Hogarth Press, 1959, p. 115-27.
[26] Steven Pinker, *The Language Instinct. How the Mind Creates Language.* Nova York, Harper, 1994.
[27] René Girard, *Coisas Ocultas desde a Fundação do Mundo*, p. 111.

teria resultado uma crise mimética. Robin Dunbar sugeriu que a encefalização não teria sido deflagrada por necessidades cognitivas ligadas à fabricação de ferramentas ou ao mapeamento mental de ambientes que mudam, mas teria sido causada pela necessidade de lidar com as dimensões sempre crescentes dos grupos sociais. Nossa inteligência seria basicamente social.[28]

O que disse em *Coisas Ocultas* é que as ferramentas podem tornar-se armas, como a pedra pode. Por exemplo, o *Australopitecus* só era capaz de usar ferramentas de maneira simples, ao passo que o *Homo habilis* comprova o aparecimento de uma forma de cultura há cerca de 2 milhões de anos. Não ousaria afirmar nada de conclusivo a esse respeito, mas diria que, no nível do *Homo habilis*, devem ter existido formas de temor religioso, tabus. Deve haver evidência disso. A capacidade cerebral, por exemplo, já era adequada para o desenvolvimento de linguagem, e a confecção de ferramentas era razoavelmente complexa.

Há fenômenos como o do ferreiro nas sociedades arcaicas: ele é temido por ser aquele que confecciona ferramentas que podem também servir de arma; é uma espécie de bode expiatório permanente e vive fora da comunidade.

Ele é ao mesmo tempo temido e respeitado. Fenômenos assim devem ter ocorrido cedo, devem ter sido o que mais se aproxima do surgimento, entre os primatas, de proibições e do medo religioso inspirado por aquele indivíduo que fabrica ferramentas letais.

Não vejo oposição alguma entre o que Dunbar afirma e minha teoria. Para existirem grupos sociais maiores, foi preciso resolver problemas de provisões, bem como problemas de organização social. Assim, o tamanho crescente dos grupos sociais deve ter sido apenas um fator entre outros: quão importante, não posso dizer. Se é também uma

---

[28] Robin I. M. Dunbar, "Ecological Modelling in an Evolutionary Context". *Folia Primatologica*, n. 53, 1990, p. 235-46.

questão quantitativa, então implica antes de mais nada toda uma série de coisas que envolvem números, como a ordem, os suprimentos, a estrutura política, o aparecimento da realeza, etc. Trata-se, sobretudo, da questão do nível intolerável alcançado pela violência.

Talvez esse seja o elemento crucial: as dimensões cada vez maiores dos grupos sociais multiplicam as possibilidades de emergência de conflitos, que por sua vez escala até o nível da desagregação violenta da estabilidade social. Naturalmente, uma delas é a escassez; o fato de que os grupos ficam maiores, ainda que os mantimentos não necessariamente acompanhem esse crescimento. A consequência é que surgem lutas por recursos.

Há uma passagem em Sociobiologia, *de Edward O. Wilson, que relaciona agressão e superpopulação:*

> *Leyhausen descreveu o que acontece ao comportamento dos gatos quando submetidos a um agrupamento incomum: "quanto mais lotada a gaiola, menos hierarquia relativa. Talvez surja um déspota e apareçam 'párias' graças à agitação e a todos os tipos de comportamento neurótico devido ao contínuo e cruel ataque de todos os outros; a comunidade se torna uma turba odiosa". (...) Ainda mais bizarros foram os efeitos observados por Calhoun em populações superlotadas de ratos noruegueses. Além do comportamento hipertenso visto nos gatos de Leyhausen, alguns dos ratos apresentaram hipersexualidade, homossexualidade e envolveram-se em canibalismo.[29]*

---

[29] Edward O. Wilson, *Sociobiology*, p. 255. Wilson está citando John B. Calhoun, "Population Density and Social Pathology". *Scientific American*, n. 206.2, 1962, p. 139-48, e Paul Leyhausen, "The Communal Organization of Solitary Mammals". *Symposia of the Zoological Society of London*, 1965, p. 249-63.

Se essa hipótese de características e mecanismos relacionados ao estresse pudesse ser estendida aos hominídeos, isso seria evidência daquele tipo de comportamento típico do enlevo dionisíaco: hipersexualidade, homossexualidade e canibalismo são atos que estavam presentes nos rituais dionisíacos. Dioniso é o nome do tipo de comportamento paroxístico típico da crise social em que impulsos e padrões etológicos emergem. Há diversos estudos que mostram como situações de estresse grupal geram comportamentos que se assemelham aos do mecanismo mimético. Em situações de extremo estresse, por exemplo na crise de fome ou de violência mortal, a adaptabilidade e a flexibilidade do sistema psicológico individual são inibidas ou gravemente prejudicadas, dando origem à emergência de mecanismos instintivos primitivos.[30]

Segundo o etólogo Irenäus Eibl-Eibesfeldt,[31] mais do que a invenção de ferramentas e armas, o que de fato deflagra a violência é a capacidade dos homens de convencerem a si mesmos que não têm por adversário um ser humano, mas um animal, não raro um monstro.[32] Nesse sentido, os índios brasileiros Mundurucus dividem o mundo de forma significativa: existem eles e pariwat, isto é, todos os outros, simplesmente considerados animais a serem caçados.[33] Isso pode nos ajudar a compreender

---

[30] Ver R. S. Lazarus, *Psychological Stress and the Coping Process*. Nova York, Lazarus, 1966; J. Cullen et al. (orgs.), *Breakdown in Human Adaptation to Stress*. The Hague, Martinus Nijhoff, 1984; A. Monat e R. S. Lazarus, *Stress and Coping: An Anthology*. Nova York, Columbia University Press, 1985.
[31] Irenäus Eibl-Eibesfeldt, *Liebe und Hass. Zur Naturgeschichte elementarer Verhaltensweisen*. Munique, R. Piper, 1970. Edição Americana: *Love and Hate: The Natural History of Behavior Patterns*. Trad. Geoffrey Strachan. Nova York, Aldine de Gruyter,1996, p. 99-100.
[32] Robert F. Murphy, "Intergroup Hostility and Social Cohesion". *American Anthropologist*, n. 59, 1957, p. 1028.
[33] Essa teoria foi apresentada pela primeira vez, sobre um fundamento totalmente diferente, por E. Hahn, *Die Haustiere und ihre Beziehungen zur Wirtschaft des Menschen*. Leipzig, 1896. Ver também J. Z. Smith, "The Domestication of Sacrifice". In: *Violent Origins. Ritual Killing and Cultural Formation*. Stanford, Stanford University Press, 1987, p. 199: "O sacrifício é, em parte, uma meditação sobre o processo de domesticação". Esse livro será publicado na Biblioteca René Girard.

o mecanismo do bode expiatório, pois revela uma disposição básica de unir um grupo pela oposição a outro. Naquele mecanismo, contudo, o outro pertence ao mesmo grupo. Entretanto, no processo vitimário o outro é geralmente do mesmo grupo. Como conciliar essas duas características?

É muito fácil. A oposição dentro/fora está no cerne do mecanismo do bode expiatório. A verdadeira fúria vingativa precisa ser dirigida contra algum duplo. Por isso, faz-se necessário um modelo-obstáculo, que a fúria vingativa transfigura em duplo monstruoso. Quando o duplo monstruoso é vitimado e expulso, ele é também divinizado, pois sua morte trouxe de volta a ordem social. Uma vez expulso, o "exterior" como um todo adquire características de duplo monstruoso. É o lugar da violência irrestrita. Em muitas sociedades arcaicas, não há seres humanos fora das tribos: eles representam a si mesmos como os únicos humanos.

Às vezes é possível transformar um outsider *em um* insider, *com o intuito de sacrificá-lo.*

Exatamente. Tentamos integrar nossa futura vítima à comunidade, a fim de torná-la mais semelhante ao protomodelo, ao bode expiatório primordial, que muito provavelmente foi um membro da própria comunidade.

Entre os tupinambás, por exemplo, o indivíduo capturado era mantido vivo dentro do grupo por um longo período. Era muito bem tratado e ganhava uma esposa, pois precisavam "domesticá-lo", aculturá-lo, para que pudesse ser visto como um *insider*. Somente assim poderia tornar-se uma boa vítima sacrificial. Em outras palavras, o *outsider* é primeiro convertido em *insider;* só então se reencena o ritual do mecanismo do bode expiatório, em que esse *outsider/insider* é morto ritualmente e devorado no sentido próprio da palavra.

A domesticação animal e as origens da agricultura

Sua hipótese sobre domesticação animal é baseada em um raciocínio similar.

Acredito que se começa a tratar os animais como seres humanos a fim de sacrificá-los, substituindo a vítima humana pelo animal. Entretanto, os animais somente reagem à domesticação se tiverem uma disposição a isso, senão nada acontece. Não raro se ressalta que as sociedades bem-sucedidas são aquelas cercadas de animais domesticados. Mas como foi possível domesticar animais e por que tais sociedades o fizeram? As teorias habitualmente difundidas não me parecem muito convincentes. Domesticar um animal requer, é claro, um processo contínuo, no qual o bicho é mantido no seio do grupo, da comunidade, de modo que se "humanize", por assim dizer. Ao contrário do que pensa Régis Debray – que em *Le Feu Sacré* tenta provar que estou errado – não pode ter havido nenhum incentivo para domesticá-los diretamente ligado à domesticação e suas vantagens, pois tais consequências eram naturalmente desconhecidas! Além disso, em seus primeiros estágios, a domesticação era *antieconômica*: o tamanho dos animais domesticados diminui; eles sofrem diversas doenças causadas por estresse por estarem em cativeiro; a quantidade de bactérias e de vírus que os animais selvagens introduzem na comunidade humana é muito alta. A domesticação não pode ter sido prevista, nem mesmo planejada! É um círculo vicioso, a menos que exista uma explicação melhor do que aquela oferecida pelo funcionalismo.

Houve regiões do mundo em que não existiam animais domésticos, como no México pré-colombiano, onde havia também inúmeros assassinatos rituais de seres humanos, visto nunca ter ocorrido o processo de substituição de seres humanos por animais nos sacrifícios.[34]

---

[34] Ver David Carrasco, *City of Sacrifice: The Aztec Empire and the Role of Violence in Civilization*. Boston, Beacon Press, 1999.

Como já disse em *Coisas Ocultas*, é iluminador o fato de que os Ainus tentaram domesticar ursos polares, mantendo um filhote deles em companhia de suas crianças e amamentando-o como a um bebê humano.[35] Se os ursos fossem domesticáveis, teriam sido domesticados pelos Ainus. Se em vez de um urso fosse um tipo de antílope, então o processo de domesticação teria ocorrido. Ritual é um testemunho do que pode ou não pode acontecer. Li em algum lugar que, desde o fim do período arcaico e do sacrifício animal, nenhuma espécie nova foi domesticada. Algumas espécies voltaram ao estado selvagem, mas nenhuma das que não eram domesticáveis passou a sê-lo. A domesticação de animais é uma iniciativa humana que parece coincidir historicamente com o sacrifício animal. A cultura humana e a própria humanidade são filhas da religião.

Em Origens Violentas, *Jonathan Smith parece inverter a ordem desse desenvolvimento, sugerindo que o "sacrifício é um exagero da domesticação".[36]*

Smith se aproxima do elo entre religião e domesticação, mas tem preconceitos demais contra a religião e por isso não reconhece sua primazia. Seu modo de pensar funcionalista o impede de compreender que uma comunidade primitiva não consegue pensar em termos de "gratificação retardada" porque eles não têm a menor ideia do que vai acontecer. O sacrifício não é uma aberração da domesticação, mas o contrário. A domesticação não é a arte do "assassinato seletivo"; é o assassinato ritual que produz a seleção. A domesticação é uma ramificação fortuita do sacrifício animal.

Mas o fato de utilizar animais para ritos sacrificiais não sugere certa consciência por parte das comunidades primitivas? A tentativa

---

[35] René Girard, *Coisas Ocultas desde a Fundação do Mundo*, p. 94.
[36] Smith, "The Domestication of Sacrifice", p. 200.

recorrente de substituir seres humanos por animais não indicaria que o homem primitivo em alguma medida reconhecia não ser o sacrifício de membros da comunidade a melhor maneira de impedir a violência?

Penso que sim. A vítima sacrificial tem de ser ao mesmo tempo semelhante aos membros da comunidade e diferente deles. Mas não devemos supor que a diferença entre homem e animal significava o mesmo que significa para nós. Essa questão remete ao problema da separação incompleta da estrutura dentro/fora, que é uma espécie de *continuum*. O sagrado se acha sempre fora, pois tem de ser transcendente para ser sagrado. Ao mesmo tempo, animais selvagens não costumam ser sacrificados em culturas que possuem animais domesticados. Isso parece confirmar que animais selvagens eram domesticados para ser sacrificados e não em vista dos benefícios trazidos pela domesticação. Também se pode dizer que, a princípio, os animais selvagens tiveram de ser sacrificados para que fosse possível sua domesticação. A "teologia" da vaca na Índia parece sugerir tudo isso que acabei de dizer: a vaca está em uma espécie de área nebulosa entre a sacralidade e a domesticação. Ela foi domesticada porque era necessária em rituais sacrificiais. Todavia, à medida que o ritual sacrificial foi progressivamente abandonado, o animal não chegou a obter um *status* "secularizado". Ele se tornou "comível", mas continuou investido de uma aura de sacralidade.

O senhor vê tudo isso mais como forma de ampliar as fronteiras da sociedade simbólica do que como artimanha para "enganar os deuses"? O episódio homérico de Ulisses e Polifemo na Odisseia, *por exemplo, poderia ser visto como uma explicação mítica dessa substituição, desse modo de "trapacear" os deuses, assim como o fato de os homens se esconderem embaixo de carneiros ou de bodes os protege da ira de Polifemo, que, por sua vez, acaba sendo cegado. Portanto, a história mítica narrada por Homero inverte a sequência. Por meio da substituição, o mecanismo sacrificial (a ira do Ciclope) é cegado. Por ser canibal, e por seu nome significar "de muitas vozes", Polifemo representa o frenesi coletivo do sacrifício.*

A questão do sacrifício animal é obviamente inseparável da crença na existência de deuses teriomórficos, ou seja, com forma animal. Desse modo, animais e humanos são um *continuum* na mente primitiva. Matar é refazer aquilo que os deuses fizeram para salvar-nos. Quando percebemos que algo vai mal no seio de uma cultura, temos de agir! Talvez o rito não tenha sido introduzido logo após o sacrifício, mas ao ocorrer nova desordem, quando os mais velhos então lembram o já acontecido e se perguntam por que aconteceu. Precisam pensar que um deus desceu até eles para ensinar-lhes que matar a vítima certa reconcilia a comunidade. (Quando digo "deus", quero dizer uma força sagrada externa à comunidade e poderosa o bastante tanto para punir quanto para protegê-la.) Devem depois encontrar outra vítima certa para substituir a original. E a vítima sempre é ou substitui o deus, uma vez que traz de volta a paz, com sua morte. Julgam-na sagrada. Da vítima sacrificial, que é divina, ao animal, que é caçado, e portanto tem caráter sagrado, nota-se como os dois podem sobrepor-se, fundir-se ou identificar-se. A vítima é um *outsider* e, ao mesmo tempo, um *insider*. É sua ambiguidade e ambivalência que explica por que razão eram selecionados *outsiders* humanos ou *insiders* animais, como os que eram domesticados e quase se convertiam em membros da comunidade.

Nesse contexto, vale lembrar, junto com Michel Serres, que a palavra indoeuropeia para plantar (pak) – da qual se originam palavras como paysage, pays, pagan, paysan, *designativas de sinais da civilização, por assim dizer – também se refere ao túmulo como primeiro sinal, como primeira inscrição simbólica humana.*[37]

---

[37] Ver Michel Serres, *La Légende des Anges*. Paris, Flammarion, 1993, p. 56; *Les Cinq Sens*. Paris, Grasset, 1985, p. 259 e seguintes. A ideia de funerais como marcas de propriedade também têm sido sugeridos pelos arqueólogos. Ver Bruch D. Smith, *The Emergence of Agriculture*. Nova York, Scientific American Library, 1995, p. 80. Calasso também lembra que *Quechcotona*, em Nahuatl, quer dizer tanto "decapitar alguém" quanto "colher uma espiga de milho". *A Ruína de Kasch*, p. 135.

Claro! Sempre imaginei isso. O que poderia dar às pessoas a ideia de introduzir sementes no solo? Enterravam-nas, com a esperança de que ressuscitassem, do mesmo modo que ressuscitava a comunidade, graças ao sacrifício. E tinham razão! Aí está a fecundidade da religião. O fato de que isso nos parece uma ilusão não diminui sua eficácia cultural. Isso também me recorda da passagem do Evangelho em que Jesus diz que "se o grão de trigo que cai na terra não morrer, permanecerá só" (João 12,24). É essa a ideia de renascimento. Jesus até acrescenta: "Se não credes quando vos falo das coisas da terra, como crereis quando vos falar das coisas do céu?" (João 3,12). Portanto, Jesus vê isso como um padrão de morte e de renascimento, que está ligado tanto ao mundo humano quanto ao natural.[38] Nesse ponto, Frazer mostra sua grandeza, pois a ideia de vegetação que ele apresenta parece-me, em última análise, inadequada, apesar de frequentemente corresponder a um aspecto verdadeiro.[39] Em muitas sociedades, não resta dúvida, os ritos inspiravam-se na morte e no renascimento da vegetação, concebiam-se segundo esse padrão. Em minha opinião, é a melhor teoria, por ser mais que uma simples metáfora. O que, afinal, é mais essencial para a humanidade do que a agricultura? Tal teoria faz pensar que, quando os seres humanos começaram a enterrar sementes – como faziam com outros seres humanos, esperando por sua ressurreição – isso efetivamente acontecia, isto é, as sementes voltavam à vida, por assim dizer. Como explicar isso? Que tipo de raciocínio está por trás dessas práticas? A mera observação naturalística da vegetação é anacrônica, porque os elos causais biológicos são óbvios

---

[38] Mircea Eliade promove a mesma compreensão ao ler o mito da garota Hainuwele, registrado por A. E. Jensen in Ceram, uma das ilhas do arquipélago da Nova Guiné: "Na manhã seguinte, vendo que Hainuwele não veio para casa, Ameta pressentiu que ela tinha sido assassinada. Ele encontrou o corpo, desenterrou-o, cortou-o em pedaços, e os enterrou em vários lugares, com exceção dos braços. As partes enterradas deram origem a plantas anteriormente desconhecidas, especialmente a tubérculos, que desde então são os principais alimentos humanos". M. Eliade, *Myth and Reality*. Nova York, Harper & Row, 1963, p. 104, adaptado de A. E. Jensen, *Das Religiose Weltbild Einer Fruhen Kultur.* Stuttgart, 1948, p. 35-38.
[39] Ver James Frazer, *The Golden Bough*, cap. 18, seção 4, em particular, p. 315-16.

para nós, mas não eram para as primeiras pessoas que "descobriram" a agricultura. Isso também não pode ser explicado em termos puramente econômicos. Só entendendo o forte elo causal entre o ritual e a natureza você conseguirá apreender as origens de práticas como a agricultura. Todo elemento natural só adquire significado se for vivido dentro do espaço ritual. Não estamos lidando com a mentalidade "primitiva" ou "mágica" em casos como esse: há um pensamento ritual na ação em que a eficácia do ritual e da religião é *concreta*, produzindo efeitos *reais*. Aí você vê como a religião alimenta a cultura humana.

De fato, desde um ponto de vista científico, é bastante extraordinário que não exista um modelo geralmente aceito que explique a origem da agricultura, ainda mais considerando que a agricultura era antieconômica. Um número cada vez maior de pesquisas nos últimos anos parece sugerir que a agricultura, longe de ser um passo natural, para frente, acabou levando, de modo geral, a uma qualidade de vida pior. Os caçadores-coletores normalmente trabalham menos pela mesma quantidade de comida, são mais saudáveis, e são menos suscetíveis a fomes do que os fazendeiros primitivos; por que esse comportamento (a agricultura) foi reforçado (e portanto selecionado) se não oferecia recompensas adaptativas maiores do que as economias caçadoras-coletoras ou extrativistas?[40]

Foi reforçado porque, acredito, tem uma origem sacrificial. Os caçadores-coletores começaram a assentar-se permanentemente por causa da importância cada vez maior dos locais rituais e da complexidade dos ritos de que faziam parte, e que, por sua vez, produziram, como disse, a domesticação dos animais e a descoberta da

---

[40] Greg Wadley e Angus Martin, "The Origins of Agriculture: A Biological Perspective and a New Hypothesis". *Australian Biologist*, n. 6, junho de 1993, p. 96. Ver também R. B. Lee e I. DeVore, "Problems in the Study of Hunters and Gatherers". In: R. B. Lee e I. DeVore (org.), *Man the Hunter*. Chicago, Aldine, 1968; M. N. Cohen, *Health and the Rise of Civilization*. New Haven, Yale University Press, 1989.

agricultura. Mudanças climáticas ou certas condições do solo também eram elementos importantes nesse desenvolvimento posterior, mas sua descoberta muito provavelmente aconteceu perto de locais sagrados de túmulos, em que eram realizadas atividades simbólicas da comunidade primitiva (como enterrar sementes junto com seres humanos, por exemplo). Em casos assim, acho que a relação simbólica com o fenômeno do bode expiatório e com o ritual é maravilhosamente esclarecedora. É uma máquina de experimentação e de conhecimento. Além disso, acontecimentos que mostram padrões contraditórios de desenvolvimento, ou que parecem contraintuitivos à nossa mente moderna, começam a fazer todo sentido se adotamos como modelo explicativo o mecanismo mimético.

Na verdade, o mecanismo do bode expiatório também poderia explicar a seguinte afirmação, controversa e contraintuitiva, feita por Carl Vogt ao final do século XIX, e também repetida por Edward Volhard em sua obra etnográfica a respeito do canibalismo:

> *Efetivamente provarei, por exemplos, que civilizações relativamente muito avançadas podem estar maculadas pelo canibalismo; é possível até ir mais longe, e demonstrar factualmente que tribos dedicadas ao canibalismo e aos sacrifícios humanos são em geral mais avançadas na agricultura, nas artes, na legislação, etc., do que suas tribos vizinhas que rejeitam esses horrores.*[41]

Isso confirma o quanto o ritual é importante para o desenvolvimento simbólico da espécie humana. A complexidade ritualística e simbólica que precisa ser desenvolvida para lidar com a prática

---

[41] Carl Vogt, "Anthropophagie et Sacrifices Humains". In: *Congrès International d'Anthropologie et d'Archeologie Prehistoriques*. Bolonha, Imprimerie Fava et Garagnani, 1873, p. 298.

do canibalismo era tanta que inevitavelmente rendeu frutos cognitivos, técnicos e artísticos. Obviamente, não é o canibalismo em si mesmo que favorece o conhecimento: não é o tipo de vítima selecionada para o sacrifício, é o mecanismo sacrificial que produz conhecimento.

A feroz simetria

Eric Gans propõe uma teoria da origem humana em que a linguagem funciona como um possível intermediário para um sacrifício real. No relato do que ele denomina evento originário, *ocorre uma crise mimética semelhante à descrita pelo senhor. Todavia, a resolução da crise não supõe a descoberta do mecanismo do bode expiatório, mas sim de um caminho diferente, no qual a linguagem emerge como um intermediário privilegiado. Vamos ler uma passagem crucial:*

> *Assim, violando a hierarquia de dominância, todos estendem a mão em direção ao objeto; mas, ao mesmo tempo, dissuadem-se de apropriá-lo para si, ao verem todos os demais realizando o mesmo gesto. A "terrível simetria" da situação impede qualquer dos participantes de desafiar os outros e levar a cabo aquele gesto. O centro do círculo parece dotado de um poder repelente, de uma força sagrada que obsta a sua ocupação pelos membros do grupo, que converte o gesto de apropriação em um gesto de designação, isto é, em um signo ostensivo. Desse modo, o signo surge como um gesto de apropriação interrompido, que termina por designar o objeto, em vez de tentar apanhá-lo. O signo é um substituto econômico para um referente inacessível. As coisas são escassas*

> *e, por conseguinte, objetos de potencial disputa; signos são abundantes, porque podemos reproduzi-los à vontade.*[42]

Tenho algumas observações a fazer. Quanto à afirmação inicial, devo dizer que só é crível se admitirmos ter havido violência antes. A violência anterior teria tornado os membros do grupo conscientes de suas consequências. A violência não parece ausente de sua perspectiva. Gans pressupõe uma forma mais elevada de racionalidade que somente pode ocorrer depois de um evento crucial, como, no meu ponto de vista, o mecanismo vitimário e a resolução do bode expiatório. Nunca pode preceder o próprio evento.

Em segundo lugar, por que essa "terrível simetria" impediria de fato a violência?[43] Como um simples gesto, por mais ostensivo que seja, poderia impedir os duplos miméticos de se matarem uns aos outros? Como se a violência não existisse! Trata-se de outra forma de negá-la. Considero que essa é, mais uma vez, uma manobra retórica para negar a primazia da religião na cultura humana. Se aceitarmos a hipótese de Gans, todas as outras formas de contrato social terão de ser aceitas. Para haver uma linguagem, é necessário haver uma forma embrionária de cultura, algum tipo de proteção cultural da violência. Deve haver uma solução não linguística para o problema da violência, que inevitavelmente é uma solução religiosa, e que é resultante do mecanismo do bode expiatório, do agrupamento espontâneo contra uma vítima comum arbitrária. Para mim, toda intuição da origem da humanidade deve ser antropológica. Toda

---

[42] Eric Gans, *Originary Thinking. Elements of Generative Anthropology.* Stanford, Stanford University Press, 1993, p. 8-9.
[43] Referência ao conhecido poema de William Blake, "The Tyger". In: *Songs of Innnocence and Experience:* "Tyger Tyger, burning bright, / In the forest of the night; / What immortal hand or eye, / Could frame thy fearful symmetry?" [Tigre, tigre, chama pura / nas brenhas da noite escura, / que olho ou mão imortal cria / tua terrível simetria? (Trad. Vasco Graça Moura. In: *Laooconte, Rimas Várias, Andamentos Graves.* Lisboa, Quetzal Editores, 2005).] *Fearful Symmetry* é também o título de um famoso livro de Northrop Frye: *Fearful Symmetry: A Study of William Blake.* Boston, Beacon Press, 1947.

observação sugere que, na cultura humana, os ritos sacrificiais e a imolação de vítimas vêm em primeiro lugar e são a origem de tudo o mais, a começar da linguagem.

O efetivo assassinato de uma vítima não é dispensável. Esse é o momento da crise suprema. O momento em que o grupo deveria estar mais disposto a parar com a violência – o momento da máxima indiferenciação, em que a pura vingança se faz sentir em todos os níveis – também é o momento em que eles são menos capazes de parar com a violência, porque estão com raiva, e sua fúria os domina. Nesse estágio – no momento da suprema raiva, da suprema excitação, quando você está fora de si, em um êxtase de violência – não há espaço nem possibilidade para contratos sociais. Esse é o problema com Gans: ele minimiza a violência, porque sugere um modo inteiramente linguístico de lidar com a violência. Na verdade, ele simplesmente suprime a violência, e visualiza um contrato social embrionário. Já eu coloco-a no centro de tudo, no que diz respeito ao início da cultura.

Então, seu argumento a respeito da abordagem de Gans é a necessidade de soluções pré-linguísticas contra a violência.

Sim, pois há também aspectos biológicos que devem ser levados em conta. Por exemplo, os traços humanos neotênicos em relação ao macaco. Neotenia é a persistência de traços juvenis em animais. No caso do *Homo sapiens*, podemos observar, entre outras coisas, perda dos pelos do corpo, ossos menores acima das sobrancelhas, inabilidade para andar nas crianças pequenas, etc.[44] Todas essas características são físicas e culturais, e os pesquisadores ainda se perguntam como se deu esse desenvolvimento. Penso que o mecanismo do bode expiatório o tornou possível em um nível pré-linguístico. Em

---

[44] Neotenia é a retenção de características juvenis em adultos de uma espécie, como entre certos anfíbios; é também a obtenção da maturidade sexual por um organismo ainda em estado de larva.

determinado estágio da linha evolutiva – que transforma os primatas em homens –, uma proibição de natureza religiosa ou algum tipo de medo de um poder invisível, no nível mais elementar, levou o grupo a proibir a violência. Essas formas de proibição protegeram as fêmeas e possibilitaram às crianças pequenas o devido cuidado por períodos mais longos. Fala-se com frequência em "autodomesticação" referindo-se ao ser humano: por exemplo, o homem é um animal autodomesticado. Não é verdade: *é a religião, é o sacrifício que o domestica*! Religião é uma estrutura sem sujeito, pois o sujeito é o princípio mimético. É possível, nesse caso, uma interpretação puramente física e materialista. O que estou sugerindo é uma integração intelectual da cultura e da biologia mediante o mecanismo expiatório. Tudo o que Terrence Deacon diz em seu livro seria bem mais convincente, creio eu, se primitivas modalidades do mecanismo expiatório fossem postuladas.

Assumindo o papel de advogados do diabo, tentaremos defender algumas ideias de Eric Gans. No âmbito do mecanismo mimético, a teoria formulada pelo senhor identifica "o bode expiatório não como história ou conceito, mas como o mecanismo genético das ações e representações culturais".[45] *Não obstante, podem-se conceber sociedades que tentam lidar com a rivalidade mimética mediante a restrição da propriedade privada e da implementação do igualitarismo? Vejamos a seguinte passagem:*

> *Princípios igualitários também se aplicam à noção de propriedade. Sempre que os homens e as mulheres Kalahari adquirem objetos belos ou valiosos – uma excelente faca de caça ou uma blusa colorida, por exemplo –, são tomados por sentimentos conflitantes. Apreciam e guardam cuidadosamente o objeto; mas, ao mesmo*

---

[45] Entrevista com René Girard, feita por Bruce Bassoff. *Denver Quarterly*, v. 13, n. 2, 1978, p. 34.

tempo, sentem-se expostos e ameaçados por ter alguma coisa que os demais não possuem. O objeto torna-se um estorvo psicológico, algo a ser escondido até que consigam livrar-se dele. Em poucos dias, terá sido dado a outro membro do bando, provavelmente para ser encontrado, duas ou três semanas depois, em outro bando, a quilômetros dali. As pessoas tendem a se sentir mais à vontade quando não possuem nada de extraordinário, recuando a uma posição menos conspícua e invejada dentro do grupo.

Tal comportamento não ocorre naturalmente. Precisa ser criado, inculcado, por um costume estabelecido. Entre os Kalahari, o treinamento para desfazer-se das coisas, dando-as a outros começa de seis semanas a seis meses após o nascimento.[46]

Sem dúvida. Na verdade, esse tipo de reação pedagógica pacífica é resultado de uma dura aprendizagem dos efeitos do mecanismo mimético: aprender a ser invejado é pior do que a não ser rico, pois nos tornamos alvo de todos. Em outras palavras, um comportamento aprendido como esse implica que, em períodos anteriores, uma crise só desencadeada pela mímesis de apropriação foi resolvida por meio do mecanismo expiatório e, como resultado, foram estabelecidas proibições. Isto é, a escalada da violência até esse ponto exigiu o assassinato fundador. A começar desse evento, a paz foi espontaneamente estabelecida, e para preservar essa paz, perpetuaram-se interdições e sacrifícios antes da invenção da linguagem e outras instituições culturais. Nesse plano, o mecanismo do bode expiatório começa a ser ocultado,

---

[46] John E. Pfeiffer, *The Creative Explosion. An Inquiry into the Origins of Art and Religion.* Ithaca, Cornell University Press, 1985, p. 65.

porque não queremos que a cultura e, sobretudo, a religião, tenham como base um assassinato fundador.

Há muitos livros sobre culturas arcaicas ou comunidades aldeãs em que o sistema de trocas assume uma forma ritual. Por exemplo, Malinowski, em *Argonautas do Pacífico Ocidental,* fala de objetos que vivem sendo trocados pelos nativos e nunca estão no mesmo lugar.[47] É um mecanismo similar. Todos devem possuí-los, visto serem tão *sagrados* e preciosos que têm de mudar de mãos, passando de um proprietário a outro. Isso é parte de um rito complexo, que mantém algumas das ilhas Trobriand em contato, sem conflitos. Não requer linguagem além dessa troca sem fim. O caráter sagrado dos objetos trocados sugere a fundação violenta primeva de um sistema de troca que não se justifica economicamente, e esse fato sabota todo o esforço de pôr a cultura e a esfera simbólica em uma explicação puramente sociobiológica ou em alguma espécie de materialismo cultural.

O senhor está negando toda determinação material na evolução cultural da humanidade?

Depende do que você quer dizer com isso. Na maior parte dos casos, a melhor explicação é a combinação de níveis diferentes. Claro que os homens, assim como os animais, têm de alimentar-se, mas é a religião que os faz humanos. Estou dizendo apenas que pesquisadores como Marvin Harris pensam sobretudo em termos de escolha racional e de pressupostos individualistas,[48] o que, francamente, é

---

[47] Ver Bronislaw Malinowski, *Argonauts of the West Pacific. An account of Native Enterprise and Adventure in the Archipelagoes of Melanesian New Guinea.* Nova York, Dutton, 1922, p. 81 e seguintes. Em particular, ver Cap. 14, "The Kula in Dobu – Technicalities of the exchange". [Edição brasileira: *Argonautas do Pacífico Ocidental.* Trad. Anton P. Carr e Lígia Aparecida C. Mendonça. São Paulo, Abril, 1976. (Coleção "Os Pensadores".)]

[48] Ver Marvin Harris, *Cultural Materialism: The Struggle for a Science of Culture.* Nova York, Random House, 1979, p. 60: "A evolução cultural, assim como a evolução biológica, tem ocorrido (pelo menos até o momento) por meio de mudanças oportunistas que aumentam os benefícios e reduzem os custos para os indivíduos".

ao mesmo tempo uma simplificação excessiva e um anacronismo. Recentemente, Frans de Waal, primatologista holandês, sugeriu que a ideia de atos individuais, empregada por behavioristas, sociobiólogos e materialistas culturais para explicar a evolução, tem uma ligação forte com a ideologia ocidental (especialmente americana) do individualismo.[49] Concordo. Ainda que trabalhem com padrões evolucionários, na maior parte do tempo, essas pessoas não percebem a historicidade de conceitos como individualismo e escolha. Sua compreensão ontológica da mente humana se baseia em pressupostos modernos. A mim parece claro que a mente humana foi lentamente moldada e treinada ao longo da pré-história e da história pelas religiões e pelos rituais. O individualismo moderno é apenas um resultado tardio desse processo.

---

[49] Frans de Waal, *The Ape and the Sushi Master: Cultural Reflections of a Primatologist.* Nova York, Basic Books, 2001. De Waal apresentou um trabalho na conferência de 1999 do COV&R em Atlanta: "Primatologia: Redução da Violência entre Primatas".

capítulo 4
diálogos e crítica: de Frazer a Lévi-Strauss

> *Quase sempre tenho sido tratado honestamente por meus críticos, deixando de lado aqueles sem conhecimento científico, que não são dignos de nota. Com frequência, minhas ideias têm sido grosseiramente deturpadas, implacavelmente afrontadas e ridicularizadas, mas isso tem sido feito, creio, de boa-fé.*
> Charles Darwin, *Autobiografia*

Gostaríamos, agora, de fazer uma digressão metodológica na forma de dois capítulos em que abordaremos, em primeiro lugar, as fontes de sua teoria, bem como traremos à luz algumas críticas a ela.

Eu mesmo tenho dificuldade para estabelecer com precisão essas fontes. Por exemplo, a leitura da tragédia grega desempenhou um papel essencial em minha descoberta do mecanismo vitimário, semelhante ao do romance moderno na descoberta do conflito mimético. Sófocles compreendeu o mito de Édipo, e Eurípides o de Dioniso, muito melhor do que nossos contemporâneos. Considerei minha perspectiva dos mitos e ritos na tragédia grega – vista tanto como uma forma de rito quanto de revelação, ainda que parcial – menos radical que o cristianismo. A principal fonte de minha intuição são os Evangelhos, que desmascaram o papel do assassinato fundador coletivo.

O senhor estudou a tragédia grega em A Violência e o Sagrado. *Poderíamos, então, dizer que, em* Mentira Romântica, *sua intuição permaneceu presa ao desejo mimético, sem desenvolver os princípios fundamentais do mecanismo mimético?*

Sim, pois a ideia ainda não está plenamente desenvolvida em meu primeiro livro. Contudo, em *Mentira Romântica,* há alguns bodes expiatórios, por exemplo em Proust, com Saniette, que é objeto da zombaria dos Verdurin. Em um dado momento, o leitor encontra uma passagem impressionante:

> como um grupo de canibais para quem a visão de um homem branco ferido provocou a sede de sangue, porque o instinto de imitação e a ausência de coragem governam tanto a sociedade quanto a turba. E todos rimos daquele que vemos estar sendo objeto de zombaria, ainda que isso não nos impeça de venerá-lo dez anos depois em um círculo em que seja admirado. É desse modo que o povo expulsa ou aclama seus reis.[1]

Esse texto contém tudo e diz tudo, incluindo a divinização final da vítima e a natureza ritualística e vitimária da monarquia; porém, na época, eu ainda não tinha percebido esses aspectos. A descoberta do mecanismo vitimário esteve ligada à leitura do *Édipo* e, sobretudo, das *Bacantes*. Na época, comparei as tragédias aos mitos e rituais. Os rituais eram até mais importantes que os mitos, pois eram mais transparentes, encenando o que chamo de crise mimética, seguida por sua resolução por meio da violência coletiva. A partir do momento em que entendemos que estamos lidando com uma transferência mimética contra a vítima, entendemos por que a violência cessa, e também por que todas as culturas humanas

---

[1] Marcel Proust, *Rememberance of Things Past,* vol. 2. Trad. C. K. Scott Moncrieff e T. Kilmartin. Londres, Chatto & Windus, 1981, p. 965. Em *The Guermantes Way* [O Caminho de Guermantes], há uma cena similar, em que um jovem cantor é simbolicamente linchado pela plateia. Vol. 3, p. 176-77.

reproduzem ritualmente essa sequência. O elemento decisivo no desenvolvimento das minhas ideias foi a repetição de todo o processo de reencenação ritual. Por que ele é repetido inúmeras vezes? Ele precisa reproduzir o efeito inicial do mecanismo, a reconciliação contra a vítima, para reforçar e restabelecer a harmonia comunitária perturbada pelas rivalidades miméticas.

O senhor sempre deixou claro que a etnologia clássica (1850-1950) foi fundamental para sua teoria. Considerando o mecanismo do bode expiatório, qual foi a importância das descrições feitas por Frazer[2] dos ritos que envolviam bodes expiatórios?

Alguns críticos alegam que Frazer já havia identificado o mecanismo do bode expiatório em seu sentido mimético. E nisso se equivocam, pois não existe nele nenhum *mecanismo* expiatório. Para Frazer, o bode expiatório não passa de uma metáfora. Os primitivos criam que podiam descarregar seus pecados nas costas de um substituto, uma vítima humana ou animal.[3] E Frazer não percebeu que essa metáfora do pecado como fardo é bastante elaborada e essencialmente "moderna". Ela origina-se nos sermões protestantes que ele ouviu na juventude.

Porém, no tocante ao jogo entre rito e proibição que se segue ao mecanismo vitimador, certas descrições feitas por Frazer foram inspiradoras para mim e me abriram os olhos. Encontramos os reais efeitos do mecanismo do bode expiatório. Essa é a melhor parte de

---

[2] James Frazer, *The Golden Bough. A Study in Magic and Religion* (1922). Hertfordshire, Wordsworth, 1993. Ver capítulos 57 e 58: "Public Scapegoats" e "Human Scapegoats in Classical Antiquity" (p. 562-87) [Edição brasileira: *O Ramo de Ouro*. Organização de Mary Douglas, tradução de Waltensir Dutra, prefácio de Darcy Ribeiro. São Paulo, Círculo do Livro, 1982 – "Sobre Bodes expiatórios", p. 177-79; "Bodes Expiatórios na Antiguidade Clássica", p. 180-85]. Para um apanhado geral da obra de Frazer, ver Robert Ackerman, *J. G. Frazer. His Life and Work*. Cambridge, Cambridge University Press, 1987.
[3] Ver James G. Frazer, *The Golden Bough. A Study in Magic and Religion* (edição abreviada). Nova York, Macmillan, 1940, Cap. 55, § 1: "The Transference of Evil" [A Transferência do Mal].

seu trabalho, porque ele intuiu que todos os fenômenos ali descritos estão interligados. Apesar disso, não possui uma concepção realista do mecanismo do bode expiatório. Isso é, ele não vê, como eu vejo, que o bode expiatório é mais do que uma metáfora, uma forma de expressar uma circunstância que de fato já teve lugar no limiar da cultura humana.

Em todo caso, Frazer não aprofunda sua intuição devido a seu preconceito contra a religião e seu desprezo pelas culturas que estudou. Ele considerava tolas as pessoas que estudara. Muitos dos que me leem atribuem a mim coisas semelhantes. Não percebem que a religião primitiva, em um contexto arcaico, é extremamente coercitiva, sem deixar de ser um processo racional, contudo. O único modo de explicar racionalmente a reconciliação da sociedade ocasionada pelo assassinato fundador é de fato acreditar que o bode expiatório seja tanto um réu quanto um reconciliador, mediante alguma transcendência religiosa atribuída a ele. Frazer não reparou que uma forma modificada do fenômeno do bode expiatório ocorria à sua volta: a expulsão da religião do campo do conhecimento. Ela continua a acontecer toda vez que um antropólogo nega a existência efetiva do mecanismo do bode expiatório, reduzindo-o à condição de mera metáfora. Em outras palavras, os acadêmicos modernos, que foram treinados para ser programaticamente antirreligiosos, fazem continuamente da religião um bode expiatório.

Pensando, então, na fundação das ciências sociais modernas, que importância tiveram as obras de Gabriel Tarde e Émile Durkheim no desenvolvimento de sua teoria?[4]

---

[4] Gabriel Tarde (1843-1904), sociólogo francês e um dos principais representantes da escola psicológica da sociologia. De acordo com Tarde, o fenômeno social está enraizado nos processos psicológicos individuais. De um lado está a criatividade e, de outro, a imitação e a tradição. Sua obra é uma referência padrão para o estudo do caráter imitativo das relações sociais. Ele é o autor de, entre outras obras: *Criminalité Comparée* [Criminalidade Comparada] (1886); *Les Lois de L'Imitation* [As Leis da Imitação] (1890); *Etudes de Psychologie Sociale* [Estudos de Psicologia Social] (1898). Emile Durkheim (1858-1917), sociólogo

Com relação à ideia de imitação, Tarde foi certamente uma figura muito importante no século XX, e sua obra foi excelente, ainda que superficial sob muitos aspectos. Ele identificou a imitação em todos os níveis, e explicou relações culturais por meio deles. Ele teve um grande *insight* fenomenológico, que ainda é válido, embora de importância secundária, pois nunca sequer se aproximou da descoberta da rivalidade mimética e suas consequências. Ele reuniu diversas observações fascinantes, mas não conseguiu postular uma teoria satisfatória que lhes desse unidade. Ele permanece dentro dos limites da definição aristotélica tradicional, que exclui sua violência reveladora.

É interessantíssimo reconstituir a história do desaparecimento do conceito de imitação no princípio do século XX. Como já disse, Luc-Laurent Salvador, um ex-aluno meu, escreveu uma tese em que descreveu o progressivo desaparecimento do conceito de imitação nas ciências sociais depois de Tarde.[5] Ele observa que se evita investigar mais profundamente a imitação, e que nenhum dos estudiosos que trabalharam com o assunto incluíram em suas teorias os aspectos negativos da imitação. Na segunda metade do século XIX, havia grande interesse pela imitação, mas só se falava da mímesis "boa" – a "mímesis cultural pacífica", como decidimos chamá-la. Depois, a preocupação com a mímesis saiu de moda e, por fim, desapareceu. Em vez de ser aprofundado, o conceito de imitação foi descartado como simplista. Ele foi rediscutido recentemente no plano da etologia e, como você mencionou, no plano da ciência cognitiva.[6] Mas essas pesquisas ainda estão associadas

---

francês, ensinou pedagogia e ciências sociais em Bordeaux (1887) e na Sorbone (1902). Foi o fundador de *L'Année Sociologique* (1896) e a figura central na sociologia francesa, que ajudou a estabelecer como ciência. Ele é o autor de *Règles de la Méthode Sociologique* [Regras do Método Sociológico] (1895), *Les Formes Élémentaires de la Vie Religieuse: Le Système Totémique en Australie* [As Formas Elementares da Vida Religiosa] (1912).
[5] Luc-Laurent Salvador, *Imitation et Attribution de Causalité: La Genèse Mimetique du Soi, la Genèse Mimetique du Réel. Applications à la "Psychose Naissante" et à L'autisme*. Paris, Université René Descartes, 1996. (Dissertação de Doutorado.)
[6] Ver, por exemplo, Cecilia M. Heyes e Bennet G. Galef Jr. (orgs.), *Social Learning in Animals. The Roots of Culture*. San Diego, Academic Press, 1996, sobretudo a Parte II: "Imitation". Ver também Michael Tomasello, *The Cultural Origins of Human Cognition*.

à velha definição superficial de imitação, com forte ênfase na representação ou na ação, e não no desejo. Quando entendemos que a imitação opera também sobre o desejo, fica mais fácil entender como a mímesis poderia produzir conflitos e rivalidades quando o desejo se dirige para o mesmo objeto.

Então The Laws of Imitation,[7] *de Tarde, não desempenhou um papel importante no desenvolvimento de sua abordagem, como afirmam alguns críticos.[8]*

Honestamente, não. Pois minha principal intuição está baseada na rivalidade mimética, e Tarde ignorava-a por completo. Só fui ler Tarde pela primeira vez em uma antologia inglesa em Stanford.[9] O mesmo ocorreu com Durkheim. Li pela primeira vez *As Formas Elementares da Vida Religiosa*[10] (1912) logo após ter concluído *A Violência e o Sagrado*. Durkheim é muito superior a Tarde, e ler sua obra foi uma experiência maravilhosa, que me fez acrescentar ao meu livro algumas citações relevantes. Mas, ao contrário do muitos pensam, nunca fui diretamente influenciado por Durkheim.

Como disse anteriormente, minha educação antropológica foi derivada em sua maior parte dos textos ingleses e alguns antropólogos ingleses; em particular, *Structure and Function in Primitive Society* (1956), de Radcliffe-Brown, foi de fato importante para mim.[11] A obra de Malinowski também foi relevante, embora me

---

Cambridge, Harvard University Press, 2000. A imitação e a emulação são conceitos hoje amplamente aceitos e usados em estudos primatológicos.
[7] Gabriel Tarde, *The Laws of Imitation*. Trad. E. C. Parsons. Nova York, Henry Holt, 1903.
[8] Ver Régis Debray, Le Feu Sacré. Paris, Fayard, 2003, p. 375 ss.
[9] Gabriel Tarde, On Communication and Social Influence. Selected Papers. Org. Terry N. Clark. Chicago, The University of Chicago Press, 1969.
[10] Émile Durkheim, *The Elementary Forms of Religious Life* (1912). Trad. Joseph Ward Swain. Londres, Allen & Unwin, 1957. [Edição brasileira: *As Formas Elementares da Vida Religiosa*. Trad. Paulo Neves. São Paulo, Martins Fontes, 2003.]
[11] A. R. Radcliffe-Brown, *Structure and Function in Primitive Society* (1956). Nova York, Free Press, 1965.

posicionasse, em termos teóricos, contra o funcionalismo, e o dele parecia-me simplista. Se houver necessidade de uma instituição, essa surgirá apenas por necessitarem-na! Muito da teoria evolutiva é exatamente assim. No caso da domesticação de animais, por exemplo, não se pode prescindir de uma motivação que faça sentido em um contexto em que se desconhecia a possibilidade de domesticar animais. Não se pode pressupor que os domesticadores tivessem sido motivados pelos resultados futuros do processo, que não tinham como prever. É mais ou menos esse o raciocínio simplista que faz o funcionalismo.

Há uma interpretação corrente de sua teoria que a vê como oposta ao estruturalismo de Lévi-Strauss. No entanto, parece que o senhor aproveitou a abordagem sistemática propiciada por uma perspectiva sincrônica, típica do estruturalismo, e, ao mesmo tempo, conferiu a ela uma dimensão histórica.[12]

Talvez eu tenha argumentado contra Lévi-Strauss, mas, de fato, considero que a noção de diferenciação binária representou um grande feito do estruturalismo. E Lévi-Strauss fez isso de modo mais sistemático do que o tinha feito Durkheim (talvez *excessivamente* sistemático).

No entanto, Lévi-Strauss pressupõe que a estrutura diferencial já está sempre presente, é universal, e a identidade não existe porque a linguagem não pode expressá-la. Portanto, ele não consegue lidar com continuidades nem com processos que caminham da indiferenciação para a diferenciação ou da desordem para a ordem. Ele não vê a crise mimética. Por isso, a conclusão de *L'Homme Nu*

---

[12] À diferença de Lévi Strauss, para quem todo pensamento consiste em "passar da quantidade contínua à quantidade discreta (...) Freud busca conciliar os dois tipos de pensamento, pois ele tem necessidade de um e de outro; ele precisa tanto de estabilidade sincrônica quanto de dinamismo diacrônico; ele quer ao mesmo tempo a estrutura e o devir da estrutura" (Girard, *Coisas Ocultas*, p. 416).

[O Homem Nu] (1971), último volume de *Mythologiques* [Mitológicas], contém o pior de Lévi-Strauss: ele simplesmente condena o sacrifício como sem sentido.[13] Não percebe que rito e mito constituem ambos a passagem da indiferenciação para a diferenciação. A perspectiva puramente linguística e estruturalista torna-o incapaz de suspeitar que a mitologia poderia exprimir indiferenciação. Não percebe, por exemplo, que gêmeos são "realmente" indiferenciados e, portanto, podem servir como metáforas da indiferenciação para a indiferenciação cultural geral.

O senhor já teve um diálogo crítico com Lévi-Strauss?

Encontrei-o uma vez na Universidade Johns Hopkins. Ele foi muito cortês, um *gentleman*, e até tivemos uma pequena reunião com um antropólogo americano da Universidade da Pensilvânia, mas foi algo bem superficial. Depois disso, recebi apenas respostas indiretas dele. Aparentemente, ele é hostil à teoria mimética.[14]

Valério Valeri tem destacado que A Violência e o Sagrado *o faz lembrar do* Homo Necans, *de Walter Burkert, ambos publicados em 1972. Segundo Valeri:*

---

[13] "Temos de nos resignar com o fato de que os mitos não nos dizem nada instrutivo a respeito da ordem do mundo, da natureza da realidade ou da origem e destino da humanidade." Claude Lévi-Strauss, *The Naked Man. Introduction to a Science of Mythology*. Trad. John e Doreen Weightman. Londres, Jonathan Cape, 1981, p. 639.

[14] As críticas de Lévi-Strauss à obra de Girard são em sua maioria indiretas. Em um ensaio recente, "Apologue dês Amibes" [In: Jean-Luc Jamard, Emmamuek Terray e Margarita Xanthakou (orgs.), *En Substances. Textes pour Françoise Héritier*. Paris, Fayard, 2000], ele escreveu: "O simples exercício (...) mostra que, longe de negar ou ignorar a violência, como frequentemente sou acusado de fazer, eu a situo na origem da vida social e fundamento sobre bases mais profundas do que aqueles que, pelo sacrifício ou assassinato de um bode expiatório, fariam a sociedade surgir de costumes que pressupõem sua existência" (p. 496). Para a resposta de Girard, ver a entrevista com Maria Stella Barberi: Girard, *Celui par qui Le Scandale Arrive*, p. 163-64. Esse livro será publicado na Biblioteca René Girard.

> *Como Girard, Burkert postula que o sagrado é violência transcendida e que o sacrifício é um ato violento capaz de tornar essa transcendência possível. Contudo, enquanto Girard explica a violência recorrendo a uma sombria metafísica do desejo, Burkert funda-a em platitudes genéticas.*[15]

Não vejo como alguém pode encontrar algo de metafísico no desejo mimético, pelo menos não na minha explicação. Valeri está certo em pensar que estou próximo a Burkert. No meu ponto de vista, a teoria dele tem apenas uma falha: ele defende que a caça de grandes mamíferos veio antes da religião. Seu livro sobre religião grega é notável.[16] E isso vale para toda a tradição germânica de antropologia sacrificial. Certa vez, tivemos um debate perto de Santa Cruz.[17] De uma perspectiva teórica, não estava preparado para isso na época, e ele considerou minha tese muito radical. Ele não aceitou minha teoria do bode expiatório por preferir uma teoria que permanecesse próxima a algum tipo de funcionalismo, como a "hipótese da caça" (já falamos da hipótese da caça no capítulo anterior). No relato de Burkert, as sociedades primitivas de caçadores desenvolveram práticas sacrificiais a partir da caça, mas isso equivale a dizer que a domesticação teria de acontecer porque nossas necessidades, miraculosamente, a fariam acontecer. Além

---

[15] Valerio Valeri, *Kingship and Sacrifice. Ritual and Society in Ancient Hawaii*. Chicago, University of Chicago Press, 1985, p. 70. Valeri se refere a Walter Burkert, *Homo Necans: Interpretationen Altgriechischen Opferriten und Mythen*. Berlim e Nova York, de Gruyter, 1972.
[16] Walter Burkert, *Die Orientalisierende Epoche in der Griechischen Religion und Literatur*. Heidelberg, Winter, 1984.
[17] René Girard está se referindo à conferência organizada por Burton Mack, "A Conversation on Ritual" [Uma Conversa sobre Rituais], proferida em Pajaro Dunes, perto de Santa Cruz, Califórnia, no outono de 1983. Os anais foram editados por Robert Hamerton-Kelly, *Violent Origins. Ritual Killing and Cultural Formation*. Stanford, Stanford University Press, 1987. Ver, em particular, "Generative Scapegoating" (p. 73-105), de Girard, e "The Problem of Ritual Killing" (p. 149-76), de Walter Burkert, bem como as discussões que se seguiram às comunicações. Esse livro será publicado na Biblioteca René Girard.

disso, Burkert me parece um empirista. Não se arrisca a conceber uma antropologia puramente gerativa.

Uma questão semelhante foi levantada por Elizabeth Traube: seu sistema interpretativo negligencia as evidências empíricas. Por exemplo, ao analisar o mito dos mabai sobre o Mau Lelu, ela mostra como esse mito visto apenas como um texto se esclarece de modo surpreendente por meio do seu modelo interpretativo. Por outro lado, argumenta Traube, uma reinserção do mito no contexto atual da cultura mabai invalidaria totalmente uma interpretação girardiana.[18]

Todos sem dúvida escolhem dar ênfase a determinados fatos e não a outros. Os que não concordam com a minha escolha acusam-me de "brutalizar os dados". Eles podem estar certos, mas vejo as coisas de modo diferente. Na verdade, os arqueólogos são bem melhores que os antropólogos, pois trabalham no campo e, portanto, são realistas. Quando mencionei o sacrifício humano na cultura fenícia, muitos objetaram que se tratava de uma visão literária que encontrava paralelo no *Salambô* de Flaubert. Desde então, os arqueólogos descobriram um cemitério inteiro de vítimas sacrificiais perto de Cartago, que confirma a visão de Flaubert; entre elas alguns pequenos animais e muitas crianças pequenas semiqueimadas, todos juntos. Embora não haja nenhuma prova indiscutível do que isso significa, parece razoável pensar que encontramos ali uma confirmação de práticas sacrificiais na cultura fenícia.[19] O que normalmente é

---

[18] Elizabeth Traube, "Incest and Mythology: Anthropological and Girardian Perspectives". In: *Berkshire Review*, n. 14, 1979, p. 37-54.
[19] Ver Shelby Brown, *Late Carthaginian Child Sacrifice and Sacrificial Monuments in their Mediterranean Context*. Sheffield, Sheffield Academic Press, 1991; Sabatino Moscati (org.), The Phoenicians. Nova York, I. B. Tauris, 2001. Sobre esse assunto, ver também González Yolotl Torres, *El Sacrificio Humano entre los Mexicas*. México, Fondo de Cultura Econômica, 1985, p. 9: "Quanto ao sacrifício humano – no caso concreto dos mexicanos – há evidências tão objetivas quanto as fornecidas por fontes escritas. Entretanto, quando estudadas, a influência da ideologia do pesquisador o conduz a negar a existência de tais práticas rituais ou a simplesmente descartar os fatos".

descartado pela antropologia cultural normalmente é estimado pelos antropólogos legistas, que conseguem reconstituir tudo que aconteceu em um assassinato a partir de poucos resíduos físicos, e raramente eles sofrem de preconceitos inspirados por palavras de ordem ideológicas. Os antropólogos culturais advertirão que ninguém tem o direito de pressupor tal coisa. E por que o sacrifício humano deveria ser tido como um insulto àquele povo, considerando que foi praticado por séculos no mundo inteiro? É preciso ter uma visão politicamente correta ao extremo para negar algo tão evidente. Há até antropólogos, como Arens, que chegam a negar inteiramente o sacrifício humano, alegando que tudo não passa de invenção do imperialismo ocidental.[20]

Aliás, é comum que os antropólogos descartem sua obra porque o senhor nunca realizou trabalho de campo. Isso é visto como uma deficiência da teoria mimética.

Como é possível realizar trabalho de campo a respeito de fatos que aconteceram em uma escala temporal de milhares de anos? O ônus da especialização é que não é possível fazer tudo. Se acredito na pesquisa científica, tenho de acreditar na pesquisa de meus pares, em suas descobertas e interpretações arqueológicas ou paleontológicas. Ou acreditamos que essa tarefa pode ser realizada ou abandonamos a ideia de estudo acadêmico e de conquistas intelectuais, e viramos meros burocratas de nossas disciplinas estreitas. Não sou antropólogo de campo. Vejo-me como um intérprete que combina explicações antropológicas, arqueológicas e etnológicas para construir uma teoria geral da cultura e de suas origens.

Os antropólogos podem considerar essa minha preocupação cientificamente irrelevante, mas, para mim, essa é a principal questão a

---

[20] William Arens, *Man Eating Myths: Anthropology and Anthropophagy*. Oxford, Oxford University Press, 1980.

ser feita. Em outras palavras, por que existem mitos e histórias que parecem tão semelhantes? Por que todas essas culturas têm traços similares e falam de um assassinato original? Como todos os cientistas, estou em busca do fator comum, do padrão, não da diferença.

Claro que o senhor não ignora que os cientistas sociais também procuram a diferença. Trata-se de um passo fundamental para o estabelecimento de padrões culturais mais amplos.

Sim, mas só na medida em que se *tenta* estabelecer esses padrões. Há uma ironia incrível nesse relativismo cultural! A *vítima* está no centro de nosso entendimento contemporâneo da história, da cultura e da moralidade. Por isso, se toda a cultura contemporânea ocidental se baseia na adoração da vítima, não entendo por que meu argumento não pode ser aceito, uma vez que coloco a vítima no centro de minhas preocupações. Estou em busca da vítima inocente *em todos os relatos históricos, míticos e ficcionais*.

A principal diferença entre a antropologia contemporânea e meu trabalho é que afirmo que todas as culturas vitimam alguém e fazem desse alguém bode expiatório, ao mesmo tempo em que é chique dizer que a cultura ocidental é a única que fez isso. Se alguém falar de assassinatos rituais na Amazônia, isso é visto como mera fantasia do preconceito ocidental.[21] Além disso, nunca haverá dados suficientes para "provar" a afirmação. Ao mesmo tempo, porém, se denunciarmos os banhos de sangue e as limpezas étnicas na Europa, há uma tendência a afirmar que isso é verdade, e os dados são imediatamente apresentados. Dentro desse arcabouço, fica praticamente impossível explicar as lutas e massacres internos em lugares como Ruanda. Como enfrentar o dilema e o curto-circuito conceitual provocados por práticas como a infibulação?[22]

---

[21] Sobre esse assunto, ver o Cap. II de Girard, *Celui par Qui le Scandale Arrive*, p. 45-62.
[22] Na Somália e no sul da pensínsula arábica, o procedimento é amplamente realizado em meninas pré-púberes; atualmente, há milhões de mulheres cuja genitália externa foi alterada.

Será que um antropólogo contemporâneo deveria ficar do lado da vítima dessa prática ritual, ou com a diversidade das culturas locais, considerada *sagrada*?

Voltando à discussão do papel do objeto em sua teoria, como o senhor responde à afirmação de Bruno Latour de que o senhor descarta o objeto, ou que, em algum sentido, "faz dele bode expiatório"?[23] Na visão dele, existem alguns traços redentores no objeto, que o senhor tenta minimizar.

Latour quer fazer de mim alguém antiobjeto, e erra nisso. Como já expliquei, meu realismo é essencial e onipresente em minha abordagem dos fenômenos culturais. Para mim, o objeto só desaparece no ápice da escalada da crise mimética; fora disso, está sempre presente. Não vejo como isso afetaria a condição do objeto a partir de um ponto de vista filosófico; deve-se sempre enfatizar os aspectos *realistas* de minha teoria. Toda a concepção da mitologia implicada em minha teoria é na verdade uma ruptura com a atitude do século XX em relação ao realismo nas humanidades. O bom da escola antiga de antropologia é que os antropólogos estavam procurando por um denominador comum, considerando as muitas similaridades nos textos e nos sistemas de gestos que examinavam. Inversamente, as ciências sociais contemporâneas não tentam encontrar uma solução real para o enigma do mito. Elas consideram que o mito é cada vez menos um enigma, e um

---

[23] "Mas Girard não vê que ele mesmo assim faz uma alegação ainda mais séria, uma vez que acusa os objetos de não ter realmente importância. À medida que imaginamos que nossas disputas têm bases objetivas, estamos envolvidos pela ilusão do desejo mimético. É esse desejo, e só esse desejo, que enfeita os objetos com um valor que não lhes pertence. Em si mesmos, eles não importam; não são nada. Ao revelar o processo de acusação, Girard, assim como Boltanski e Thévenot, esgota para todo o sempre nossa capacidade de acusar. Mas prolonga ainda mais a tendência moderna de desprezar os objetos – e Girard apresenta essa acusação com vontade; ele realmente acredita nela, e vê nesse desprezo duramente atingido a mais alta prova da moralidade. Eis um denunciador exemplar." (Bruno Latour, *We Have Never Been Modern*. Cambridge, Harvard University Press, p. 45.)

modo de não considerar o mito um enigma é limitá-lo ao campo da ficção, usando termos como "símbolo" ou "imaginação". Creio que isso é um erro. É preciso considerar a mitologia e a religião arcaica como enigmas, e a solução desses enigmas é bastante real. O mito é primariamente a acusação contra uma vítima, apresentada como culpada. Além disso, o mito é escrito a partir do ponto de vista dos acusadores. Levando em consideração esses aspectos, o enigma do mito pode ser resolvido.

Uma objeção comum a essa hipótese consiste em recordar que existem milhares de mitos que não se encaixam nesse padrão.

De fato, muitos mitos não se encaixam no padrão descrito por mim. Mas temos de recordar que os descendentes dos protolinchadores poderiam fazer o que bem entendessem com a herança de seus antepassados. Ele poderiam mudar ou censurar seu conteúdo a qualquer momento. E já tentei demonstrar que essa censura acontecia.

Cornelius Castoriadis, em uma conferência sobre L'Auto-Organization, questionou sua afirmação de que só o cristianismo teria se interessado pelas vítimas. Ele diz que isso já existia na cultura grega.[24]

A escravidão era um traço fundamental da cultura grega. Era a base econômica da cultura. Considere Platão, por exemplo. Uma das razões pelas quais ele se recusa a olhar para o mecanismo do bode expiatório é que ele se recusa a olhar para as vítimas de sua própria sociedade. Posteriormente, Aristóteles justifica sem rodeios a escravidão, comparando os escravos a meros

---

[24] "Débat Cornelius Castoriadis – René Girard", em Paul Dumouchel e Jean-Pierre Dupuy, *L'Auto-Organisation. De la Physique au Politique*. Paris, Seuil, 1983, p. 291 ss.

instrumentos.²⁵ A democracia, a *pólis*, era um privilégio de uma minoria; a democracia grega era na verdade uma aristocracia, cujos líderes não tinham preocupações materiais, nem precisavam trabalhar para obter seu sustento material, e se preocupavam apenas com a política e com a guerra.

Na mesma conferência, Castoriadis também se perguntou como o senhor conseguia acreditar ao mesmo tempo na ciência e em Deus.²⁶ Gianni Vattimo fez a mesma pergunta em uma reunião recente do COV&R.²⁷

Não vejo por que Deus seria incompatível com a ciência. Se uma pessoa crê em Deus, também crê em objetividade. A crença tradicional em Deus leva à crença na objetividade do mundo. Em última instância, faço parte de um padrão bastante tradicional, que obviamente pode ser modernizado. O que quero dizer é que, no que diz respeito às questões ditas importantes, ainda opero dentro da epistemologia tradicional, que considera que as coisas são reais e que Deus é o mantenedor dessa realidade. Assim, não entendo por que haveria problema em discutir minha teoria dentro de um arcabouço científico. Minha interpretação dos romances, no meu primeiro livro, é parte desse entendimento. Leio-os como reflexos das *relações reais* que acontecem na sociedade, e usei-os quase como instrumentos científicos de observação.

---

²⁵ Ver Aristóteles, *Política*, Livro I, iv. (1253b23-1254a17), "O escravo como instrumento", e I, v, (1254a17-1255a3): "A escravidão como parte de um padrão natural universal: o 'escravo por natureza' é aquele que pode pertencer a outro e portanto pertence, e aquele que participa da razão até o ponto em que a reconhece, mas não a possui... O uso que se faz dos escravos praticamente não difere do que se faz dos animais domesticados; ambos ajudam, com seus corpos, a atender a nossas necessidades essenciais".
²⁶ "Débat Cornelius Castoriadis - René Girard", p. 299.
²⁷ "A Teoria Mimética e a História da Filosofia", reunião do COV&R, Universidade da Antuérpia, 2001. Debate de encerramento entre René Girard, Gianni Vattimo e Charles Taylor, em 2 de junho de 2001.

De fato, seu ponto de partida foi o estudo da literatura, mas sua teoria logo assumiu uma dimensão antropológica, e também uma dimensão filosófica. Como o senhor se posicionaria diante da filosofia moderna e contemporânea?

Não estou particularmente preocupado com isso. Há um livro de Stephen Gardner de que gosto muito, em que ele critica a filosofia por meio da antropologia mimética.[28] Por exemplo, ele vê a filosofia cartesiana como uma forma de evitar a crise mimética por meio da colocação do eu no centro das atenções com o *cogito*. O *cogito* é uma espécie de dique que protege contra a emergência da problemática moderna da multidão. Gardner escreveu um livro que considero adequado, mas eu mesmo não sou suficientemente filósofo para escrevê-lo. Essas perguntas sempre surgem, e é preciso respondê-las com os instrumentos do debate filosófico. Os leitores não percebem o quanto eu não sou filosófico, nem que fui guiado pela ideia de contribuir para uma verdadeira ciência do homem, ou de uma ciência das relações humanas, partindo sempre de relações humanas reais e concretas, distanciando-me do "mito" do sujeito todo-poderoso, que é a origem da maior parte de nossa impotência.

Qual é o papel do conceito de totalidade na teoria mimética? Ou, mais do que totalidade, talvez o conceito de sistema defina melhor a sua perspectiva?

Em primeiro lugar, não se trata de uma totalidade hegeliana. Falar de um *sistema* mimético talvez seja uma simplificação também. O princípio mimético é absolutamente fluido e não pode ser determinado de uma vez por todas. É possível manter o conceito de sistema algo aberto?

---

[28] Stephen Gardner, *Myths of Freedom. Equality, Modern Thought, and Philosophical Radicalism*. Westport, Greenwood, 1998.

Sim, pois implica um constante feedback. A totalidade supõe uma espécie de fechamento, já o sistema é aberto ao feedback. Tem fronteiras e não margens.

Deixe-me voltar a um ponto importante: para compreender o sistema mimético, precisamos levar em conta o fenômeno da *méconnaissance*, a qual sempre tenta fechar margens que, em última instância, não podem ser fechadas, que sempre se mostram porosas em algum ponto. Mas para identificar exatamente a forma dessa porosidade, como ela aparece e reaparece, teria de encontrar exemplos concretos. Não tenho habilidade lógica suficiente para fazê-lo de modo puramente abstrato. Acho que existe certa incompatibilidade entre a filosofia tradicional e a teoria mimética. Sinto, por exemplo, que os estudiosos muito influenciados pelo sistema tomista terão imensa dificuldade para entender a teoria mimética, pois só conseguem trabalhar com categorias excessivamente bem delimitadas. A filosofia busca fundamentação lógica. É difícil para os filósofos aceitarem um mecanismo que desencadeia efeitos opostos. Consequentemente, sempre exclui a real fundamentação antropológica.

Contudo, a antropologia hoje negligencia totalmente o tipo de investigação que o senhor faz. Por exemplo, um antropólogo como E. E. Evans-Pritchard descarta a busca pela origem da religião, considerando que essa é uma tarefa impossível, por causa da ausência de registros históricos, e por causa da impossibilidade de identificar uma mentalidade primitiva comum.[29] Além disso, como diz Eugene Webb, "pouco valor haveria em fazê-lo, uma vez que o pensamento científico moderno não procura origens nem essências, mas tenta descobrir relações constantes, como aquelas entre os cultos dos ancestrais e o sistema de parentesco, o papel do ritual na definição do status social, e daí por diante".[30]

---

[29] E. E. Evans-Pritchard, *Theories of Primitive Religion*. Oxford, Clarendon Press, 1965, p. 100-02.
[30] Eugene Webb, *The Self Between. From Freud to the New Social Psychology of France*. Seattle, University of Washington Press, 1993, p. 213.

Eu questionaria a afirmação de Webb. Os sociobiólogos, os teóricos evolucionários e os cientistas em geral parecem quase obcecados com essa tarefa, porque a busca pela origem é a busca científica por excelência. Porém, o que disciplinas como a sociobiologia ainda não têm é uma boa integração de níveis explanatórios diferentes, o que poderia explicar o surgimento da cultura e da esfera simbólica. Elas tentam explicar o surgimento de valores morais e de crenças religiosas exclusivamente a partir de suas bases genéticas, biológicas, neurológicas ou cognitivas. Elas não reconhecem a autonomia da esfera simbólica no desenvolvimento da religião e da cultura.[31]

No que diz respeito a isso, porém, seus leitores das áreas de teologia e de estudos da religião acham que sua posição é ambígua porque o senhor recorre a uma explicação científica:

> *Girard tem de parar de fingir que adere ao ateísmo metodológico da ciência social, que decretou que os postulados religiosos são bases inaceitáveis para o entendimento do comportamento humano. Ele deveria escrever abertamente como apologista cristão, e afirmar que um modo de conhecimento teológico é necessário para intuições reais a respeito do comportamento humano.[32]*

Não sou ateu em matéria de religião, mas acho que a abordagem dos fatos nas ciências sociais não deveria conter pressupostos

---

[31] Ver, por exemplo, Pascal Boyer, *The Naturalness of Religious Ideas: A Cognitive Theory of Religion*. Berkeley, University of California Press, 1994, p. 3: "O conteúdo e a organização das ideias religiosas depende, sob aspectos importantes, de propriedades não culturais da mente-cérebro humano, e (...) apesar da 'socialização', elas são percebidas como intuitivamente antinaturais por sujeitos humanos".
[32] Charles L. Bellinger, *The Genealogy of Violence. Reflection on Creation, Freedom and Evil.* Oxford, Oxford University Press, 2001, p. 88.

religiosos nem antirreligiosos. Chamar isso de ateísmo é certamente um erro. As mentes religiosas erram ao pedir um postulado religioso. Se você postular a verdade *a priori* da religião desde o começo, seu raciocínio terá um valor apologético muito menor. A teoria mimética tem valor apologético para o cristianismo *apenas* se você aceitar todas as regras da produção de conhecimento da atitude científica.

Em uma entrevista com Christian de Maussion, o senhor disse que foi influenciado por Simone Weil.[33] De que modo?

Lembro de ler Weil em 1955, enquanto ainda dava aulas sobre o romance moderno, e ela teve sobre mim um grande impacto. Ainda que seus textos sejam um pouco difusos, suas intuições a respeito da dinâmica mimética e do processo vitimário coletivo são muito importantes. Um livro como *A Gravidade e a Graça*, em particular, é muito precioso. Também em *Espera de Deus* há uma passagem maravilhosa sobre a *Ilíada*, em que ela se refere ao fenômeno dos "duplos", na minha terminologia.[34] Weil entendia perfeitamente as oscilações entre os inimigos nos conflitos trágicos, em que o vencedor de hoje será o perdedor de amanhã, e em que as divindades mudam de lado seguindo essa lógica. A definição de tragédia que uso em meus livros está nessa simetria alternada, que prossegue *ad infinitum*.

Weil também mostra uma percepção incrível do caráter histórico da revelação cristã. No episódio da "mulher adúltera"[35] (João 8), ela

---

[33] Christian de Maussion, "Simone Weil Vue par René Girard", *Cahiers Simone Weil*, v. 11, n. 3, 1988, p. 201-13.
[34] *La Pesanteur et la Grâce*. Paris, Plon, 1947. Traduzido para o inglês como *Gravity and Grace* (1952) [Edição brasileira: *A Gravidade e a Graça*. São Paulo, Martins Fontes, 1993]; *Attente de Dieu* (1949). Paris, Fayard, 1966. Traduzido para o inglês como *Waiting for God* (1951). [Edição brasileira: *Espera de Deus*. São Paulo, ECE, 1987.]
[35] Simone Weil refere esse texto em "Formes de l'Amour Implicite de Dieu", em *Attente de Dieu*, p. 112.

comenta a famosa frase – "Quem dentre vós estiver sem pecado, seja o primeiro a lhe atirar uma pedra!" – com que Jesus dispersa a multidão mimeticamente disposta à violência. Ela diz que, se o apedrejamento ainda fosse comum, Jesus teria atirado pedras junto com os outros. Ela coloca o episódio em um mundo cultural anterior à revelação, um mundo a que o próprio Jesus pertence. Você sente que ele entende o sentido da lei judaica, contrariando a crítica severa e injusta que ela faz do Antigo Testamento.

Falando disso, em seu projeto intelectual e filosófico, Michel Serres tentou vencer e superar toda forma de crítica, ir além do pensamento crítico que constitui a razão do sucesso do pensamento ocidental.[36] Para ele, temos de renunciar à violência inerente ao progresso cultural como entendido pela filosofia ocidental. "Criticar" e "discriminar" são atos de expulsão, de divisão, de vitimação. Contudo, o senhor nunca abandonou uma certa atitude crítica e, às vezes, deu vazão a uma verve polêmica bastante forte, colocando-se do lado "violento" da dialética do conhecimento. Qual é a sua relação com o pensamento crítico e com a ideia da origem violenta desse exercício?

Devo dizer que fico feliz quando Scubla me define como antropólogo clássico. Como falei, é preciso que haja alguma crítica ao sujeito: ela não precisa ser a negação total, a destruição radical da ideia de subjetividade, mas deveria ser abordada como a questão do sujeito convertido que é capaz de enxergar a si mesmo como parte do processo mimético. Admiro o esforço de Michel Serres para evitar a polêmica, e reconheço o fato de que a verdade não pode surgir dela. Mas devo dizer que, pessoalmente, a polêmica não me incomoda muito. Se eu for tratado de modo polêmico, vou reagir do mesmo jeito. É verdade que se trata de um fenômeno de duplos, mas acho

---

[36] Ver Michel Serres e Bruno Latour, *Conversations on Science, Culture and Time*. Ann Arbor, University of Michigan Press, 1995, Cap. IV, sobretudo p. 132-37.

que é preferível ao silêncio total. Se você não discriminar, não será capaz de distinguir, e, para começar a pensar, tem de aprender a distinguir. Vejo-me como alguém que faz parte de um projeto clássico de conhecimento, que vem progredindo também por meio da disputa entre teorias: progredindo quase em um sentido oitocentista do termo. A vida intelectual precisa de contatos e de diálogo. Hoje em dia, quanto mais falamos de diálogo, menos parecemos praticá-lo. Ser polêmico significa reconhecer a existência do outro como alguém que não pensa como eu. Mas, para voltar à posição de Serres, é claro que ainda estamos em um mundo crítico. Há aspectos de nossa cultura que não temos como transcender; somos circunscritos por nossas limitações. Mas, em última instância, não acho que essa questão seja muito importante.

capítulo 5
método, evidência e verdade

> *Parece-me estritamente verdadeiro que fatos bem observados tenham sido arquivados na mente dos naturalistas, onde se acham prontos a assumir seu devido lugar, tão logo uma teoria capaz de associá-los seja adequadamente formulada.*
> Charles Darwin, *Autobiografia*

Segundo os organizadores do livro Questions of Evidence. Proofs, Practice, and Persuasion Across the Disciplines, *"o tema da evidência é tão crucial para a pesquisa e para o conhecimento, que não deixa de ser espantoso quão pouca atenção tem recebido".[1] Essa é, sem dúvida, uma questão crucial para o seu próprio esforço teórico, pois nos parece que o senhor acredita ter encontrado um bom número de provas da existência do mecanismo vitimário. Não obstante, é como se a melhor forma de apresentar essas evidências ainda estivesse para ser encontrada. Como lidou com o problema da apresentação de evidências em sua obra?*

Essa é uma das minhas principais dificuldades e ainda não a desenvolvi plenamente. Sinto que há um meio ideal de passar do mito para a Bíblia e vice-versa, procedendo do modo mais demonstrativo possível, o que também permitiria reunir bem mais evidências. Giuseppe Fornari assinalou algo muito simples e importante para

---

[1] James Chandler, Arnold I. Davidson e Harry Harootunian (orgs.), *Questions of Evidence. Proofs, Practice, and Persuasion across the Disciplines*. Chicago, The University of Chicago Press, 1994, p. 1.

uma antropologia mimética: a perfeita coincidência entre mito e rito.[2] O que quer que demonstremos no mito possui um correspondente no rito e vice-versa, como dois círculos concêntricos. A velha questão da anterioridade do mito ao rito, ou do rito ao mito, está resolvida: o rito é a reprodução deliberada do mecanismo; o mito é a narrativa (inevitavelmente distorcida) de suas origens.

Habitualmente, o rito é mais revelador que o mito, porque confirma a interpretação do último como a resolução da crise mimética. Essa interpretação recíproca ajuda a solucionar vários problemas hermenêuticos. O rito confirma que as vítimas estão de fato mortas. O mito sugere que a vítima é morta a fim de reproduzir os efeitos do primeiro assassinato. A Bíblia é diferente, uma vez que ela desconstrói esse padrão, revelando a inocência da vítima. Além disso, a Bíblia está constantemente tentando expurgar tanto quanto possível os ritos e sacrifícios dos elementos da violência fundadora. Por exemplo, há uma clara recusa da indiferenciação e também de qualquer elemento orgiástico, como as drogas. Elas são importantes nas práticas rituais porque ajudam a recriar a violência extática original. Inúmeras tribos arcaicas usam essa técnica. No Antigo Testamento, os sacrifícios rituais até persistem, mas a dimensão orgiástica é completamente suprimida.

A Violência e o Sagrado foi o primeiro livro em que o senhor se deparou com o problema da evidência e do uso de provas. Como enfrentou essa questão à época?

Receio que não muito bem. Creio que os elementos que depõem a favor da minha teoria são numerosos demais e coerentes demais para serem disputados, mas nenhum deles, tomado em si mesmo, pode ser

---

[2] "Chamei a esse procedimento, que também é brilhantemente empregado, ainda que de modo parcial, por Frazer, método unificado de análise de mitos e rituais, método ao qual Girard fornece a causa explicativa: a vítima." Ver G. Fornari, *Fra Dioniso e Cristo. La Sapienza Sacrificale Greca e la Civiltà Occidentale*. Bologna, Patagora, 2001, p. 27.

verdadeiramente considerado uma prova. Lembro que naqueles anos eu lia muitos livros antropológicos, e, enquanto comparava mitos, a presença universal do mecanismo do bode expiatório tornou-se tão óbvia para mim que eu acreditava que todos ficariam convencidos! Pelo contrário: as coisas não eram tão diretas. Tentei elaborar um raciocínio muito cuidadoso, dando atenção a cada encadeamento lógico. Acho que o problema em si é circular, e que é preciso escolher um ponto de entrada nesse círculo descritivo, que não é autoevidente. O que é preciso demonstrar, e o que ajuda na demonstração, é muitas vezes um *continuum*. Ainda assim, devo admitir que não encontrei um modo absolutamente claro de formular a questão, porque minha teoria leva a uma quantidade imensa de mal-entendidos.

O senhor já tentou fazer alguma espécie de classificação de mitos a fim de entender melhor as variações do mecanismo?

Não. Eu simplesmente analisei certos mitos e percebi que todos levam à mesma explicação.[3] Um dos mitos mais importantes, na minha opinião, é o mito venda de Píton e suas duas esposas.[4] Nesse mito, uma das duas esposas (que é o sinal da presença do duplo) é acusada de assustar uma serpente sagrada, que foge, causando uma seca. A seca é simultaneamente a crise real e a crise simbólica, e a falta que supostamente a causa é o mecanismo do bode expiatório. A vítima então é morta por afogamento, na frente da comunidade, em uma "oferenda de cerveja", isto é, em um ritual orgiástico.

Outro mito importante vem dos índios dogribs, do noroeste canadense, que usei em meu livro *O Bode Expiatório*[5] e na palestra que

---

[3] Stefano Tomelleri preparou uma lista completa dos mitos usados pelo pensador francês em *René Girard. La Matrice Sociale dela Violenza.* Milão, FrancoAngeli, 1996, p. 135-43.
[4] Ver René Girard, "A Venda Myth Analyzed". In: Richard J. Golsan (org.), *René Girard and Myth: An Introduction.* Nova York, Garland, 1993, p. 151-79; também em René Girard, *The Girard Reader.* Nova York, Crossroad Herder, 1996, p. 118-41.
[5] Girard, *The Scapegoat*, p. 49.

dei no simpósio "Disorder and Order" ["Desordem e Ordem"], para servir de base a meu argumento a respeito da incapacidade do estruturalismo de pensar em termos de indiferenciação.[6]

> Uma mulher teve relações sexuais com um cachorro. Ela deu à luz seis filhotes. Foi expulsa da tribo e teve de procurar comida por conta própria. Um dia, ao retornar para seus filhotes, descobriu que na verdade eles eram crianças que tiravam suas peles animais toda vez que ela os deixava. Ela então fingiu sair e, quando eles tiraram as peles, ela as escondeu, obrigando seus rebentos a manter suas identidades humanas. As seis crianças foram os ancestrais dos dogribs, e da humanidade como um todo.

Esse mito na verdade fala de expulsão e de indiferenciação, e a vítima apresenta os sinais estereotípicos das vítimas: é mulher, comete um ato de bestialismo, é responsabilizada pela crise porque dá à luz uma comunidade monstruosa. Porém, o mito também revela que a própria comunidade é indiferenciada na medida em que sua representação está no limiar animal/humano, e que a expulsão do "culpado" restaura sua ordem e sua identidade. Assim, os elementos que sempre encontro nos mitos são: 1) uma crise de indiferenciação (que corresponde aos elementos orgiásticos dos rituais); 2) um sinal vitimador que destaca um vilão; 3) a expulsão ou o assassinato desse vilão (que também é representado como herói porque em última instância acaba por salvar a comunidade).[7]

---

[6] René Girard, "Disorder and Order in Mythology". In: *Disorder and Order*, p. 80 ss. Para Lévi-Strauss, a indiferenciação e a desordem estão presentes na mitologia apenas por causa do contraste linguístico, do binarismo estrutural, mas para Girard elas formam o primeiro estágio inicial que serve de prelúdio à resolução por meio do bode expiatório.
[7] Uma versão performática deslumbrante desses elementos aparece na terceira parte, intitulada "Sacrifício", da versão de 1913 de *A Sagração da Primavera*, de Igor Stravinsky e de Vaslav Nijinsky.

Nos mitos, o tempo e os vínculos causais são confusos e não correspondem diretamente à sequência temporal do mecanismo mimético e da resolução do bode expiatório como o senhor o descreve.

De fato, para esclarecer minha visão de mito e rito em relação ao que você disse, é importante comentar a respeito da noção derridiana de suplemento,[8] que vejo como uma leitura mimética da mitologia. O que Derrida lê no *L'Essai sur Origine des Langues*, de Rousseau, é uma contradição argumentativa em forma de *suplemento de origem*.[9] O problema reside no fato de que a origem parece ter estado ali desde o princípio, mas em algum momento a vítima se torna a origem real. Isso funciona exatamente como os mitos arcaicos, nos quais, no princípio, tudo é sempre dado pronto como determinação cultural geral, e então surge o bode expiatório, que parece atuar como uma nova origem. Eis a aparente contradição estabelecida por qualquer narrativa que fale de origens, já situada no interior de um sistema cultural: como explicar a emergência do sistema, se o sistema parece sempre estar desde sempre presente? Até onde sei, nenhuma teoria antropológica e nenhum filósofo jamais percebeu que a vítima unanimemente escolhida, o bode expiatório, é a chave para o problema. Nem mesmo Derrida se deu conta disso, a despeito de seu brilhante ensaio sobre o *phármakon*.[10]

---

[8] René Girard, "Origins: A View from Literature". In: Francisco J. Varela e Jean-Pierre Dupuy (orgs.), *Understanding Origins. Contemporary Views on the Origin of Life, Mind and Society*. Dordrecht, Kluwer, 1992, p. 27-42.

[9] Ver Jacques Derrida, *Of Grammatology*. Trad. Gayatri C. Spivak. Baltimore, Johns Hopkins University Press, 1976; em particular, parte II, cap. 2: "...That Dangerous Supplement...", p. 141-64. [Edição brasileira: Jacques Derrida, *Gramatologia*. Trad. Miriam Schnaiderman e Renato Janine Ribeiro. São Paulo, Perspectiva, 1973.]

[10] Jacques Derrida, *La Dissemination*. Paris, Editions du Seuil, 1972, p. 94-117. Derrida analisa a noção platônica de *phármakon*, como a presente no *Fedro* (p. 94). Depois de discutir traduções da palavra *phármakon*, ele insiste em que os dois significados da palavra (remédio e veneno) são inseparáveis: como o *phármakon* é artificial, e vem mais de fora que de dentro, explica, "nunca pode ser totalmente benéfico" (p. 99). Girard analisa a ideia de *phármakon* em relação ao ensaio de Derrida em *Violence and the Sacred*, p. 295-97. [Edição brasileira: *A Violência e o Sagrado*, p. 370-72.]

Quando li a lógica do suplemento de Derrida, ocorreu-me que ela funcionava da mesma forma que o mito. Derrida estuda textos supostamente racionais, textos em que a quebra da lógica é muito mais sutil e menos visível. Portanto, ele precisa de uma perspicácia exegética tremenda para descobrir a quebra da lógica. Do ponto de vista da apresentação de evidências, os mitos oferecem uma grande vantagem: no mito, é muito mais evidente que há uma inconsistência lógica, e, quando se percebe que a inconsistência é uma constante, ela deixa de parecer mera inconsistência lógica e se torna um indício que sugere a origem violenta do mito: a quebra da lógica, que é a mesma em muitos mitos, não pode ser insignificante. Essa constante similaridade, apesar da diversidade dos mitos, aponta para a presença de uma causa comum da distorção lógica no princípio da cultura humana. Acredito que essa causa é o assassinato fundador original, e os mitos fazem o que podem – inconscientemente a princípio, e depois com alguma consciência – para apagar os traços do bode expiatório.

É curioso como ninguém leva a sério esse ponto de partida da teoria mimética. O assassinato fundador é reduzido a mera loucura para intelectuais modernos. Quase toda história da origem, quase todo mito sobre a fundação conta que a sociedade foi fundada com um assassinato. O mesmo sucede na Bíblia, com Caim (Gênesis 4) ou na história de Tito Lívio das origens de Roma.[11] Mircea Eliade se refere ao que ele chama de "assassinato criativo", praticado no Oriente Médio, na China, em toda parte.[12] Entretanto,

---

[11] Ver Tito Lívio, *The History of Rome*. Ed. Rev. Canon Roberts, I.4-I.7. Diz-se que Remo foi o primeiro a receber um presságio: seis abutres lhe apareceram. Mal o augúrio fora anunciado a Rômulo, lhe apareceu o dobro. Cada um deles foi saudado como o rei por seu próprio partido. Um dos lados baseou sua alegação na anterioridade da aparição; o outro, no número de pássaros. Então seguiu-se uma feroz altercação; o calor das paixões levou ao derramamento de sangue; no tumulto, Remo foi assassinado. O relato mais comum é que Remo desdenhosamente saltou sobre os muros recém-erguidos e foi imediatamente assassinado pelo enfurecido Rômulo, que exclamou: "Assim será com quem, de agora em diante, saltar minhas muralhas". Dessa forma, Rômulo tornou-se o único governante, e a cidade foi nomeada Roma, por causa de seu fundador. (I.7)
[12] Mircea Eliade, *História das Crenças e das Ideias Religiosas*. Vol. 1. Trad. Roberto Lacerda. Rio de Janeiro, Zahar, 2010.

na medida em que meu trabalho é posto em questão, ainda sou acusado de simplesmente requentar uma velha ideia de Freud. Parece que alguns estudiosos são incapazes de ver a impressionante quantidade de evidências. Na verdade, o problema então passa a ser o seguinte: por que a questão é descartada? Por que tantos rejeitam o assassinato fundador, considerando-o mera loucura, em lugar de aceitá-lo ao menos como hipótese? Por que se recusam até mesmo a discutir as evidências? Por que os *scholars* não levam isso a sério, mesmo quando é Freud – por eles venerado – quem fala a respeito?

Entretanto, alguns de seus críticos têm abordado exatamente essa questão das evidências. Por exemplo, Hayden White e James Williams,[13] de diferentes maneiras, argumentaram que sua teoria vai além de qualquer critério de falseabilidade. Não é falseável porque diz respeito à origem da cultura, um momento que, por definição, está inacessível a nós.

A questão da "falseabilidade" popperiana não se aplica, porque não estamos falando de um fenômeno natural que possa ser testado e desconstruído no laboratório. Igualmente, a teoria evolucionária de Darwin não pode ser descartada pelo procedimento padrão de falseamento. Há muitas coisas sem dúvida verdadeiras que não são verificáveis nem falseáveis em sentido popperiano. A natureza ilusória da bruxaria é um exemplo. A ineficácia da bruxaria é uma verdade fundamental para nossa concepção de direitos humanos e de democracia. Não se trata de uma convicção ideológica; por isso, só pode ser uma convicção científica. A ciência efetivamente nega a possibilidade de que algumas pessoas possuam um poder oculto que transcenda o conhecimento científico. O ceticismo a respeito

---

[13] Hayden White, "Ethnological 'Lie' and Mythical 'Truth'". *Diacritics*, v. 8, n. 1, 1978, p. 2-9; James Williams, *The Bible, Violence and the Sacred: Liberation from the Myth of Sanctioned Violence*. São Francisco, Harper, 1991. René Girard escreveu o prefácio desse livro (p. vii-x).

da bruxaria tem de ser definido como algo científico, não religioso ou ideológico. Em nosso mundo moderno, revemos todos os julgamentos históricos de bruxos e de bruxas e restabelecemos a verdade, redimindo as vítimas. Sabemos que, ao fazer isso, agimos de acordo com a verdade, no sentido mais sólido da palavra. Aos olhos da ciência, a bruxaria não existe. Sua inexistência é um fato científico. Se examinarmos bem os textos que transmitem a crença na mágica, aquilo que sabemos da grande epidemia de caça às bruxas durante o período medieval tardio e moderno inicial, vemos que eles se parecem muito com mitos arcaicos. Eles levam à satanização das vítimas, não à sua divinização, que no máximo é apenas esboçada. Nossa crítica da caça às bruxas ao fim da Idade Média e no início da época moderna se baseia em dados de senso comum que nunca são questionados, e por isso eu digo simplesmente ela se aplica não apenas a esses "mitos fracassados" que são os julgamentos de bruxas, mas a todos os mitos "de sucesso" produzidos pela religião arcaica.

O problema de encontrar um padrão constante quando o número de variáveis aumenta certamente requer uma teoria de interpretação ainda ausente. É revelador que Questions of Evidence, The Idea of History, *de Collingwood (1946), seja considerada a primeira defesa de uma ideia de evidência aplicável às ciências humanas. Entretanto, em 1936, Hocart já tinha publicado* Kings and Councillors, *o primeiro capítulo de que trata "Rules of Evidence". Como observou Lucien Scubla, Hocart tinha dado os primeiros passos em direção ao esboço de uma teoria de evidências que pode ser aplicada à teoria mimética.*[14]

Lembro-me de quando Michel Serres me procurava para conversarmos, no período em que escrevia *Statues*.[15] Falávamos de múmias,

---

[14] Lucien Scubla, "Contribution à la Théorie du Sacrifice". In: Michel Deguy e Jean-Pierre Dupuy (orgs.), *René Girard ou le Problème du Mal*. Paris, Grasset, 1982, p. 103-78; em particular, p. 159-62.
[15] Michel Serres, *Statues*. Paris, François Burin, 1987.

funerais e pirâmides, com o corpo do Faraó no marco-zero no centro de uma edificação (em sua forma é uma reminiscência do apedrejamento coletivo e do linchamento original). Certo dia, ele apareceu empolgadíssimo, por ter encontrado um texto no qual se afirmava que aqueles que realizavam a parte técnica de uma mumificação o faziam de forma ritual: em certo ponto decisivo do processo, fugiam todos do local, *como se tivessem cometido um crime*. Quando conhecemos a teoria mimética e encontramos exemplos desse gênero, ocorre um reconhecimento. Trata-se do que Hocart denomina evidência circunstancial. Hocart é muito importante a essa discussão, pois ele tem uma perspectiva original da evidência antropológica. Segundo ele, a evidência antropológica é sempre indireta, circunstancial, como um indício em um conto policial. Se isolarmos esses indícios, não podemos atingir qualquer verdito final, mas eles são tão numerosos, onipresentes e consistentes que qualquer dúvida desaparece.

Acho que não consegui apresentar esse problema tão claramente quanto necessário. Julgo indiscutível a evidência, mas não consigo expô-la de forma eficaz. Isso talvez seja mais fácil para alguém com um bom *background* em lógica. Por exemplo, a metodologia de análise de conteúdo seria aplicada a um grande número de difentes mitos, de variadas origens culturais e geográficas, para encontrar constantes e repetições de padrões e motivos similares.[16]

Como o senhor já apontou, Hocart distingue dois tipos de evidência: direta e circunstancial. Ele afirma que "em ciência, assim como nos tribunais, evidências circunstanciais não são um substituto

---

[16] "A análise de conteúdo é uma metodologia de pesquisa que utiliza um conjunto de procedimentos para validar inferências feitas a partir dos textos, por exemplo para refletir padrões culturais de grupos, instituições ou sociedades; revela o foco da atenção de indivíduos, grupos, instituições e da sociedade; descreve a tendência no conteúdo da comunicação." (Robert P. Weber, *Basic Content Analysis*. Londres, Sage, 1985, p. 9.)

inferior de evidências empíricas: são a base do conhecimento".[17] E acrescenta: "Há uma ilusão popular, mas natural, de que a evidência direta é necessariamente melhor que a circunstancial; aliás, de que é o único tipo satisfatório de evidência. (...) Evidência direta não apenas não explica; ela pode até sugerir a explicação errada, pois nos diz só uma parte dos fatos, embora pareça dizer tudo".[18]

Concordo com Hocart e considero sua explicação fundamental para as ciências sociais. Mas, por razões que em parte me escapam, o testemunho direto é secundário e duvidoso. Ele está certo em dizer que os atores em todo o drama cultural, que é sempre o drama essencial, "não sabem o que estão fazendo". Mas é possível compreender. Isso é o que a teoria do assassinato fundador é capaz de fazer – de modo tão completo que é impossível considerá-la pura fantasia. E essa teoria, que já está nos Evangelhos, na interpretação da crucificação, apresenta a si mesma como a religião das religiões, a revelação final da religião. De acordo com Hocart, a evidência direta se opõe à totalidade. Ele inverte o princípio comum, ao dizer que a evidência direta é sempre parcial, uma vez que se refere ao ponto de vista de um indivíduo. A evidência direta é um fragmento arbitrário separado da totalidade do complexo conjunto de fatos de determinada cena. Isso pode ser ilustrado pelo exemplo da túnica de José, que é a falsa evidência deixada nas mãos da mulher de Putifar (Gênesis 39,11-19). Ela mostra apenas uma parte dos fatos. Essa é, de fato, uma ilusão positivista também: o fato é visto como algo que em si mesmo já contém a verdade. A mulher de Putifar usa a evidência direta de modo mais efetivo e assim engana a todos.

Hocart também aborda a teoria darwinista da evolução de um modo original:

---

[17] Arthur Maurice Hocart, *Kings and Councillors.* Chicago, University of Chicago Press, 1970, p. 11.
[18] Ibidem, p. 22.

> *O primeiro crânio de Gilbraltar foi descoberto em 1848: passou razoavelmente despercebido. A Origem das Espécies foi publicada em 1859. Só quando as pessoas se habituaram totalmente à ideia de que o homem descendia de uma criatura semelhante ao macaco, aquele crânio pôde sair da obscuridade, para tornar-se um elo da evidência. Não foi a evidência direta de um homem-macaco que convenceu os biólogos. Já convencidos pela evidência comparada, dispuseram-se a buscar evidências diretas que confirmassem suas deduções e causassem total embaraço a seus oponentes. Foram necessários 35 anos de publicação de* A Origem das Espécies, *para que de fato começassem a procurá-los. Daí Dubois saiu a campo para encontrar o fóssil da criatura semelhante ao macaco e o encontrou. Desde então, as descobertas se sucederam, e a ilusão da evidência direta apossou-se das mentes dos antropólogos.*[19]

É uma passagem admirável! Mostra como na teoria da evolução a evidência circunstancial foi decisiva tanto para convencer os pesquisadores quanto para achar a evidência direta, que hoje parece essencial. O mesmo sucede com a teoria mimética. Não há evidência direta para a asserção aparentemente fantástica de que o assassinato fundador é real e universal. Parece que mitos e ritos são tão inverossímeis e diversos, que não se pode encontrar nenhum denominador comum aos mesmos, e a esperança de uma teoria global é vã. O mito é ficcional, eis a verdade oficial hoje em dia. Mas essa é outra forma de dar crédito a uma falsa evidência direta.

---

[19] Ibidem, p. 13.

Ciência, antropologia e compreensão

O senhor acha que sua abordagem pode tirar proveito dos métodos estabelecidos há muito e empregados em ciências como a paleontologia? A partir de resíduos, e baseados em comparações e deduções, tenta-se uma reconstrução de espécies extintas.

De fato, rituais se parecem um pouco com fósseis culturais, e minha principal evidência é a violência ritualística, ainda mais que os mitos. O problema, mais uma vez, é preencher as lacunas e encontrar a narrativa geral, uma teoria – como a teoria mimética ou o darwinismo – em que as peças isoladas de evidência, fósseis ou rituais, incidiriam no lugar certo, proporcionando uma explicação obrigatória do fenômeno em pauta.

Sua teoria não afirma que depois de encontrar o mecanismo do bode expiatório, a religião se estabelece imediatamente. Pelo contrário, sugere que, depois desse evento, pela primeira vez, há elementos religiosos que, se desenvolvidos em repetições rituais, evoluirão para formas culturais. Esse modelo complexo de evolução parece demandar um desenvolvimento especial da questão da evidência na teoria mimética, bem como uma nova estrutura narrativa geral.

Não podemos dizer, de fato, que os homens descobriram inicialmente o mecanismo vitimário. Eles *o fizeram funcionar*, o que é diferente mas também o contrário de uma "descoberta". É só com o Cristo que o mecanismo é "descoberto", e ainda hoje essa descoberta não está completa. Ninguém é capaz de responder à pergunta do Cristo: "Que significa então o que está escrito: 'A pedra que os edificadores tinham rejeitado tornou-se a pedra angular'?" (Lucas 20,17).

Voltando à sua pergunta: se o mecanismo do bode expiatório é nosso "ancestral" cultural comum, o sacrifício ritual é um estágio intermediário na evolução das formas culturais, enquanto as instituições sociais são formas maduras derivadas desse processo. Se as pessoas não acreditam no assassinato coletivo como origem da cultura, isso se deve ao fato de verem o assassinato como representado nos mitos, e depois veem as instituições culturais como já estabelecidas e em funcionamento, mas não veem a relação entre esses dois elementos. Esse elo, no meu ponto de vista, corresponde à origem da cultura. Ele representa o elemento que liga o assassinato original com as instituições culturais como resultado da prática ritualística. Pode-se dizer que é o "pedreiro" que constrói as instituições com os "blocos" das reencenações ritualísticas do assassinato original.

O ritual é uma tentativa de repetir o mecanismo do bode expiatório, e normalmente tende a repetir as diferentes partes do mecanismo, como no caso da crise inicial e a expulsão de um acusado. Por exemplo, em *Coisas Ocultas*, tentei explicar como tanto a domesticação de animais quanto a monarquia são "subprodutos" de ritos sacrificiais. Um estudo sistemático dos ritos de passagem também poderia ser muito útil para esse tipo de explanação. Ritos de passagem, na verdade, tornam-se algo que podemos chamar de "pedagogia" ou "educação". Essa "educação" nada mais é do que a ênfase na primeira parte do ritual, isto é, a crise inicial, que se torna um ordálio, a "prova", a que os postulantes devem submeter-se.

As instituições nascem quando certos elementos no ritual são enfatizados em detrimento de outros, especificamente os aspectos religiosos que são minados pouco a pouco pelo desuso. Um relato completo de como esse processo se desenvolveu é muito difícil e deve ser feito de modo sistemático, e temo não ter sido sistemático o bastante. Seria interessante ter mapas de rituais, como vocês sugeriram, para ver quais elementos são mantidos e quais perdem gradualmente a relevância e são eliminados. Haveria lacunas, claro, como em qualquer ciência das origens.

Essa pode ser a razão pela qual é difícil apresentar o mecanismo mimético de forma convincente, uma vez que esses "fósseis rituais" são as próprias instituições em que estamos emaranhados.

Porém, a situação é bem diferente e muitas vezes sinto que o problema da explicação não poderia ser resolvido simplesmente pela adoção de uma abordagem mais rigorosamente científica – ainda que isso certamente fosse ajudar a tornar meus argumentos mais persuasivos. No meu caso, o maior obstáculo não está na incompletude dos registros, mas na *resistência e na inabilidade de nosso mundo em questionar seus próprios pressupostos fundamentais*. Particularmente, um obstáculo verdadeiro tem sido a incapacidade da antropologia de lidar com as questões que estou discutindo, inclusive como hipóteses.

Os antropólogos do fim do século XIX e início do século XX, longe de serem colonialistas, na verdade adotavam uma posição antirreligiosa. Não deixavam de ser anticolonialistas, eram "a favor" das culturas arcaicas e "contra" a cultura ocidental. Sua maior ambição era virar o "Darwin" da antropologia, aquele que desacreditaria a religião mais diretamente do que o próprio Darwin. Em última instância, com raras exceções, o projeto consistia em mostrar que o cristianismo era um mito como outro qualquer. De certo modo, reedito esse projeto, embora pelo avesso, porque percebo que é o cristianismo que lê a mitologia melhor do que qualquer antropólogo, e permite desvendar pela primeira vez o mecanismo mimético e, particularmente, a natureza do assassinato do bode expiatório. Recentemente, tal paradoxo ficou mais evidente para mim, pois me parece que o texto mais decisivo para compreendermos o mecanismo mimético são os Evangelhos. Neles, encontramos a mímesis às claras, na noção de *skándalon*, na problemática da imitação, na problemática de Satã como o acusador (que discutiremos mais adiante), e por aí vai.

A antropologia contemporânea enfrenta dilemas de peso. No trabalho etnológico, preferem-se as diferenças às semelhanças, e por isso cada cultura específica é considerada como um todo, como algo único, sem qualquer tipo de hibridização com outras culturas. Além disso, não há espaço para comparações: o trabalho comparativo foi praticamente abandonado pela antropologia cultural moderna, que está se tornando um empreendimento mais hermenêutico do que científico.[20]

É por essa razão que é importante ter uma explicação etológica junto da antropológica. Ou acreditamos que existe uma continuidade na evolução humana ou caímos em um preconceito metafísico e idealista que considera que os homens e a cultura humana são totalmente separados da natureza, aparecendo do nada e sem tomar emprestado nenhum elemento ou característica de seus antepassados. Se o homem é uma espécie única, ele agirá por impulsos miméticos e responderá à violência e à crise de maneira coerente. A evolução dos símbolos e da cultura naturalmente acabará por divergir, mas há "resíduos" de todo tipo que podem testemunhar que nossas raízes etológicas e antropológicas têm algo em comum.

Um projeto que mostra essa linha investigativa está na obra da Luca Cavalli-Sforza, que tenta comparar semelhanças e divergências genéticas e linguísticas em populações humanas.[21]

O problema é que os antropólogos culturais jamais aceitariam essa linha investigativa, porque relutam em adotar um arcabouço evolucionário: para eles, a cultura tem de ser fluida, e não pode ser constrangida por nenhuma "estrutura" científica. Trata-se da atitude geral pós-estruturalista e desconstrutivista de rejeitar a

---

[20] Para essa discussão, ver, por exemplo, Ladislav Holy (org.), *Comparative Anthropology*. Oxford, Basil Blackwell, 1987: "O alto valor atribuído à descrição analítica não comparativa reflete a redefinição da antropologia como humanidade interpretativa preocupada com a especificidade cultural e com a diversidade cultural, e não como ciência generalizadora. (...) É prática a outra razão para abster-se de comparar. A preocupação com a especificidade etnográfica produziu dados que, por sua qualidade de detalhes, diferem consideravelmente daqueles com que os antropólogos trabalhavam vinte anos atrás" (p. 8).
[21] Ver, por exemplo, Luca L. Cavalli-Sforza, Paolo Menozzi, Alberto Piazza, *The History and Geography of Human Genes*. Princeton, Princeton University Press, 1994; Luigi L. Cavalli-Sforza, *Genes, Peoples and Languages*. Trad. Mark Seielstead. Londres, Allen Lane, 2000.

reconstrução científica e histórica. Para piorar, a partir de um ponto de vista histórico, também houve uma divisão ideológica na área, particularmente no que diz respeito à violência. De um lado, tivemos os ocidentalistas, como Frazer, que consideravam que a violência só estava presente em sociedades primitivas, e que elas eram totalmente irracionais. Por outro lado, hoje existe a escola contrária, que responsabiliza o mundo ocidental por todas as atrocidades históricas possíveis, e que apresenta as sociedades primitivas como pacíficas e totalmente intocadas por comportamentos ou por práticas rituais violentas e que nega até o fato histórico de que havia sacrifícios humanos reais. A teoria mimética é a única teoria que supõe um componente de violência tanto na cultura primitiva quanto na moderna, e que considera o homem etologicamente violento, mas dotado da capacidade cultural (trazida pela religião) de controlar essa violência, promovendo um comportamento ético. A teoria mimética, nesse sentido, tem um forte componente ético, porque reconhece que todos estamos orientados para uma violência mimeticamente engendrada.

O senhor está sugerindo que o entendimento da teoria mimética pressupõe que reconheçamos nosso próprio mimetismo?

Sim. Não pode existir qualquer separação positivista entre observador e objeto de observação: todos fazemos parte do mecanismo. A teoria mimética demanda uma "compreensão existencial" para ser totalmente entendida. Há também outro aspecto epistemológico relacionado à teoria mimética que é muito importante e que deve ser ressaltado, e que remonta à questão abordada por Castoriadis em nossa discussão em *L'Auto-Organisation*.[22] Os aspectos religiosos são inseparáveis dos científicos, porque em última instância a ciência *e* a religião dizem respeito ao *entendimento*: a religião é uma verdadeira ciência humana. Esse entendimento está relacionado ao

---

[22] Ver o cap. 4.

envolvimento do sujeito no sistema mimético, porque a partir da recusa de colocar o sujeito nele é que surge todo tipo de problema e de falácia epistemológicos, como a maneira como o sujeito sempre tenta evitar a indiferenciação e o surgimento dos duplos, sempre pensando em termos de diferença. Para tomar emprestada a terminologia de Freud, eu diria que a teoria mimética é uma "ferida narcísica".[23] É uma ferida ao narcisismo *per se*, porque mostra que o desejo não é tão livre quanto o individualismo moderno gostaria que fosse; e é também uma ferida das teorias tradicionais da cultura, porque diz claramente que os princípios da cultura humana têm sua base em um assassinato fundador.

Nesse contexto, a conversão significa a aceitação da natureza mimética do desejo. Do contrário, cai-se de novo na velha oposição binária entre autêntico e inautêntico, que é a perspectiva do desejo mimético que não foi reconhecido como tal. A pessoa "inautêntica" é aquela que segue diretivas de outros, ao passo que a pessoa "autêntica" é aquele que deseja de modo autônomo. Já vimos o quanto esse tipo de individualismo é ilusório e enganoso. A única maneira de superá-lo é por meio de uma conversão, que em última instância leva a uma revisão das próprias crenças religiosas. Imediatamente, essa conversão supõe uma compreensão superior da natureza mimética de nosso próprio desejo. Em meu primeiro livro, chamei essa conversão de "verdade romanesca", contrária à "mentira romântica".[24]

---

[23] Sigmund Freud, "A Difficulty in the Path of Psycho-Analysis". In: *The Standard Edition of the Complete Psychological Works*, Vol. 17, trad. S. Strachey. Londres, Hogarth Press, 1953-1956), p. 140-41. [Edição brasileira: Sigmund Freud, "Uma Dificuldade da Psicanálise". In: *História de uma Neurose Infantil ("O Homem dos Lobos"), Além do Princípio do Prazer e Outros Textos*. Trad. Paulo César de Souza. São Paulo, Companhia das Letras, 2010. (Obras Completas volume 14)] Freud comenta que "o narcisismo geral, o amor-próprio da humanidade, sofreu até o momento três duras afrontas por parte da pesquisa científica". Essas três afrontas, ou feridas, seriam a cosmológica, associada à teoria de Copérnico; a biológica, associada a Darwin; e a psicológica, associada à psicanálise. Entre as três, segundo Freud, a terceira "é talvez a mais sentida".

[24] "Reservaremos (...) o termo *romântico* para as obras que refletem a presença do mediador sem jamais revelá-la e o termo *romanesco* para as obras que revelam essa mesma presença" (Girard, *Mentira Romântica e Verdade Romanesca*. São Paulo, Editora É, 2009, p. 40).

Literatura como evidência

O senhor nunca se deteve no debate das "duas culturas", isto é, no debate da relação entre literatura e ciência, ainda que seja um dos primeiros pensadores a tentar integrar os dois discursos. Por exemplo, o senhor transformou a literatura em instrumento de investigação científica, fazendo dela um indício indireto das regularidades do comportamento humano. De fato, o senhor parece sugerir que a literatura descreveu com precisão as relações humanas muito antes que a psicologia, a antropologia e a sociologia se estabelecessem como disciplinas acadêmicas.

Creio na verdade que as ciências naturais vieram primeiro. Quanto ao debate das duas culturas: se houvesse uma ciência do homem, ela seria religiosa.[25] A partir dessa perspectiva, a literatura, na melhor das hipóteses, aproxima-se das ciências do homem como um prelúdio. Há uma justificativa para as humanidades em nosso ambiente cultural e na universidade, mas ao mesmo tempo isso pode ser muito perigoso para a arte, e para a literatura em particular, vistas sobretudo como instrumentos de revelação da natureza mimética do desejo. Afinal, aparentemente não queremos conhecer o papel originário desempenhado pela violência no limiar da cultura humana. Contudo, Giuseppe Fornari tem uma visão mais positiva quanto a isso. Segundo sua ideia de mediação interna boa, ele vê a arte como instrumento de desvelamento da mediação interna positiva.[26]

Podemos dizer que o senhor começou pela literatura, por ela oferecer uma instância privilegiada de "evidência circunstancial", inspirando-lhe assim a formulação da teoria mimética?

---

[25] "[Simone Weil] acreditava que antes de apresentar uma 'teoria de Deus', uma teologia, os Evangelhos oferecem uma 'teoria do homem', uma antropologia" (Girard, *I See Satan Fall Like Lightning*, p. 44).
[26] Ver Giuseppe Fornari, *Fra Dioniso e Cristo*, p. 12, 22-23, 163-67 (em relação à arte) e p. 406-13 (em termos teóricos mais gerais).

Sim, indiscutivelmente. Descobri que os grandes romancistas tinham intuições que convergiam para a teoria mimética e, de certo modo, eram os únicos capazes de tê-los, justamente por serem os únicos a interessar-se sistematicamente pelas relações humanas.

Sempre estou à procura de evidência circunstancial, e, para certos resenhistas de meus livros, essa minha monomania é detestável. No entanto, minha obsessão não é repetição vã: quando analisamos um texto, não podemos repetir a mesma análise que se mostrou iluminadora no caso de outro texto. Os escritores sempre são diferentes em seu enfrentamento com o mecanismo mimético. Cada escritor é parte de uma história que é tanto coletiva quanto individual. O número de combinações miméticas é imenso, bem como o número de maneiras de expressá-las. Não é possível mapear a maneira como a mímesis funciona para os escritores em geral. Cada um exige uma demonstração totalmente diferente, ainda que um crítico que esteja interessado no mecanismo mimético saiba que, em última instância, terá de revelar os mesmos princípios miméticos. Essa variedade apresenta um argumento considerável em favor da teoria mimética: se os escritores são tão diferentes, e ainda assim é possível identificar em suas obras os mesmos princípios miméticos, então isso poderia ser considerado uma forte evidência indireta da viabilidade da hipótese mimética.

No caso do seu livro sobre Shakespeare, está claro que o senhor considera as peças dele como forma de evidência para sustentar sua teoria.[27] A novidade de sua abordagem passou completamente despercebida entre os estudiosos shakespearianos.

---

[27] "Shakespeare pode ser tão explícito quanto alguns de nós em relação ao desejo mimético, possuindo um vocabulário próprio para ele, próximo o suficiente do nosso para ser reconhecido de imediato. Ele fala em 'desejo sugerido', 'sugestão', 'desejo ciumento', 'desejo emulador', etc. Mas o termo essencial é 'inveja'." René Girard, *Shakespeare: Teatro da Inveja*, p. 43.

É verdade, mas o propósito da leitura das peças como forma de compreender a teoria mimética não prejudica a imensa singularidade de Shakespeare. De todo modo, não escrevi um livro de análise literária sobre Shakespeare. Ultimamente, tenho considerado irrelevante a questão de ter levado em conta ou não a especificidade de um texto literário. Para compreender a literatura que me interessa, é preciso entender a experiência mimética e o modo como o escritor lida com os componentes miméticos. É por isso que sempre há um elemento de conversão nos grandes autores para a perspectiva mimética.

No começo de minha análise da natureza mimética do desejo, nos idos de 1950, achei que essa intuição quanto à teoria mimética não fosse verdadeira no caso de Proust. Mas, alguns anos antes de escrever *Mentira Romântica*, *Jean Santeuil* foi publicado.[28] Esse livro era o outro lado da montanha, digamos. O lado em que encontramos cenas tão semelhantes às de *Em Busca...* e ao mesmo tempo tão diferentes dessas últimas, de forma tremendamente reveladora. Por exemplo, em um dos volumes de *Em Busca*, *O Caminho de Guermantes*, há uma cena no teatro na qual o narrador, Marcel, está na plateia, com o povo, e os Guermantes, em uma espécie de camarote reservado e caro. Ele olha para eles como para deuses no céu, hierarquicamente elevados acima do povo ao qual pertence.[29] Em *Jean Santeuil*, temos a inversão da mesma cena: quem está no camarote é o narrador, em companhia de um ex-rei de Portugal que ajusta sua gravata e o trata como um de seus pares, concedendo-lhe inúmeras regalias.[30] Jean acha-se ali em estado de graça, tem tudo

---

[28] *Jean Santeuil* foi publicado pela primeira vez em 1952. [Edição brasileira: *Jean Santeuil*. Rio de Janeiro, Nova Fronteira, 1982.]
[29] Marcel Proust, *Remembrance of Things Past*. Vol. 2. Trad. C. K. Scott Moncrieff e T. Kilmartin. Londres, Chatto & Windus, 1981, p. 32-40. [Edição brasileira: *Em Busca do Tempo Perdido*. Trad. Mário Quintana. São Paulo, Abril Cultural, 1984.]
[30] Marcel Proust, *Jean Santeuil*. Trad. G. Hopkins. Londres, Weidenfeld & Nicolson, 1955, p. 536-41. Para uma discussão comparativa de *Jean Santeuil* e *Remembrance of Things Past*, ver René Girard (ed.), *Proust: A Collection of Essays*. Englewood Cliffs, Prentice Hall, 1962, p. 7-12; e René Girard, *Things Hidden* [*Coisas Ocultas*].

o que poderia desejar e *ainda* deseja o que tem. Comparando esse livro com *Em Busca*, logo vemos a diferença. É a mesma cena, mas com uma inversão de perspectiva. Na cena com *Jean Santeuil*, seus inimigos, os Marmet, vêem-se forçados a testemunhar seu triunfo e roem-se de inveja. Em outras palavras, em *Em Busca*, como um bom comediante, o escritor sabe que só fará boa literatura a suas próprias expensas, à custa de seu desejo mimético. A mudança de *Jean Santeuil* para *Em Busca* corresponde a uma "revolução copernicana". Nessa obra, o sofrimento se torna inteiramente subjetivo; ao passo que, naquele romance, podemos ver a triunfante vingança do esnobe, o *wishful thinking* do esnobe que se vinga representando seu desejo mimético como se ele não fosse eternamente frustrado. Como já vimos, a ilusão do desejo mimético é que tão logo se atinge o objeto do desejo, este já perde sua atração original.

Como funciona o desejo mimético em Shakespeare?

No caso de Shakespeare, não há registros do que esse autor teria escrito antes de ter tido sua revelação mimética, de ter passado por sua "conversão romanesca". Comecei por *Sonho de Uma Noite de Verão*, que é a peça central da demonstração mimética. Se tomamos as cenas umas após as outras, veremos claramente como se elucidam e se anulam todas as relações miméticas. É como uma coreografia. É por isso que podemos distinguir entre as boas e as más interpretações de *Sonho de Uma Noite de Verão*: pela *ênfase nos* aspectos mágicos e nos elementos de conto de fadas do enredo. Isso ocorre quando não compreendemos que a dinâmica dos quatro amantes é o verdadeiro âmago das preocupações de Shakespeare. As fadas são tanto um subproduto do desejo mimético quanto, para o autor, uma conveniente dissimulação da revelação mimética, voltada para aqueles espectadores que ficariam escandalizados com o mecanismo mimético. Shakespeare era um mestre absoluto da arte de escrever peças que funcionavam em dois níveis. De um lado, havia uma trama palatável e até mesmo popular, que iria ao encontro das expectativas da plateia e portanto a agradaria; de outro, havia uma revelação sutil e algumas vezes perturbadora do funcionamento do mecanismo mimético, provavelmente dirigida apenas para alguns espectadores iniciados.[31]

Como estamos discutindo as formas narrativas desse processo de revelação, o senhor, ao adotar o discurso científico e antropológico, ficou mais preocupado em falar para a comunidade acadêmica do que para o público em geral?

Meu linguajar antropológico contém muito pouco vocabulário especializado. Os termos chave, como *sacrifício* ou *proibição*, vêm da linguagem corrente. Quanto a isso, o fato de que passei à antropologia também foi uma decisão linguística e retórica, porque a antropologia está menos inflada por termos autorreferenciais. Ela também é a disciplina que abandonou uma definição idiota da religião arcaica, que era a visão ideológica de Auguste Comte, que via a religião como uma forma menor de filosofia, que deveria ser completamente superada quando a humanidade atingisse o dito estado positivo. A maioria dos antropólogos e dos filósofos modernos, porém, ainda está naquele arcabouço e considera a religião uma forma inferior de conhecimento. Pelo contrário: trata-se de uma forma de conhecimento muito racional. Em termos sociobiológicos, ela tem um valor adaptativo imenso. É por essa razão que considero os argumentos e a linguagem dos cientistas mais interessantes do que os dos críticos literários. Os cientistas estão fazendo as devidas perguntas, ainda que, na minha opinião, ofereçam as respostas erradas. Desde que adotei a perspectiva do projeto científico, ficou claro para mim que teria de adotar uma forma direta de narrativa.

---

[31] "Shakespeare desafia a resistência do público de modo absolutamente direto e bem-humorado, sem correr o risco de reações hostis por parte daqueles que se ressentiriam do desafio, caso o compreendessem. Ele sabe que não tem com o que se preocupar; eles não vão entender nada. Como um toureiro maior, ele assume grandes riscos; ele chega bem perto do touro, mas com tanta graça e elegância que quase ninguém percebe que essa peça [*Sonho de uma Noite de Verão*] constitui um *tour de force* perpétuo" (René Girard, *Shakespeare: Teatro da Inveja*, p. 168).

Lembro-me de quando a hipótese do desejo mimético começou a delinear-se para mim. Imediatamente percebi que sua formulação demandaria uma argumentação extremamente longa e contínua, no sentido expresso por Darwin: "um longo argumento do princípio ao fim". Para torná-la inteligível, tinha de apresentá-la do modo mais simples possível. Portanto, queria escrever de forma clara para não complicar mais o que já era difícil. Resolvi expor as evidências tão diretamente quanto possível, sem digressões. Talvez em *A Violência e o Sagrado* eu não tenha observado essa regra de maneira tão estrita quanto deveria, uma vez que há um capítulo sobre Lévi-Strauss e outro sobre Freud, que hoje vejo como digressões. Entretanto, são de fato menores se comparados à primeira parte do livro. Em *A Violência e o Sagrado* – vejo-o melhor agora – o esforço para apresentar a evidência sobrepujou todos os outros objetivos.

Embora o senhor alegue uma forma de simplicidade ou senso comum em sua abordagem dos fenômenos culturais, todos os mecanismos centrais de sua teoria são paradoxais. Eles sempre supõem características de double bind *(duplo vínculo), o que se desdobra em direções opostas aos efeitos do mecanismo propriamente dito. Longe de ser simples, sua teoria é complexa e abrangente.*

Isso é verdade, mas o paradoxo continua o mesmo, e ultimamente é a natureza mimética do individualismo a sua parada obrigatória. Às vezes me pergunto se se trata de um único paradoxo ou de uma estrutura geral de paradoxos. Um dos principais paradoxos está relacionado ao fato de o sagrado ser um fenômeno positivo e negativo ao mesmo tempo. Há o paradoxo da origem da cultura por meio do sacrifício: não podemos afirmar que a cultura é má e não podemos condenar o sacrifício como se estivéssemos de fora e não participássemos dele. Se assim fosse, teria sido eliminado há tempos. Afinal, se não houvesse nada de bom nele, nada indispensável às sociedades, o sacrifício não persistiria. Ao mesmo tempo, não seria correto dizermos simplesmente que é uma força positiva *per se*. De fato, a lição cristã pretende revelar a injustiça da lógica sacrificial. O cristianismo é também paradoxal, porque, quanto mais se parece com a mitologia, mais claramente ele se torna uma radical releitura dos mitos, a preparação para a desconstrução de todos os pressupostos míticos. Então, a pergunta é se haveria, em última análise, um só paradoxo, um paradoxo fundamental do qual se originariam todos os outros. Não sei se posso dar uma resposta definitiva.

Segundo Paisley Livingston, o senhor "às vezes parece demasiado confiante quanto ao status explanatório de sua metalinguagem crítica, que pretende dizer a 'verdade do texto', em lugar de reconhecer seu próprio papel na constituição do sentido".[32] Em outras palavras, a presença de duplos e bodes expiatórios em um determinado texto pode não passar de projeção do seu sistema.

Eu diria que é verdade que se pode ver duplos onde não há nenhum, e não quero subestimar as formas de textualização na criação de sentido. Convém lembrar aos meus críticos que há tantos exemplos em uma grande variedade de textos que eles deveriam pelo menos desconfiar de seu próprio ceticismo tranquilizador. Esse é um problema hermenêutico, uma questão de identidade e diferença. Quando quero dar um bom exemplo do que julgo uma espantosa evidência hermenêutica em antropologia, recorro a Freud. Muitos acreditam que a ideia do assassinato único e fundador ocorreu a Freud em virtude de sua visão do pai, o que só é verdade até certo ponto. Acho que em *Totem e Tabu* e em *Moisés e o Monoteísmo*, ele de fato descobriu nos ritos o assassinato praticado por uma coletividade, apesar de não ter interpretado adequadamente as evidências dos rituais.[33] Contudo, se tomarmos os textos citados, reunidos e

---

[32] Paisley Livingston, "Girard and Literary Knowledge". In: *To Honor René Girard.* Saratoga, Amna Libri, 1986, p. 222.

[33] "O violento pai primevo fora sem dúvida o temido e invejado modelo de cada um do grupo de irmãos: e, pelo ato de devorá-lo, realizavam a identificação com ele, cada um deles adquirindo uma parte de sua força. A refeição totêmica, que é talvez o mais antigo festival da humanidade, seria assim uma repetição, e uma comemoração desse ato memorável e criminoso, que foi o começo de tantas coisas: da organização social, das

analisados por Freud, veremos que mostram a unidade do assassinato único, com uma considerável diversidade de formas de matar, é claro. Há muitos modelos cujo denominador comum é o caráter coletivo e unânime do assassinato. Talvez sem se dar conta disso plenamente, de *Totem e Tabu* para *Moisés e o Monoteísmo*, Freud muda sua interpretação, passando a falar em uma multiplicidade de assassinatos, que não considera mais cópia do primeiro. Em lugar de um assassinato fundador no alvorecer da história, Freud supõe então um assassinato fundador no princípio de cada cultura – como sua interpretação da morte de Moisés exige –, porém nunca reflete sobre essa mudança.

Portanto, quando Livingston diz que tento falar da verdade do texto, é porque, em um sentido particular, acredito de fato na verdade do texto. Não julgo verdadeiros todos os textos; mas, acredito, exatamente como Freud, que o rito necessariamente imita um acontecimento de fato ocorrido. Em sua narrativa, o mito necessariamente distorce esse mesmo acontecimento, mas de um modo tal, que o princípio norteador dessa distorção pode ser desvendado. Dizer que cometo o equívoco de tomar rito e mito como verdade é uma simplificação grosseira da minha obra. Não estou falando de uma origem absoluta; não estou falando de uma verdade absoluta do texto; estou dizendo apenas que há coisas ocultas no texto, que se referem a um acontecimento real: o mecanismo do bode expiatório. E é porque esse mecanismo se repete por toda parte que podemos encontrá-lo. Trata-se do único denominador comum possível das inumeráveis variantes textuais.

Essa questão da realidade do evento por trás da narrativa mítica sugere uma semelhança entre o modo como o senhor lê textos e a chamada "interpretação figural". De acordo com Erich Auerbach, essa

---

restrições morais e da religião" [Sigmund Freud, *Totem e Tabu e Outros Trabalhos*. Trad. Órizon Carneiro Muniz. Rio de Janeiro, Imago, 2006. (Edição Standard Brasileira das Obras Psicológicas Completas de Sigmund Freud)].

é uma técnica de leitura que relaciona dois fatos historicamente distantes em uma única forma.³⁴ O fato A não produz o fato B como um efeito linear, apenas o prefigura. Ou seja, em vez de começar a interpretação pelo fato A, recorre-se ao fato B, no intuito de reinterpretar o sentido total de A, que só é dado em sua plenitude no fato B. Além disso, a interpretação figural sempre está relacionada com acontecimentos históricos reais. Sua leitura dos mitos à luz do Evangelho, em vez de realizar uma leitura cronologicamente ordenada, apresenta uma grande semelhança com o método da interpretação figural.

Estou de acordo. É também semelhante à ideia de "verdade romanesca" que descrevi em meu primeiro livro. Em Mentira Romântica, Verdade Romanesca, já se acha a leitura religiosa, sobretudo no último capítulo, no qual defini a "conversão romanesca". Mas na época eu não tinha percebido que, quando se lê cuidadosamente um autor como Auerbach, pode-se ver que ele está mais próximo do mecanismo mimético do que ele mesmo se deu conta. Esse é um exemplo expressivo, porque tudo o que Auerbach diz sobre a interpretação figural implica um conteúdo mimético, apesar de ele não identificar o real papel da mímesis como imitação. Mesmo na interpretação figural, o que está em jogo é precisamente a realidade dos acontecimentos relacionados.

Um dos primeiros textos discutidos em sua obra-prima *Mímesis* é a negação de Pedro, tal como contada em Marcos.³⁵ Auerbach refere-se à mímesis apenas como imitação literária da realidade. Para ele, esse texto é mais "realista" que a literatura pré-cristã. Entretanto, a questão é: por que é mais realista? Por que são relações humanas descritas de modo tão realista que um empregado pode dizer: "Sei que és um discípulo de Jesus, posso ouvir teu sotaque Galileu"?³⁶ O que

---

³⁴ Erich Auerbach, *Figura*. Trad. Duda Machado. São Paulo, Ática, 1997.
³⁵ Erich Auerbach, "Fortunata". In: *Mímesis: A Representação da Realidade na Literatura Ocidental*. Trad. George Bernard Sperber. São Paulo, Perspectiva, 1976, p. 21-42.
³⁶ Ver Marcos 14,70: "Ele negou de novo! Pouco depois, os presentes novamente disseram a Pedro: 'De fato, és um deles; pois és galileu'".

Auerbach não percebe é que o conteúdo da descrição – e não apenas a técnica descritiva – é mimético. Não vê que aquela cena do Evangelho consiste em um tratamento mimético de relações miméticas. Embora sua teoria seja simples, há uma grande intuição na interpretação que Auerbach faz desse texto, talvez o mais revelador no tocante à função da unanimidade mimética contra a vítima.[37] Não podemos descrever o mimetismo de nossas relações sem escrever o que um crítico chamaria de "texto realista"; pois é exatamente assim que as relações humanas são. É também por isso que me interesso por "Figura". Nunca escrevi a respeito, apesar de tê-lo lido diversas vezes, por sua relevância para a noção cristã de profecia. Auerbach percebe ali algo essencial sobre a estrutura mimética dessas configurações. Trata-se do mecanismo que proporciona um sentido de totalidade dentro do qual os mitos podem ser relidos à luz do cristianismo.

O pensamento conjetural e os fios da história

Acreditamos que a contribuição teórica de Carlo Ginzburg também pode mostrar-se importante para nossa discussão sobre a questão da evidência. Em Mitos, Emblemas e Sinais: Morfologia e História, *Carlo Ginzburg desenvolveu o que chamou de "paradigma indiciário".[38] Sugeriu que desde o final do século XIX esse paradigma tem se desenvolvido em diversos campos. Suas obras lembram a estrutura dos romances policiais, como o senhor propôs no caso das leituras de Derrida.*

Sim, e em todo romance de mistério o mistério é justamente um assassinato. Na verdade, em antropologia, temos não um, mas

---

[37] A negação de Pedro é analisada em detalhes no cap. 12 de René Girard, *O Bode Expiatório*, p. 196-214.
[38] Carlo Ginzburg, "Sinais: Raízes e um Paradigma Indiciário". In: *Mitos, Emblemas, Sinais: Morfologia e História*. Trad. Federico Carotti. São Paulo, Companhia das Letras, 1990.

muitos assassinatos similares. Isso me faz voltar a Michel Serres: ele identificou 43 *linchamentos* no primeiro livro da *História de Roma*, de Tito Lívio. Um dos mais impressionantes é o de Rômulo, depois de ele ter se tornado o primeiro rei de Roma. Ele vai a uma das sete colinas de Roma acompanhado pelos membros do Senado. Durante o temporal que sobrevém, Rômulo fica no meio do grupo de senadores. Cessado o temporal, os senadores anunciam que Rômulo não está mais entre eles, foi levado para o céu. E Tito Lívio acrescenta uma sentença perturbadora: "Alguns sugeriram secretamente que ele tinha sido estraçalhado pelos senadores – uma tradição de efeito similar, ainda que muito tênue, chegou até nós".[39] Esse mito deve ter algo a ver com a natureza sagrada da primeira realeza romana. O elemento mais interessante vem também do fato de que o assassinato de Rômulo segue-se ao assassinato mítico de Remo. Temos a repetição do mesmo ato sacrificial. Há tanto elementos ritualísticos quanto míticos na história de Lívio. Lívio, um proto-historiador, também trabalha inconscientemente como detetive, tal como sugerido por Ginzburg. Eu gostaria de ter pesquisado um pouco os métodos de investigação de crimes, porque no crime se lida com o mesmo tipo de indícios com que lido em minha obra. Será que, nos casos criminais, muitas pistas trazem maior certeza?

Em outro ensaio, Ginzburg apresenta um paralelismo entre o cientista e o juiz, o que se parece com o insight de Hocart: "Evidência, bem como pista ou prova, é uma palavra crucial para o historiador e para o juiz".[40] O método de Ginzburg também se preocupa com evidências indiretas. Nesse caso, o método comparativo parece o melhor.

---

[39] Ver Tito Lívio, *A História de Roma* (I, 16).
[40] Carlo Ginzburg, "Checking the Evidence: The Judge and the Historian". In: James Chandler, Arnold I. Davidson e Harry Harootunian (orgs.), *Questions of Evidence: Proofs, Practice, and Persuasion across the Disciplines*. Chicago, The University of Chicago Press, 1994, p. 290.

De fato, evidências criminais são o tipo mais pertinente de evidência em ciências sociais. O que a antropologia cultural normalmente nega é que o sacrifício humano tal como ocorreu no passado é verificável por antropólogos forenses, que são capazes de reconstruir a prova real a partir de um esqueleto ou de uma múmia. A antropologia forense é uma disciplina científica que ajuda a reconstruir a cena de um crime. E, para responder pelo mecanismo do bode expiatório, tem-se de recorrer a uma espécie de trabalho de detetive, porque, sem que o saibam, todos estão mentindo. Aqueles que lincham alguém realmente acreditam que esse bode expiatório seja culpado e, portanto, mereça morrer. Trata-se de uma mentira, embora, paradoxalmente, não tenham consciência do seu conteúdo. Acho que a evidência indireta de Hocart e as pequenas pistas de que fala Ginzburg têm forte relação entre si, porque a evidência indireta não é central no sentido de uma confissão em primeira pessoa. De fato, em *Kings and Councillors*, Hocart escreve: "Há países em que não se pode confiar em cinquenta testemunhas oculares contando a mesma história. Por outro lado, quando cem pequeninos detalhes que ninguém poderia ter premeditado ou combinado apontam todos na única e mesma direção, a certeza que se tem é a maior que existe nas coisas humanas".[41]

Revelando então o bastante, Hocart adota em seu livro a linguagem processual, "abrindo o processo" e convocando as "testemunhas", e as testemunhas em Hocart, assim como na teoria mimética, são os mitos.[42] Seguindo essa intuição e comparando, por exemplo, o deus védico Agni com o deus grego Hermes, ele estabelece um paralelismo tão forte que fica evidente que em última análise eles são o mesmo deus, e que ambos têm uma origem sacrificial clara e inegável.[43]

Contudo, como historiador, Ginzburg não pode aceitar uma conclusão tão direta, uma vez que procura evidências de uma continuidade

---

[41] Ibidem, p. 11.
[42] Hocart, *Kings and Councillors*, p. 28 ss.
[43] Ibidem, p. 17-22.

histórica, de contatos culturais, do empréstimo de elementos entre as culturas. A similaridade morfológica precisa ser combinada com um caminho evolucionário genealógico e histórico coerente, por mais arriscado que seja.[44]

A minha poderia ser definida como uma análise morfológica, cujos horizontes são tão vastos que chegam a compreender toda a história humana. Que tipo de cautela metodológica poderia ser adotada por alguém que trabalha em uma escala tão ambiciosa? A reconstrução histórica minuciosa de um fenômeno tão complexo e abrangente é uma empreitada tão vasta que, se eu a tivesse feito, não teria conseguido realizar minha ambição de oferecer uma interpretação genética e evolucionária da cultura humana. Não sou historiador; procuro estruturas e proponho uma hipótese sobre a evolução da cultura que historiadores como Ginzburg poderiam ajudar a corroborar.

De fato, ainda que Ginzburg explicitamente rejeite sua teoria,[45] *em livros como Ecastasies, ele na verdade está reunindo dados que parecem confirmar a teoria mimética. Ele oferece uma análise perspicaz da imagem do mancar nas figuras míticas, relacionando-as dentro de um padrão morfológico comum, que está associado ao mundo dos mortos.*[46] *Claro que o principal interesse de Ginzburg é oferecer uma descrição histórica continuada da estratificação desse motivo nas culturas indoeuropeias, e por isso ele não consegue oferecer nenhuma explicação para esse padrão comum e para a maneira como ele surgiu, acabando por recorrer a um vago "inconsciente*

---

[44] Ver Carlo Ginzburg, *Ecstasies. Deciphering the Witches' Sabbath*. Londres, Penguin, 1991.
[45] Ibidem, p. 57, 254.
[46] Em seu livro sobre os Benandanti e sobre os cultos agrícolas pagãos quinhentistas de Friuli, Ginzburg também associa essas formas de xamanismo e seus rituais de lutas com os sinais diferenciais de ter nascido "de camisa", isto é, ainda envolvido pela bolsa amniótica. Todos esses elementos cabem facilmente no esquema explicativo proposto pela teoria mimética. Ver Carlos Ginzburg, *I Benandanti. Stregoneria e Culti Agrari Tra Cinquecento e Seicento*. Turim, Einaudi, 1996.

coletivo", ao passo que o mecanismo do bode expiatório apresenta uma explicação econômica para essa variedade de elementos textuais e visuais.

Ginzburg é um grande historiador e faz em seus livros um trabalho investigativo maravilhoso, mas não encontra o "assassino", isto é, as origens disso tudo. Para ele, assim como para a maioria dos estudiosos nas humanidades, ele nunca será encontrado: as origens da cultura são consideradas irrecuperáveis. O que faço, a partir das evidências textuais, é estimar que, na origem, há um assassinato, e que ele é coletivo, e que a vítima inocente foi morta pela comunidade inteira.

"Méconnaissance" e verdade

Há outro elemento crucial implícito em sua teoria relacionado à questão da evidência: o conceito de méconnaissance *torna essa questão na teoria mimética ainda mais complexa. A evidência não é apenas circunstancial, também está oculta, em virtude do necessário desconhecimento que caracteriza o mecanismo do bode expiatório.*

Talvez essa seja uma das razões por que é tão difícil apresentar evidências na teoria mimética. Em termos de evidências judiciais, também é verdade que o fato de as evidências terem sido apagadas pode valer como uma prova decisiva; por assim dizer, uma metaevidência, porque mostra a importância crucial do elemento que foi apagado. Se alguém remove os indícios de um assassinato, isso significa que está profundamente envolvido nele. No caso do assassinato fundador, o limiar mesmo da cultura humana está profundamente envolvido, e é isso que na verdade não queremos admitir.

Há uma passagem interessante em *Moisés e o Monoteísmo*, na qual Freud diz ser em última instância impossível esconder o assassinato do pai.⁴⁷ Sempre que o apagamos, reaparece em outro lugar. Há sempre vestígios do assassinato fundador, por assim dizer. Isso faz parte da teoria do inconsciente e de sua interpretação do assassinato de Moisés, e, ao mesmo tempo, vale também para a teoria mimética. No entanto, não consigo convencer os estudiosos de que os fenômenos por mim considerados vestígios do assassinato fundador e de todo o ciclo mimético de fato são o que digo que são: vestígios do ciclo mimético.

No tocante ao mecanismo da méconnaissance, *Freud recorreu a uma argumentação análoga em uma passagem notável:*

> [Esse] equívoco era semelhante ao que seria cometido por alguém que acreditasse ser a história lendária dos primeiros reis de Roma – tal como a conta Tito Lívio – uma verdade histórica, em vez daquilo que ela de fato é: uma reação contra a memória de épocas e circunstâncias que foram insignificantes e eventualmente inglórias.⁴⁸

É sem dúvida uma passagem notável! E Freud até menciona Tito Lívio, historiador extremamente perspicaz em discernir evidências sacrificiais, como Michel Serres mostrou. É por isso que comparo essa pesquisa a uma espécie de romance policial, pela tarefa de desvendar não um crime oculto, mas incontáveis crimes *análogos*. E a contribuição de Freud nesse sentido é maior do que se presume, porque, em última instância, se tomarmos seus últimos trabalhos, ficará claro que ele compreende a religião melhor do que ninguém, embora seu preconceito oitocentista interfira em seu *insight* textual

---

⁴⁷ Sigmund Freud, *The Standard Edition of the Complete Psychological Works of Sigmund Freud.* Vol. 22. Londres, Hogarth Press, 1964, p. 89. Ver também René Girard, *Coisas Ocultas,* op. cit., p. 88.
⁴⁸ Sigmund Freud, *An Autobiographical Study.* Nova York, Norton, 1952, p. 37.

que o trouxe para tão perto de descobrir a verdade oculta do assassinato fundador.

Não raro, essas verdades ocultas podem estar bem diante de nós como no conto "A Carta Roubada", de Edgar Allan Poe. Conforme o senhor o descreveu, o seu método de leitura evoca o modo como Derrida expôs "a lógica do suplemento". Andrew MacKenna já assinalou essa relação.[49] Evidentemente, há a diferença-chave de que o senhor acredita na realidade do referente dos textos.

Isso é algo tão natural e instintivo para mim, que, ao ler Derrida, não pude evitar inserir meu realismo na noção derridiana de *phármakon*. Percebi que tínhamos um objetivo comum e estávamos obtendo os mesmos resultados. Apropriei-me de seu ensaio sobre Platão, em minha opinião, o melhor escrito por ele. Sua análise das palavras pertencentes à mesma família de *phármakon* é extraordinária. E Derrida mostra como as traduções apagam o que é mais significativo no original. O mesmo acontece à Bíblia hoje. A palavra *skándalon*, por exemplo, não mais se traduz por "escândalo" ou "obstáculo", apesar dessas palavras existirem em todas as línguas. As traduções recentes da Bíblia substituem "escândalo" por eufemismos amenos como "ocasião de pecado".[50] Fazem-no para evitar o verdadeiro significado de *skándalon*, que é o de obstáculo mimético.

Há um acontecimento real – disso estou convencido – que é ocultado, encoberto e cujos vestígios são apagados. Mas esse apagamento dos vestígios deixa vestígios, no sentido freudiano. O que me agrada no primeiro Derrida é seu método detetivesco de

---

[49] Andrew J. McKenna, *Violence and Difference: Girard, Derrida and Deconstruction*. Chicago, University of Illinois Press, 1992.
[50] Jacques Derrida, "Plato's Pharmacy". In: *Dissemination*. Chicago, University of Chicago Press, 1981, p. 61-71. [Edição brasileira: *A Farmácia de Platão*. Trad. Rogério da Costa. São Paulo, Iluminuras, 1997.]

esquadrinhar o texto, raspando a superfície até chegar ao ponto em que aparece algo jamais suspeitado pelo leitor ingênuo, como a presença e a ausência do *pharmakós*, significando o bode expiatório, no *Fedro* de Platão.[51]

Como se fizesse aparecer a camada original de um palimpsesto.

Sim. As leituras de Derrida são às vezes muito aguçadas. Pode-se dizer que, em última análise, ele encontrou em Platão a questão do assassinato fundador. Essa questão se dissemina por toda a obra de Derrida. Também é verdade, entretanto, que ele não tem consciência disso. Por exemplo, quando Rousseau fala de uma origem, está encobrindo o assassinato fundador. Ele inventa a noção de homem natural, para escamotear a violência mimética. Portanto, em minha leitura da análise que Derrida faz do *Ensaio sobre a Origem das Línguas*, Rousseau continua apagando os vestígios. Em outras palavras, a noção de suplemento funciona exatamente como a de *phármakon*. O que lamento em Derrida é que ele não nos diz que todos os seus conceitos fundamentais são, em última instância, um mesmo mistério,[52] e sua lógica é semelhante à lógica descrita por Freud na passagem citada há pouco.

O senhor acha que a méconnaissance *corresponde modernamente a uma espécie de mecanismo de defesa, em termos freudianos? Uma forma de negação que cubra aquilo que seria uma forma radical de autocrítica para o indivíduo e para a sociedade? Aquilo que a* méconnaissance *foi para a sociedade primitiva torna-se autoengano e uma espécie de mecanismo de defesa para o indivíduo moderno.*

---

[51] Ver nota 9.
[52] A respeito da questão do *pharmakós* como bode expiatório e de como estudiosos como Frazer, Marie Delcourt e Jean-Pierre Vernant são relutantes em abordar o problema da similaridade, ver René Girard, *O Bode Expiatório*, p. 161-65.

Há um exemplo perfeito disso em Proust, na resistência da avó do narrador em aceitar que ele é socialmente superior a ela. Ela sempre se recusa a enxergar fatos que destruiriam sua crença de que ela é superior a Marcel. Ela nega esses fatos zombando do filho. Isso acontece tantas vezes que pode servir de modelo antropológico. Para responder sua pergunta: acho que você tem razão, porque se faz muito esforço para preservar conceitos como o individualismo e a autonomia do desejo. Essa é a razão pela qual as palavras "revelação" e "conversão" são importantes em termos miméticos.

capítulo 6
escatologia, cristianismo e mundo contemporâneo

Foi publicado até mesmo um ensaio em hebraico sobre
A Origem das Espécies, *mostrando que a teoria já se*
achava no Velho Testamento!
Charles Darwin, Autobiografia

Desde Coisas Ocultas, *o senhor desenvolveu uma nova abordagem, considerando a Bíblia, e em particular os Evangelhos, a partir de uma perspectiva antropológica. O senhor afirma que há na Bíblia uma formidável intuição antropológica, no que diz respeito ao mecanismo vitimário, que não só revela mas também recusa o mecanismo mimético. Nesse sentido, uma verdadeira fundação da antropologia, vista de uma perspectiva mimética, acha-se na Bíblia.*

É exatamente isso que penso. A antropologia mimética dedica-se tanto ao reconhecimento da natureza mimética do desejo quanto ao desdobrar das consequências sociais desse conhecimento, à revelação da inocência da vítima e à compreensão de que a Bíblia e os Evangelhos fizeram isso por nós antes.

Em suma: o mito fica *contra* a vítima, já a Bíblia fica *a favor* dela. Por exemplo, no caso de Jó, ocorre uma espécie de julgamento totalitário ou inquisitorial, e os diálogos com os três inquisidores são um exemplo paradigmático do princípio da unanimidade. Esses "amigos" de Jó tentam persuadi-lo de que merece ser linchado, e, em alguns momentos, ele fraqueja, está prestes admitir sua culpa! Jó então reage: "Eu sei que meu Defensor está vivo e que no fim se levantará sobre o pó" (Jó 19,25). A palavra "defensor" é importantíssima. O termo "paráclito", que define o Espírito Santo, está ligado a essa ideia. Em grego, *parákletos* significa "advogado de defesa",[1] contra a acusação feita por Satã, pois, etimologicamente, Satã quer dizer "o acusador".[2] No Livro de Jó, os três amigos são os acusadores e, portanto, a voz de Satã. Este é a voz da antiga religião, do antigo linchamento, mas Jó se opõe a essa voz. Na antiga ordem sacrificial, a crise mimética era resolvida mediante a deflagração do mecanismo expiatório, que permitia canalizar toda a violência contra um único indivíduo – o bode expiatório. Aqueles que acusam a vítima são a voz de Satã, o acusador, ao passo que Cristo é a voz da defesa, que nos avisa: "Quem dentre vós estiver sem pecado, seja o primeiro a lhe atirar uma pedra!" (João 8,7). Toda a distância entre o arcaico e o judaico-cristão está na oposição dessas atitudes.

Só estou repetindo o que disse Nietzsche, embora em sentido *contrário*. Ele tomou o partido dos perseguidores, julgando opor-se à multidão; mas ele não se dá conta de que a unanimidade dionisíaca *caracteriza* a voz da multidão![3] Basta ler os Evangelhos, do modo mais elementar, para notar que Cristo tinha poucos apóstolos do seu lado e que mesmo esses eram fracos e vacilantes. Nietzsche

---

[1] *Parakletos* significa "convocado", "chamado para estar ao lado de alguém". Aquele que pleiteia a causa de um outro perante um juiz; defensor, advogado de defesa, assistente jurídico, protetor. Cristo é um *paráclito* na sua exaltação à direita de Deus, rogando a Deus, o Pai, o perdão dos nossos pecados. No sentido mais amplo, é também um ajudador, amparador, assessor, assistente. *Parakletos* também se refere ao Espírito Santo, destinado a ocupar o lugar de Cristo com os apóstolos (depois de sua ascensão ao Pai), para levá-los a um conhecimento mais profundo da verdade evangélica, e dar-lhes a força divina necessária para capacitá-los a sofrer provações e perseguições em nome do reino divino.
[2] *Satan*, palavra hebraica para "adversário", "inimigo", 1 Reis 11,14.23; tradução de *epiboulos* (conspiração contra), 1 Samuel 29,4; também "acusador", tradução de *ho diabolos* (difamador, caluniador) em Jó 1,6, Zacarias 3,1: consequentemente como *chefe dos espíritos malignos, o Diabo*, 2 Coríntios 12,7.
[3] Ver cap. 2, n. 17.

não percebe a natureza mimética da unanimidade. Ele não apreende o sentido da reflexão cristã do fenômeno da multidão. Ele não entende que o dionisíaco é o espírito da multidão, da turba, e o cristianismo é a exceção heroica.

Por que é tão difícil comprovar o fenômeno do assassinato fundador?

A palavra "fenômeno" significa aquilo que brilha, aparece, surge em plena luz.[4] O assassinato fundador é, por assim dizer, o fenômeno que não pode aparecer, porque, se for bem-sucedido, todos estarão unidos contra a vítima que de fato parecerá culpada. Se não houver união nesse sentido, o assassinato fracassará, e não haverá fenômeno a observar. Para que esse fenômeno seja observável, deve haver um grupo de observadores muito lúcidos, pequeno o bastante para não ameaçar a unanimidade dos perseguidores. É o caso da Paixão. É por essa razão que os discípulos estão determinados a partilhar do destino de Cristo, tornando-se também bodes expiatórios e vítimas, estando destinados ao "martírio", que quer dizer "testemunha" da morte de Cristo.[5] Eles morrem em nome da verdade, repetindo a morte na cruz. O primeiro mártir foi Estêvão.[6] Quando Estêvão é apedrejado, Saulo, o futuro Paulo, está presente e assiste ao apedrejamento a que dá sua aprovação moral: "Ora, Saulo estava de acordo com a sua [de Estêvão] execução" (Atos 8,1). Sua conversão cristã é a consciência tardia de ter sido um perseguidor injusto. A ele uma voz pergunta: "Saul, Saul, por que me persegues?" (Atos 22,7). Eis a pergunta decisiva. A conversão cristã consiste em nos descobrirmos perseguidores inconscientes. Toda participação no fenômeno

---

[4] *Phenomenon* deriva do particípio presente neutro do verbo *phainesthai*, "aparecer", "trazer à luz", "fazer aparecer", em um sentido físico.
[5] *Martyr* quer dizer "testemunha": aquele que é o expectador de algo, por exemplo, de uma transação legal ou disputa. Também se aplica com sentido ético: por exemplo, àqueles que depois de seu exemplo provaram a força e a autenticidade da sua fé em Cristo ao sofrer uma morte violenta.
[6] Ver Atos 7, 51-60.

do bode expiatório é o mesmo pecado de perseguição ao Cristo. E todos os seres humanos cometem esse pecado.

O mecanismo mimético é o pecado original?

Sim, claro. O pecado original é o mau uso da mímesis, e o mecanismo mimético é a real consequência desse uso em nível coletivo. Geralmente, as pessoas não veem o mecanismo mimético, nem mesmo quando identificam todos os tipos de rivalidade que são a base do desenvolvimento desse mesmo mecanismo.

O mecanismo mimético produz um tipo de transcendência muito complexa que desempenha um papel muito importante na estabilidade dinâmica da sociedade arcaica e que portanto não pode ser condenada desde um ponto de vista antropológico e sociológico, porque ela é necessária para a sobrevivência e para o desenvolvimento da humanidade. Ela pode ser definida como "transcendência social", para usar o termo de Durkheim, ou como transcendência idólatra, a partir do ponto de vista judaico-cristão. Trata-se de uma forma ilusória e idólatra de sagrado que, ainda assim, é capaz de proteger a comunidade arcaica de formas de violência cada vez mais fortes e mais perturbadoras. É o que Paulo diz em relação aos Principados e Autoridades,[7] referindo-se aos poder secular desse mundo: elas estão condenadas, e desaparecerão rapidamente, mas ele não as condena de modo farisaico. Ele não requer que sejam destruídas com violência; deve-se apenas submeter-se a sua autoridade.[8] O *sagrado* arcaico é "satânico" quando não há nada para canalizá-lo e mantê-lo sob controle; as instituições estão aí justamente para fazer esse trabalho, até que o Reino de Deus finalmente triunfe.

---

[7] Ver Efésios 6,12-13: "Pois o nosso combate não é contra o sangue nem contra a carne, mas contra os Principados, contra as Autoridades, contra os Dominadores deste mundo de trevas, contra os Espíritos do Mal, que povoam as regiões celestiais. Por isso deveis vestir a armadura de Deus, para poderdes resistir no dia mau e sair firmes de todo o combate".
[8] Sobre essa discussão, ver René Girard, *I See Satan*, p. 95-100.

Mito e monoteísmo

O fato de o cristianismo e o judaísmo serem religiões monoteístas é fundamental para a reescrita do mito do sagrado antigo?

Acho que sim. O Deus do monoteísmo é totalmente "desvitimado", ao passo que o politeísmo é um produto do mecanismo vitimário, o resultado de muitas vítimas fundadoras que produzem mais e mais deuses falsos, mas que apesar disso são capazes de proteger a comunidade de crentes por causa da ordem sacrifical que eles reforçam. No mundo arcaico, a cada vez que se aciona o mecanismo do bode expiatório, surge um novo deus. O judaísmo foi, desde o princípio, a recusa absoluta dessa máquina de criar deuses. No judaísmo, Deus nada tem a ver com nenhum ato de vitimar, e assim as vítimas deixam de ser divinas. É a isso que chamamos "revelação", que historicamente se desdobra em dois estágios. Primeiro, há uma passagem do mito para a Bíblia, na qual, como eu disse, Deus é desvitimado e as vítimas são desdivinizadas; em seguida, temos a plena revelação do Evangelho.[9] Deus prova o papel de vítima, mas dessa vez deliberadamente, para libertar o homem de sua violência.

---

[9] No que diz respeito à passagem do politeísmo para o monoteísmo, pode-se dizer que em Gênesis 1,1, a primeira palavra para nomear a Deus é *Elohim*, que é o plural da raiz *eloh*, que normalmente se refere ao divino. O próprio radical tem sua origem em um termo mais antigo, *el*, que quer dizer "Deus", "divindade", "poder", "força", etc. O uso do plural no nome de Deus e a ambiguidade de sua etimologia parece ser uma clara evidência da natureza sacrificial dessa divindade original, que apresenta a característica *de duplo vínculo*, pois é amaldiçoado e divinizado, como sempre acontece com as vítimas do mecanismo vitimário. Elas são vistas tanto como o mal radical, porque são responsáveis pela crise, e o bem radical, uma vez que restauram a paz. A origem da cultura é sacrificial e a Bíblia sustenta este elemento na origem, ao nomear o divino como "os deuses", que são as verdadeiras vítimas sacrificiais. Se o texto bíblico começa por explicitar a referência à religião arcaica do politeísmo, ela também parte para a nova religião monoteísta de Iahweh. Na verdade, a palavra Iahweh, que provavelmente é de origem mosaica, aparece em Gênesis 2,4 e perpassa todo o Antigo Testamento no texto hebraico. Contudo, ele *desaparece* no Novo Testamento. A vinda de Cristo efetua a mais importante mudança na relação entre Deus e seu povo. Agora ele é projetado apenas como o Pai de todos os verdadeiras crentes, judeus e gentios, sem qualquer distinção entre eles, como Paulo explica em Romanos 10,12.

Como sugeri em *Je Vois Satan*,[10] no Antigo Testamento, a vítima inocente aparece pela primeira vez. A vítima é a única pessoa inocente em uma sociedade culpada. José é um bode expiatório, mas um bode expiatório reabilitado. É por isso que há uma aura de genuína humanidade em torno de José, e uma forma de *realismo* no relato bíblico que estão ausentes no mito de Édipo. A Bíblia leva o leitor a um mundo plenamente humano, no Egito histórico real. Na história, José aparece como o bode expiatório de seus irmãos "com ciúmes" dele (Gênesis 37,11). Então, no caso de Putifar, o egípcios prendem José (isto é, um bode expiatório), acusando-o de adultério, mas o texto nos diz mais uma vez que ele não é culpado: foi a mulher de Putifar que tentou seduzi-lo (Gênesis 39,7). A história de José o reabilita nas situações que, nos textos antigos, como no *Édipo*, são resolvidas contra a vítima. Em *Je Vois Satan*, tentei relacionar todas as semelhanças entre esse mito e o texto bíblico, para enfatizar as diferenças.

Não é especificamente o mito de Édipo que a história de José contradiz, mas qualquer mito similar. O mito sempre pergunta: "Ele é culpado?" E a resposta é "sim". Jocasta e Laio estão certos ao expulsar Édipo, uma vez que ele irá cometer parricídio e incesto. Tebas também tem razão ao fazer o mesmo, uma vez que Édipo cometeu parricídio e incesto. A narrativa mítica sempre confirma que os heróis são culpados. No caso de José, está tudo ao contrário. O herói é erroneamente acusado e o texto declara sua inocência. A pergunta é a mesma, mas a resposta revela um mundo inteiramente outro. Acredito que há uma oposição fundamental entre os textos bíblicos e os mitos. A verdade do texto bíblico não é uma questão de referência ou não. Esse texto não precisa ser referencial para ser verdadeiro. Ele o é, porque *nega os mitos*, os quais são a fonte da mentira, uma vez que confirmam o mecanismo expiatório e, ao assim fazer, o encobrem.

---

[10] Ver Girard, *I See Satan*, p. 148-63.

Quando o senhor diz que a questão da referência não é tão importante, está subentendendo que a Bíblia reescreve toda a história dos mitos e, portanto, incluiu um elemento de intertextualidade com as narrativas míticas?

Acho que nem todas as histórias bíblicas necessitam ser compreendidas por meio de uma operação intertextual. Acho que a história de José em particular é paradigmática daquilo que você sugere: trata-se, para mim, de uma reescritura do mito, uma reescritura *contra o espírito mítico*, porque mostra o espírito mítico como fonte de engano e de injustiça.

No mundo grego, também há uma crescente consciência potencial do problema, sobretudo nos poetas trágicos. Sófocles sugere que Laio foi morto por muitos assassinos. E essa é uma passagem crucial geralmente negligenciada pelos críticos. E Édipo indaga: "Como podem muitos e um serem a mesma coisa?"[11]. Não percebe que esse está definindo o princípio do bode expiatório. Sófocles pisca para nós nesse momento, pois está consciente do processo. Sabe algo que não enuncia tão claramente como enuncia a Bíblia. Só não pode dizê-lo, porque tem um público totalmente imerso em um arcabouço mítico, e que exige que o mito seja contado sempre da mesma maneira, como uma prática ritualística. Se o poeta trágico eliminasse o linchamento da vítima, ele próprio seria "linchado".

Por outro lado, a Bíblia muda o fim da história e explicita a mudança. O último episódio da história de José comprova ser essa sobre o mecanismo do bode expiatório. José acolhe bem seus irmãos. A primeira vez que eles vêm da Palestina pedir grãos, José atende o pedido. No entanto, eles não levaram Benjamim,

---

[11] Sófocles: "Conforme declaraste há pouco, esse homem dissera que Laio foi assassinado por salteadores. Se ele persistir em tal afirmativa, não teria sido eu o assassino, pois ninguém confunde um homem só com vários. Mas se ele se referir a um só agressor, é evidente que fui eu o autor do crime!"... *Rei Édipo*. Trad. J. B. Mello de Souza. Rio de Janeiro, Ediouro, s/d, p. 45.

o mais novo dos filhos de Jacó, irmão de José, mas apenas um meio-irmão dos demais (ele e Benjamim são os dois irmãos mais novos). Quando chegam, os irmãos não reconhecem José, que está trajado como um primeiro-ministro egípcio; mas são por ele reconhecidos. José dá a eles os grãos e diz: "deixai comigo um de vossos irmãos, tomai o mantimento de que necessitam vossas famílias e parti; mas trazei-me vosso irmão mais jovem e saberei que não sois espiões, mas que sois sinceros" (Gênesis 42,33-34). E assim fazem os irmãos, que retornam com Benjamim, quando precisam de mais alimentos. José manda seu intendente esconder uma valiosa taça na sacola de Benjamim. Por ordem de José, na fronteira, todos são presos e revistados. A taça é achada e eles são presos. José então declara: "O homem nas mãos de quem se encontrou a taça será meu escravo; mas vós, retornai em paz à casa de vosso pai" (Gênesis 44,17). Em outras palavras, José oferece-lhes a possibilidade de excluir o irmão mais novo pela segunda vez, repetindo o que haviam feito com ele! E nenhum deles questiona isso, exceto Judá, que diz: "Agora, que teu servo fique como escravo de meu senhor no lugar do rapaz, e que este volte com seus irmãos. Como poderia eu retornar à casa de meu pai sem ter comigo o rapaz? Não quero ver a infelicidade que se abaterá sobre o meu pai" (Gênesis 44,33-34). José, ao ouvir isso, perdoa a todos os seus irmãos e diz a todos que venham com seu pai viver sob sua proteção no Egito.

Em relação à inversão bíblica dos bodes expiatórios e ao cristianismo, a história é incrivelmente pertinente. O tema do perdão do sacrifício está aí, patente no fim do relato, propondo uma poderosa releitura das narrativas míticas, *às avessas*, salvando as vítimas, em vez de condená-las. (Lembrem-se de que a taça foi colocada propositalmente na bolsa de Benjamim, portanto, Benjamim é uma *figura* de José. No ponto crucial da crise mimética, quando a vítima é escolhida para ser sacrificada, uma falsa evidência é usada para provar que a vítima é de fato culpada.) Uso essa história porque sua conclusão demonstra que a interpretação com base no mecanismo do bode expiatório é autêntica. Trata-se da eterna história da violência coletiva, que, em vez de ser recontada ilusoriamente, como na mitologia, é recontada verdadeiramente, como o seria novamente na Paixão de Cristo. É por isso que o cristianismo tradicional vê em José uma *figura Christi*. E isso é antropológica e cientificamente verdadeiro.

Na verdade, nessa história Judá é o ancestral bíblico de Cristo.

Sim. De fato, se José tivesse concordado com a proposta de Judá, Judá teria tomado o lugar de Benjamim e teria aceitado ser vitimado (por assim dizer) em lugar de seu irmão. A noção de profecia cristológica refere-se ao bode expiatório voluntário. Ele é um predecessor de Cristo, porque aceita servir de bode expiatório, para salvar o irmão.

Antes de anunciar o fim do sacrifício, com Cristo, a Bíblia mostra seu distanciamento gradual, como acontece no caso de Isaac. Este pergunta ao pai: "Eis o fogo e a lenha, mas onde está o cordeiro para o holocausto?". A resposta de Abraão é uma das passagens mais sublimes de toda a Bíblia: "É Deus quem proverá o cordeiro para o holocausto, meu filho" (Gênesis 22,1-8). Essa declaração anuncia o achado do cordeiro que substituirá Isaac, mas os cristãos sempre viram uma alusão profética ao Cristo. Neste sentido, o próprio Deus proverá aquele que há de ser sacrificado para acabar com a violência sacrificial. Isso não é ridículo; isso é maravilhoso! A grande cena do sacrifício de Abraão é a renúncia ao sacrifício de crianças (que está latente no princípio bíblico) e sua substituição pelo sacrifício de animais. Mas, nos textos proféticos, damos ainda mais um passo: é o momento em que sacrifícios de animais deixaram de funcionar, como assinala o Salmo 40: "Não quiseste sacrifício nem oferta, / abriste o meu ouvido; / não pediste holocausto nem expiação". Em outras palavras, a Bíblia propicia não a substituição do objeto a ser sacrificado, mas o fim da ordem sacrificial na sua totalidade, graças à vítima que perdoa, que é Jesus Cristo.

Para que se consiga a libertação do sacrifício, alguém tem de dar o exemplo, e renunciar a toda retaliação mimética: "oferecer a outra face", nas palavras de Jesus. Conhecer o papel do mimetismo na violência humana ajuda a entender por que os ensinamentos de Jesus no Sermão da Montanha são o que são. Eles não são masoquistas; eles não são excessivos. São simplesmente realistas, levando em conta nossa tendência quase irresistível a retaliar. A Bíblia concebe a história do povo eleito como uma constante recaída na violência mimética e em suas consequências sacrificiais. Basta lembrar, por exemplo, de quando Moisés está perto de ser assassinado coletivamente. É o que lemos no livro de Números: "toda a comunidade falava em apedrejá-los".[12]

Esse é o momento em que revelação e monoteísmo se opõem ao sacrifício e ao politeísmo?

Qualquer forma de oposição seria mimética, então prefiro não ver uma ruptura radical. Trata-se de algo mais poderoso em longo prazo, porque o politeísmo arcaico de certa forma se torna parte da revelação em sentido figurativo: a tese de Freud – a ideia de que Moisés foi linchado – é mais profunda e mais autenticamente bíblica do que parece. *Moisés e o Monoteísmo* é, a meu ver, seu melhor livro. Está repleto de grandes intuições, baseadas em uma "lenda" judaica segundo a qual Moisés é morto pelos judeus, sem se dar conta de que circularam histórias semelhantes a respeito de Rômulo, de Zoroastro e da maioria das figuras ligadas à fundação de religiões. Zoroastro, por exemplo, teria sido morto por grupos de sacrificadores, isto é, associações sacrificiais que faziam parte da antiga religião e que decidiram matá-lo, porque ele se opunha ao sacrifício. Todas essas histórias se parecem com a história de Moisés, tal como a interpretou Freud, mas ele mesmo nunca as relacionou e é por isso que não foi capaz de descobrir o mecanismo

[12] Ver Números 14,2-10.

do bode expiatório. Freud às vezes apresenta grandes intuições, mas com uma interpretação novecentista tipicamente não religiosa, muito à maneira de Darwin, quando na verdade elas reforçam a mensagem bíblica. As obras de Freud, para mim, são textos que apoiam e validam a teoria mimética. Está mais claro em *Moisés e o Monoteísmo* do que em *Totem e Tabu*, embora apenas de modo indireto.

Se no relato bíblico o início da cultura é determinado por um pecado original, o senhor não está de algum modo sugerindo que nos Evangelhos há uma reinterpretação radical dessa mesma origem, em que se propõe uma alternativa? Poderíamos então dizer que o Novo Testamento é uma releitura radical não só da tradição mítica, mas também do Antigo Testamento?

Não podemos falar de reinterpretação radical, mas de revelação. A revelação é a reprodução do mecanismo vitimário por meio da exibição da verdade, do conhecimento de que a vítima é inocente e de que tudo é baseado no mimetismo. Supera-se assim, pelo menos potencialmente, a *méconnaissance*. O Evangelho representa a crucificação como um fenômeno mimético. A verdadeira causa da negação de Pedro, da conduta de Pilatos, da atitude do mau ladrão, é sua imitação da multidão, o mimetismo coletivo, o contágio violento. Jesus é inocente. Mas tudo se fundamenta na unanimidade mimética, que é falaciosa. Quanto melhor entendermos a verdade dessa descrição, melhor entenderemos que ela desacredita não apenas aqueles que crucificaram Jesus, mas todos os criadores de mitos da história da humanidade. E devemos acrescentar a isso todas as definições do mesmo mecanismo fundador que os Evangelhos põem nos lábios de Jesus, todas as definições que já citei: "a pedra que os construtores rejeitaram tornou-se a pedra angular"; "Satanás é homicida desde o princípio"; "é melhor que apenas um homem morra"...

Então, não deveríamos falar em reinterpretação radical: pelo contrário, o senhor enfatizaria uma forte continuidade. Algumas das resenhas de Eu Via Satanás *disseram que sua obra é contrária ao Antigo Testamento, enquanto, de acordo com Sandor Goodhart, os Evangelhos dizem as mesmas coisas que já estavam na Bíblia e não acrescente nada novo.*[13]

De fato. No Antigo Testamento há uma série de acontecimentos dramáticos, que explicam a morte de uma única vítima, bem ao estilo dos Evangelhos, isto é, revelando a inocência de todas as vítimas coletivas. O primeiro grande exemplo é a história de José, como discutimos. Se ela fosse mítica, teria ficado do lado dos irmãos de José contra ele, mas ela faz o contrário. Poder-se-ia dizer a mesma coisa das histórias de Jó e do Servo Sofredor.

Entretanto, no cristianismo, há uma revelação mais clara e mais definida desse mecanismo, e a vítima, o Cristo, é vista de modo mais explícito como um salvador.

Jesus salva todos os seres humanos por causa de sua revelação do mecanismo expiatório, que também priva cada vez mais da proteção sacrificial, forçando-nos, portanto, a abster-nos da violência se quisermos sobreviver. Para alcançar o Reino, o homem tem de renunciar à violência.

Todas as comunidades humanas recusam a oferta de Cristo, a começar por sua própria comunidade terrena no momento da crucificação. Por isso, o prólogo ao Evangelho segundo João diz: "Ele estava no mundo e o mundo foi feito por meio dele, mas o mundo não o reconheceu. Veio para o que era seu e os seus não o receberam. (...) e a luz brilha nas trevas, mas as trevas não a apreenderam" (João 1,10-11;1,5). Os indivíduos, no entanto, podem fazer todo o possível para emular Cristo, daí o mesmo prólogo acrescentar: "Mas a todos

---

[13] Sandor Goodhart, *Sacrificing Commentary: Reading the End of Literature.* Baltimore, Johns Hopkins University Press, 1996, p. 185-88.

que o receberam deu o poder de se tornarem filhos de Deus; aos que creem no seu nome" (João 1,12). Essa é a ideia de salvação pessoal acessível por meio do Espírito de Cristo e de seu Pai, possibilidade de salvação essa trazida pela Cruz, que restabeleceu entre o homem e Deus a relação direta interrompida pelo pecado original.

No arcabouço da teoria mimética, deve-se ler a mitologia como uma forma de profecia mais distante e mais obscura, para ser inteligível, deve incluir a inversão dos valores míticos. No Antigo Testamento ainda há muita violência. No livro dos Juízes e em outros livros históricos, ainda há a valorização mítica contra a vítima sacrificada. Nos ditos Salmos de maldição ou de execração, também há o ódio e o ressentimento da vítima. Contudo, esse ódio é a resposta ao desespero experimentado por um homem que por alguma razão tornou-se vítima de toda a sua comunidade.[14] É um processo de descoberta crescente do mecanismo vitimário, no qual se alternam momentos de retrocesso e momentos de rápida progressão. Alguns desses progressos, como a passagem do sacrifício humano ao animal, são comuns à maioria das sociedades, mas continuam moderados, ao passo que na Bíblia são plenamente visíveis e exaltados.

Figurae

O senhor não acha que seus leitores podem achar embaraçoso que o modo como senhor lê a história lembre a tradição medieval da interpretação figural? Permita-nos recordar ao leitor a diferença entre alegoria e figura, uma vez que já discutimos a técnica da

---

[14] Ver, por exemplo, o verso no Salmo 35,7-8: "Sem motivo estenderam sua rede contra mim, abriram para mim uma cova: caia sobre eles um desastre imprevisto! Sejam apanhados na rede que estenderam e caiam eles dentro da cova". Para uma discussão exaustiva, ver René Girard, "Violence in Biblical Narrative". *Philosophy and Literature*, n. 23, v. 2, 1999, p. 387-92.

interpretação figural. A alegoria só implica uma alusão, já a figura supõe necessariamente dois acontecimentos concretos unidos pela interpretação. Se se preferir adotar uma formulação diferente, podemos dizer que é uma interpretação morfológica, que implica uma perspectiva histórica, mostrando uma consciência crescente, ou antes uma revelação, de padrões culturais específicos.

A teoria mimética retifica as figuras e mostra o que é mais essencial: a violência não é divina, mas humana. A emergência desses textos reveladores desencadeia ou facilita o advento de novas possibilidades na história humana. Voltemos a Sófocles, por exemplo. No período bizantino, *Édipo Rei* era lida como a paixão de Édipo, isto é, como a *figura* de que Cristo seria a *consumatio*. Os intérpretes bizantinos já conseguiam ver a Édipo como vítima, como sofredor inocente, à semelhança do Cristo.[15] Considero essa a interpretação mais profunda. Só não podiam formular tal intuição nos termos teóricos aqui empregados. Intuíram corretamente a inocência de Édipo. Freud não teve esse discernimento, por tomar equivocadamente o parricídio e o incesto como grande verdade. Acreditando na culpa psicológica, se não objetiva de Édipo, Freud promove um moderno *revival* do mito. Com Freud, recaímos na compreensão mítica das estruturas sociopsicológicas (Freud é essa desconcertante combinação de "cegueira e *insight*").

Quando descobri o mecanismo do bode expiatório, enquanto escrevia *A Violência e o Sagrado*, senti que essa questão da interpretação figural deveria ter importantes repercussões no campo religioso. Entretanto, não sabia ao certo como se apresentaria no caso dos Evangelhos, se ali se manifestaria de forma diferente e que

---

[15] A respeito da inocência de Édipo, ver "Oedipus and the Surrogate Victim". In: René Girard, *Violence and the Sacred*, p. 68-88. A respeito da construção mítica de Édipo como culpado, ver "What is a Myth?". In: René Girard, *The Scapegoat*, p. 24-44. Sobre a performance da tragédia como uma quase Paixão, ver o posfácio de Francis Goyet em *Oedipe Roi*. Paris, Livre de Poche, 1994.

espécie de diferença estaria em pauta. Esse tem sido meu maior problema desde então. Se fosse reescrever *Coisas Ocultas* agora, enfatizaria bem mais a questão da representação. O mito descreve o mecanismo vitimário segundo a aparência que tem aos olhos daqueles que o podem fazer funcionar, porque estes não percebem a natureza de sua efetividade; são enganados pela natureza subconsciente do processo. Já a Bíblia vê esse mesmo mecanismo de forma distanciada e o representa integralmente, revelando sua natureza pelo simples fato de que sempre vê o ponto essencial: a inocência da vítima sacrificial.

No primeiro capítulo de Mímesis, *Auerbach apresenta uma análise da diferença de mentalidade entre gregos e judeus, comparando a clássica* Odisseia *de Homero e a história de Isaac na Bíblia.*[16] *As personagens bíblicas são desenvolvidas de forma mais realista, e assim o leitor pode identificar-se com elas mais facilmente, tornando o sentido do texto mais próximo de sua experiência pessoal. Podemos dizer que o realismo, em sua opinião, favorece a conversão?*

Nesse texto, Auerbach mostra como nossa mentalidade moderna deve muito mais às histórias bíblicas do que a Homero. Há uma consciência da dimensão temporal de nossa experiência histórica que não está presente no poeta grego, cujos heróis ainda vivem em um arcabouço mítico, onde o destino está fixado. A complexidade psicológica das personagens de Homero é limitada, uma vez que vivenciam uma oscilação de emoções e apetites, enquanto o escritor judeu mostra várias camadas de consciência das personagens e o conflito entre elas. Mas, para mim, o essencial não está nesse ponto. O ponto central que ninguém pôde ver – nem Auerbach nem nenhum outro – é que nos mitos a vítima é representada como culpada diante do ser divino, enquanto na Bíblia a vítima é vista

---

[16] Erich Auerbach, *Mímesis: A Representação da Realidade na Literatura Ocidental.* Trad. George Bernard Sperber. São Paulo, Perspectiva, 1976.

como inocente, acusada injustamente. Auerbach, assim como outros intérpretes, ignora o que para mim é essencial.

Em Figura, *Auerbach afirma que São Paulo foi fundamental na aplicacão da interpretação figural aos textos bíblicos. Contudo, o senhor parece sugerir que o próprio Antigo Testamento é um texto cuja estrutura é figural.*

Eu diria profético. Os profetas já se reportam a textos bíblicos anteriores com a intenção de desacreditar a arbitrariedade e a violência da designação do bode expiatório. O texto que mais revela esse mecanismo na Bíblia é provavelmente Isaías 40,3-4: o texto começa pela descrição da crise na qual todas as montanhas são aplainadas e todos os vales aterrados.[17] Os exegetas dizem ser uma referência à construção de uma estrada para Ciro, o rei persa que livrou os judeus do exílio. É como se sucedesse um processo geológico de erosão, naquela que considero a mais eloquente *figura* bíblica da crise sacrificial, do violento processo de indiferenciação. Anulam-se as diferenças entre vales e montanhas. O fato de João Batista citar essa passagem no início de todos os quatro Evangelhos indica que a chegada de Jesus deflagrou uma crise que tinha de redundar na escolha de um novo bode expiatório, e este seria Jesus; essa nova escolha constituiu a ocasião para que Deus se revelasse.[18] A noção de profecia implica esse constante retorno a crises miméticas anteriores e sua resolução por meio de um bode expiatório. Muitas das profecias bíblicas sobre Cristo definem o mecanismo vitimário. No Evangelho, por exemplo, há uma citação dos Salmos, que diz: "Odeiam-me sem motivo".[19]

---

[17] Ver Isaías 40,3-4: "Uma voz clama: 'No deserto, abri um caminho para Iahweh; na estepe, aplainai uma vereda para o nosso Deus. Seja entulhado todo vale, todo monte e toda colina sejam nivelados; transformem-se os lugares escarpados em planície, e as elevações, em largos vales".
[18] Ver Mateus 3,3; Marcos 1,1-3; Lucas 3,4; João 1,23.
[19] Ver, por exemplo, Salmo 109,3: "Palavras de ódio me cercam e me combatem sem motivo"; ou Salmo 119,86: "Teus mandamentos são todos verdade; quando a mentira

Aí temos um bode expiatório queixando-se de haver sido escolhido para cumprir esse papel. Depois, a mesma afirmação aplica-se a Cristo: é odiado sem razão, quando todos começam a imitar seus inimigos. Pilatos imita a multidão por ter medo, e Pedro nega Jesus por temer a multidão. O fascinante na passagem citada é o fato de mostrar que, para entender o fundamental na Bíblia e no Evangelho, do ponto de vista mimético, não precisamos pensar em termos de transcendência. O que está acontecendo aqui se relaciona estritamente à observação empírica. É por isso que digo que a superioridade da Bíblia e dos Evangelhos pode ser demonstrada cientificamente. O livro de Jó é também um longo cântico no qual a vítima fala às pessoas que estão prestes a linchá-la e afirma sua inocência; e a turba, portanto, está prestes a assassinar uma pessoa inocente (odeiam-na sem razão). Nos mitos, parece sempre existir uma boa razão para odiar a vítima; mas, na realidade, não passa de uma razão espúria, ilusória.

É por isso que a vítima é o outro mesmo da Bíblia: o próprio Deus torna-se a vítima que acaba com o uso injusto das vítimas. Sua leitura da Bíblia mostra que o texto desconstrói a si mesmo, relendo a tradição dos relatos míticos, mas que também preserva um centro, e esse centro é a vítima.

Sim, a formulação é perfeita. Aí, a relação com a religião arcaica adquire imensa importância. Em última instância, a religião arcaica e cristianismo são estruturalmente similares, já que, até mesmo no nível mais arcaico, o homem sempre venerou suas vítimas inocentes, embora não tivesse consciência disso. Reside aí a unidade da religião, uma unidade em torno da veneração da vítima. O Deus do cristianismo apenas não tratar-se do Deus violento da religião arcaica, mas um Deus não violento que voluntariamente se torna a

---

me persegue, ajuda-me!". Ver também: Salmo 7,4; 35,7; 35,19; 69,4; 119,78; 119,161 e Lamentações 3,52.

vítima para libertar-nos de nossa violência. A evidência disso está diante de nós e não necessitamos de teologia para entendê-la, pois é puramente antropológica. A descoberta da inocência dele não é bem-vinda porque coincide inevitavelmente com a descoberta de nossa culpa. O ensinamento contínuo da mensagem de Cristo por meio da difusão dos Evangelhos é tão importante quanto essa revelação. É exatamente isso que transforma o mundo, não de modo súbito e abrupto, mas gradualmente, por meio de uma assimilação progressiva de sua mensagem, que muitas vezes é reformulada, a fim de ser usada contra o próprio cristianismo, como no caso da filosofia iluminista, ou do ateísmo contemporâneo, que é acima de tudo um protesto contra os elementos sacrificiais da religião.

Revelação e religiões orientais

Lucien Scubla questionou o caráter judaico-cristão da revelação da inocência da vítima no mecanismo do bode expiatório. Ele alega que "a tradição órfica condenava veementemente todas as formas de sacrifício sanguinário e já censurava os homens por terem fundado a pólis no assassinato".[20]

É verdade, mas só até certo ponto. Na parte final de *Totem e Tabu*, Freud também se refere à tradição órfica.[21] Em certos aspectos, o orfismo parecia próximo ao cristianismo, em particular no que diz respeito à noção de pecado original cristão, no sentido de que todos temos em nós a herança dos Titãs, bem como centelhas de bondade, de divindade, no sentido da tradição

---

[20] Lucien Scubla, "The Christianity of René Girard and the Nature of Religion". In: Paul Dumouchel (ed.), *Violence and Truth*. Stanford, Stanford University Press, 1988, p. 162.
[21] Sigmund Freud, *Totem and Taboo. Some Points of Agreement Between the Mental Life of Savages and Neurotics*. Nova York, Norton, 1950, p. 190-92. [Edição brasileira: Sigmund Freud, *Totem e Tabu e Outros Trabalhos*. Trad. Órizon Carneiro Muniz. Rio de Janeiro, Imago, 2006. (Edição Standard Brasileira das Obras Psicológicas Completas de Sigmund Freud).]

gnóstica. Quando Scubla afirma haver algo nos mistérios órficos bem próximo do cristianismo, isso é correto até certo ponto. No entanto, o orfismo tornou-se popular em um mundo influenciado pela Bíblia, ao menos indiretamente.[22] A revelação da inocência daquele que foi vitimado só se difundiu por meio das Escrituras judaico-cristãs. Não se pode negar que a tradição órfica se aproxima da concepção cristã em determinados aspectos; mas é muito fragmentária, incompleta, além de não ter mudado o mundo, porque foi puramente doutrinal e não continha nenhum equivalente dos quatro relatos da crucificação de Jesus. O texto dos Evangelhos constitui o real poder por trás da desmistificação moderna da violência unânime.

De fato, uma possível objeção à afirmação da centralidade do cristianismo na revelação da estrutura sacrificial das religiões antigas poderia ser feita pela lembrança do fato de que religiões como o jainismo indiano afastaram-se de toda ordem sacrificial, recusando absolutamente o sacrifício, pois têm como base a noção do ainsa, *ou seja, "rejeição à violência".*

Certamente a teoria mimética não exclui a possibilidade de que alguma sociedade ou grupo religioso possa atingir alguma forma de consciência radical da natureza violenta dos seres humanos. Por causa dessa consciência, grupos como os jainistas foram duramente perseguidos no passado: ser contra uma ordem sacrificial muitas vezes levava a ser transformado em bode expiatório. O jainismo provavelmente chegou a esse estágio de consciência e propôs uma forma de ascese antissacrificial radical,[23] compatível

---

[22] A respeito da relação entre a tradição órfica e o cristianismo, ver Giuseppe Fornari, "Labyrinthe Strategies of Sacrifice: *The Cretans* by Euripides". *Contagion*, n. 4, 1997, p. 170 ss. Ver também Giuseppe Fornari, *Fra Dioniso e Cristo. La Sapienza Sacrificale Greca e la Civiltà Occidentale.* Bolonha, Pitagora, 2001.

[23] "Os jainistas não se alimentam de comida que envolve a morte de animais. Além da carne, tudo é proibido: o vinho e tudo o que seja intoxicante, como o mel." Porém, "cabe ao chefe de família abster-se (...) da violência intencional, mas não da violência acidental,

com um entendimento cristão. Ghandi viu uma relação entre a filosofia jainista e o cristianismo, mas acabou optando por um tipo de ação política mais compatível com este último. O cristianismo sugere uma dimensão política. Ele leva a uma intervenção nos assuntos mundanos, não na forma de simples proselitismo, como se costuma acreditar, mas na forma de uma conversão pessoal, individual, propondo Cristo como modelo a ser imitado. É nosso espírito cristão que nos permite destacar o jainismo como uma religião que contém nossos pressupostos éticos. O que tem apelo para a mente contemporânea nas religiões orientais é a ausência de um Deus transcendental. A narrativa fundadora do budismo, por exemplo, é estritamente individual: é um caminho pessoal que leva à revelação, e que portanto se encaixa muito melhor no individualismo contemporâneo.

Porém, há no jainismo um sistema extensivo de adoração de toda espécie de divindades, as quais apresentam elementos sacrificiais.[24] No cristianismo, a adoração foi definida nos termos da imitação de Cristo, com a mediação externa positiva, que é fundamental para a ideia do envolvimento dos cristãos nos assuntos mundanos. De fato, há fontes históricas que falam de conexões entre o jainismo e o judaísmo, que permanecem inexploradas e que são fascinantes. As evidências mais importantes são dadas por Frazer, que relata a presença de versões do julgamento de Salomão, que é tão central para a tradição judaico-cristã, em textos

---

da ocupacional e da protetora" (N. N. Bhattacharyya, *Jain Philosophy. Historical Outline*. Nova Délhi, Munshiram Manoharlal, 1999, p. 5).

[24] Há cinco seres supremos, chamados coletivamente de *Pancaparasthin*, que são objetos de adoração: "São divindades pré-védicas, cujos cultos foram naturalmente revividos nesse sistema antivédico. Além disso, os jainistas têm um panteão próprio, que consiste nos deuses *bhavanapati* (domésticos), *vyantara* (peripatéticos), *jyotiska* (estelares) e *vaimanika* (celestes). Eles também cultuam alguns deuses hindus como Ganesha, Bhairava, Hanuman e outros de origem não védica. Diversas formas de deusas-mães e de divindades de aldeias, e também animais sagrados, árvores, etc. são cultuados. Toda casta e família tem sua própria divindade de casta e de família" (Ibidem, p. 4).

*jainistas.*²⁵ *Ainda que não violento por natureza, o jainismo acabou recaindo em um sistema patriarcal de castas de herança bramânica hindu, que é muito difundido na Índia e que ainda representa uma forma de exclusão, de banimento simbólico e concreto.*²⁶ *Além disso, como sugerido em um colóquio recente do COV&R, a história das religiões e das sociedades na Ásia testemunha, de um ponto de vista descritivo, que as culturas e estados hindus e budistas não deixaram de ter violência, como se costuma acreditar, assim como aconteceu com o cristianismo histórico.*²⁷

O que entendi naquela conferência foi que todas essas religiões têm total ciência, de um ponto de vista normativo, da injustiça da violência, e reconheço absolutamente que as tradições orientais contribuíram para tornar aquelas sociedades menos violentas. Elas sabem que o ser humano deve abster-se da raiva, do ressentimento, da inveja, da violência, mas não estão totalmente cientes do mecanismo do bode expiatório. Elas sabem o que é o sacrifício, e tentaram gradualmente proibi-lo. A diferença que vejo entre elas e o cristianismo é que este foi capaz de formulá-lo nos Evangelhos e desmascarar completamente o mecanismo antropológico do sacrifício e da vitimação mimética.

O julgamento de Salomão e o espaço não sacrificial

Como já foi sugerido, o julgamento de Salomão é um dos mais poderosos textos antissacrificiais do Antigo Testamento, e central

---

²⁵ James Frazer, *Folk-lore in the Old Testament.* Vol. 2. Londres, Macmillan, 1918, p. 570-71.
²⁶ Hocart afirma que o sistema de castas tem origem sacrificial. Ver *Imagination and Proof. Selected Essays of A. M. Hocart.* Ed. Rodney Needham. Tucson, University of Arizona Press, 1987, p. 104.
²⁷ "Violence and Institution in Christianity, Judaism, Hinduism, Buddhism, and Islam", Congresso do COV&R, Boston College, Boston, 31 de maio a 3 de junho de 2000. As atas do congresso, editadas por Robert J. Daly, estão publicadas em *Contagion,* n. 9, 2002.

no desenvolvimento de seu argumento em Coisas Ocultas, *no qual o senhor tentou definir a possibilidade de um espaço não sacrificial.*[28]

É verdade. *Coisas Ocultas* construiu-se inteiro com base naquele texto, que desempenha um papel essencial em minha reflexão sobre o sacrifício. Como sabem, no texto há duas prostitutas que lutam por uma criança, ambas alegam diante de Salomão que a outra a roubou. Então Salomão traz a espada e ameaça partir a criança entre as mulheres. Uma delas aceita, enquanto a outra prefere desistir de seu filho, a fim de salvá-lo. Isso sempre me pareceu profético em relação ao Cristo, no sentido mais elevado. Na Idade Média, viam a figura de Cristo não na prostituta bondosa, mas em Salomão. A situação humana fundamental é a de um julgamento de Salomão sem Salomão algum! Em *Coisas Ocultas*, argumento que não se pode usar o mesmo termo para caracterizar a atitude de ambas as prostitutas. A prostituta má aceita o sacrifício sanguinário, homicida, e a outra o recusa. Na época, preferi não dizer que esta *sacrifica a si mesma* porque ainda temia que interpretassem suas ações como "masoquismo". Não se pode considerar masoquista a mulher disposta a morrer por seu filho, simplesmente porque ela deseja salvá-lo. O texto afirma o tempo todo que ela desiste do filho para que ele viva. Portanto, não está seduzida pela morte, mas ama a vida e se dispõe a morrer apenas para poupar o filho. É nisso que consiste o verdadeiro sentido do sacrifício de Cristo.

Conforme escrevi em *Coisas Ocultas*, não vejo diferença maior do que a existente entre aquelas duas atitudes, daí não ter utilizado a mesma palavra para descrevê-las. Uma vez que o sentido do sacrifício como imolação, assassinato, é o antigo, decidi que o termo "sacrifício" deveria aplicar-se ao primeiro tipo, o sacrifício criminoso. Hoje mudei de ideia. A distância entre as duas atitudes permanece infinita, não resta dúvida; e é a diferença entre

---

[28] 1 Reis 3, 16-28. Ver Girard, *Coisas Ocultas*, p. 285-93.

o sacrifício arcaico, que se volta contra um terceiro, tomando-o como vítima daqueles que estão lutando, e o sacrifício cristão, que é a renúncia de toda afirmação egoísta, inclusive da vida, se necessário, a fim de não matar.

Na verdade, as duas ações estão justapostas na mesma história.

Aí reside o ponto decisivo: porque uma semelhança também está em jogo. Se empregarmos o termo "sacrifício" no caso da prostituta bondosa, isso não significa que não poderemos utilizá-lo no caso da outra. *Coisas Ocultas* ainda foi escrito do ponto de vista da antropologia e, portanto, o cristianismo parece um tipo de "suplemento" em vez de converter tudo a sua perspectiva. Hoje escreveria o mesmo livro do ponto de vista dos Evangelhos, mostrando que veem a mulher má e o mau sacrifício como metáfora da inabilidade do ser humano para evitar a violência sem sacrificar os outros. Cristo, mediante *seu* sacrifício, liberta-nos dessa necessidade. E assim posso usar o termo "sacrifício" para nomear o ato de sacrificar a si mesmo como fez Cristo. Torna-se viável então dizer que, a seu próprio modo imperfeito, o primitivo, o arcaico é profético em relação ao Cristo. Não se pode encontrar diferença maior: de um lado, o sacrifício como assassinato; de outro, o sacrifício como disposição para morrer a fim de não tomar parte naquela primeira modalidade de sacrifício. Opõem-se radicalmente um ao outro, sendo contudo inseparáveis. Inexiste um espaço não sacrificial intermediário, de onde possamos descrever tudo com um olhar neutro. A história moral da humanidade é a passagem do primeiro sentido para o segundo, realizada por Cristo, mas não pela humanidade, que fez de tudo para escapar desse dilema e, sobretudo, para não vê-lo.

Essa mudança de perspectiva na sua teoria é ainda mais evidente quando comparada com o debate que o senhor teve com os teólogos da libertação em 1990 no Brasil. Franz Hinkelammert distinguiu os conceitos de "não sacrificial" e de "antissacrificial" para sugerir: "Será que realmente compreendemos o pensamento de Girard se o definimos como antissacrificial? Acho que não, porque seu pensamento é não sacrificial... A posição antissacrificial pode ser extremamente sacrificial".[29]

Lembro dessa discussão e acho que ele está certo. Escrevi um artigo a respeito de minha posição mais recente sobre o assunto, que foi publicado em um volume em homenagem a Raymund Schwager.[30] Schwager, como eu, acha que precisamos ver um fenômeno espontâneo de bode expiatório por trás da crucificação, e também por trás dos mitos. Toda a diferença está no reconhecimento desse fenômeno, que não pode ser encontrado nos mitos, mas que está presente nos Evangelhos. Mas a coisa mais extraordinária dos Evangelhos é que esse reconhecimento vem do próprio Cristo, e não dos evangelistas, que fazem tudo que podem para seguir Cristo, o que conseguiram fazer, de modo geral.

Gostaria de escrever uma interpretação inteiramente cristã da história da religião que se confundiria, na verdade, com a história do sacrifício. Nessa interpretação, as religiões arcaicas são as verdadeiras responsáveis por educar a humanidade, levando-a a abandonar a violência arcaica. Então, Deus torna-se vítima, a fim de libertar o homem da ilusão de um Deus violento, ilusão essa que precisava ser desfeita, em favor da compreensão que Jesus tem do Pai. As religiões arcaicas podem ser vistas como um estágio anterior em uma progressiva revelação que culmina no Cristo. Assim, devemos concordar com os que dizem ser a Eucaristia oriunda do canibalismo arcaico: em vez de dizer "não", temos de dizer "sim"! A verdadeira história do homem é

---

[29] Franz Hinkelammert. In: Hugo Assmann, *René Girard com Teólogos da Libertação. Um Diálogo sobre Ídolos e Sacrifícios*. Petrópolis, Vozes, 1991, p. 42.
[30] René Girard, "Mimetische Theorie und Theologie". In: Joseph Niewiadomski e Wolfgang Palaver (orgs.), *Vom Fluch und Segen der Sündenböcke*. Thaur-Vienna, Kulturverlag, 1995, p. 15-20. Também em Girard, *Celui par qui le Scandale Arrive*, p. 63 ss.

sua história religiosa, que remonta até o primitivo canibalismo, este também um fenômeno religioso. E a Eucaristia o incorpora, pois recapitula aquela história de alfa a ômega. Tudo isso é essencial. Ao compreendê-lo, dá-se um reconhecimento de que a história do homem inclui um início homicida: Caim e Abel. Em suma, não dispomos de um espaço perfeitamente não sacrificial. Ao escrever *A Violência e o Sagrado* e *Coisas Ocultas*, eu estava tentando encontrar esse espaço no qual poderíamos compreender e explicar tudo sem envolvimento pessoal. Agora sei que tal empreitada não pode ser bem-sucedida.

História e consciência sacrificial

Adotando uma formulação mais teológica, será que a ideia de um "Deus transiente e mutável", proposta por pensadores como Sholem, Hans Jonas e Sergio Quinzio, tem algo em comum com sua visão da religião como consciência crescente, do cristianismo como revelação e transformação do logos *violento em* logos *divino?*[31]

Não vejo Deus como uma entidade mutante. Defendo uma compreensão ontológica de Deus. Todavia, esse Deus tem uma estratégia pedagógica, por assim dizer, que começa com a religião arcaica e passa à revelação cristã. Essa é a única maneira pela qual uma humanidade livre pode desenvolver-se. Pode-se colocar o problema

---

[31] Ver, por exemplo, Sergio Quinzio, *La Sconfitta di Dio*. Milão, Adelphi, 1992: "Sholem percebeu que a concepção de um Deus vivo não é compatível com o princípio da imutabilidade de Deus. Outro pensador contemporâneo judeu, Hans Jonas, aproveita a imagem de um Deus que está se tornando, um Deus que vem a ser no tempo, embora no tempo da eternidade Deus seja um Ser completo, sempre idêntico a si mesmo. Além disso, a tradição hebraica fala da unificação de Deus com sua *Shekhinah* – sua presença no mundo, sua Glória, interpretada como sua mulher. Eles o fazem por meio da tradução de palavras dirigidas por Deus a Moisés desde a sarça ardente: 'Serei o que serei' (Êxodo 3,14). Quando traduzimos por 'Eu sou o que sou', favorecemos a ideia de um Deus-Ser" (p. 43).

em termos puramente lógicos, como fez Sartre: Deus não pode existir, porque, se Deus criou o homem, ele seria livre, logo o homem é livre, e Deus não existe. O sistema do bode expiatório mostra que o autor de *A Náusea* está errado, e que, ainda que exista a impossibilidade de que Sartre fala, Deus a transforma permitindo sacrifícios, graças aos quais os seres humanos educam-se e abandonam sua violência. Mas eles não conseguem realizar isso completamente, e precisam de Cristo, que compensará sua insuficiência. Assim, não é Deus que muda, mas a humanidade.

Há uma diferença estrutural entre a religião arcaica e o cristianismo. Dentro de um arcabouço arcaico, não há a percepção de que o bode expiatório é apenas um bode expiatório. Crê-se na culpa da vítima, porque todo mundo crê. No Evangelho também há um momento de unanimidade, quando todos os discípulos fogem de Jesus e seguem a multidão. A unanimidade é então destruída pela Ressurreição, e os discípulos, que são (direta ou indiretamente) responsáveis pelos Evangelhos, denunciam a multidão e também o sistema do bode expiatório. Nos Evangelhos é possível ver o confronto das duas posições, e assim o sistema é completamente revelado: primeiro os discípulos juntam-se à multidão, e depois vão contra ela, denunciando-a.

O Deus "transiente" de que esses pensadores estão falando é a transformação gradual do *sagrado* em *santo*. O Deus da Bíblia é inicialmente o Deus do sagrado, e depois cada vez mais o Deus do santo, alheio a toda violência, o Deus dos Evangelhos. A recusa cristã da atitude marcionita,[32] isto é, a recusa de abandonar a Bíblia judaica, o Antigo Testamento, é vista justamente como o

---

[32] No cristianismo primitivo, o marcionismo é uma crença dualista originada nos ensinamentos de Marcião de Sinope por volta do ano 144. A premissa do marcionismo é que muitos dos ensinamentos de Cristo são incompatíveis com o Deus da religião judaica. Concentrando-se nas tradições paulinas do Evangelho, Marcião julgava que todas as demais concepções do Evangelho, e sobretudo qualquer associação com a religião do Antigo Testamento, eram opostas à verdade, e portanto recaíam nos erros antigos.

sinal da crescente consciência das comunidades cristãs antigas. Há elementos de violência no Deus antigo, mas esses elementos são logicamente necessários, uma vez que prefiguram a recusa da violência que está no centro dos Evangelhos, que há simultaneamente uma ruptura e uma continuidade entre as religiões arcaicas e sacrificiais e a revelação bíblica, o que dispensa a violência, mas não nos autoriza simplesmente a condenar o sacrifício como se fôssemos por natureza estranhos à violência.

Sobre essa questão, como o senhor vê a tradição gnóstica? Ela também é parte da história da revelação?

Não é possível, na verdade, falar em uma tradição gnóstica. A gnose hoje é uma corrente atual, porque sempre há uma tentativa de afastar-se da Cruz, ou seja, de perpetuar a equivocação do homem em relação à sua violência, e proteger seu orgulho dessa revelação. Sem a Cruz, não há revelação da injustiça fundamental do mecanismo do bode expiatório, que é o fundamento da cultura humana, com todas as suas repercussões em nossos relacionamentos mútuos.

Acreditamos que o senhor está ciente de que sua visão da história da revelação pode ser criticada por ser linear e por depender de uma continuidade que não pode ser demonstrada. Não acha que essa explicação que acaba de fazer parece determinada por uma progressão linear que vai dos mitos arcaicos ao cristianismo?

Devo concordar que há um sentido de progresso. Não tenho problemas em dizer que de fato há um progresso em reconhecer a inocência da vítima, e que é isso que o cristianismo faz. Porém, jamais postulei que o processo era puramente linear, que evoluía sem interrupções uma vez que a revelação tivesse acontecido. Pelo contrário: o processo é altamente complexo, porque o homem tem a liberdade de escolher seu próprio caminho. E, francamente, ele optou de maneira bem constante pela violência, e hoje mais do que nunca.

Roberto Calasso fez exatamente a mesma crítica à sua crença em uma progressiva ação antissacrificial da revelação cristã: "Nessa visão tortuosamente iluminista, aflora, pelo contrário, a maior debilidade de Girard: a perseguição, de fato, nunca conheceu uma expansão tão grande como no Ocidente moderno, que ignora o sacrifício e o julga uma superstição".[33]

Calasso não percebe a ambivalência implicada em minha perspectiva. Acho sua descrição da sociedade moderna profunda e repleta de grandes intuições, embora unilateral demais. Ele não vê que defino o mundo moderno eminentemente como desprovido de proteção sacrificial, isto é, cada vez mais violento. Para mim, o movimento moderno da racionalidade não é intrinsecamente negativo; o progresso da ciência é um progresso real. Nesse sentido, Calasso tem razão em ver-me como um "homem do Iluminismo". Sempre recorro à fórmula de Jacques Maritain: com o passar do tempo, o bem e o mal aumentam no mundo.[34] Calasso é pró-sacrifício. É antimoderno ao extremo, além de não distinguir entre a revelação cristã e a o mau uso que dela fazemos hoje. Ele cultiva essa ideia nietzschiana e esotérica de que ser contra o sacrifício é necessariamente uma espécie de fraqueza dos indivíduos e das comunidades. Como Nietzsche, ele quer acreditar que ser *favorável* à violência sacrificial é melhor e a coisa certa a fazer. Uma das coisas que ele melhor compreende é o papel positivo, a utilidade do sacrifício. Em decorrência disso, Calasso é injusto com o cristianismo, em um sentido, em última análise, nietzschiano, embora entenda o sacrifício melhor e mais completamente do que Nietzsche. Compreende a função positiva

---

[33] Roberto Calasso, *La Rovina di Kasch*. Milão, Adélphi, 1983, p. 158-59.
[34] "A história progride tanto na direção do bem quanto na direção do mal." Jacques Maritain, *On the Philosophy of History*. Org. Joseph W. Evans. Nova York, Charles Scribner's Sons, 1957, p. 43.

do sacrifício nas sociedades arcaicas e vê que o mundo moderno está ameaçado por causa da perda dessa proteção sacrificial. Poucas pessoas estão iluminadas o bastante para ver isso.

A leitura de Nietzsche foi decisiva para muitos filósofos contemporâneos. O senhor admitiu, por exemplo, que sua interpretação de Dioniso só foi possível graças a ele. Quando Nietzsche formulou o sempre citado aforismo 125 de A Gaia Ciência, *no qual afirma que Deus está morto, ele compreendeu o fundamento da solução sacrificial?*[35]

Tentei mostrar que todos distorcem esse texto. Em vez de dizer "Deus está morto", Nietzsche na verdade está afirmando: "Nós O matamos". Depois disso, temos de inventar algum rito de reconciliação, ou seja, uma nova religião.[36] Em outras palavras, Nietzsche fala de uma refundação religiosa da sociedade. Anunciar a morte de Deus equivale a anunciar o nascimento Dele. É um grande texto sobre o eterno retorno da religião sacrificial, sobre a perpétua criação e recriação da cultura, fenômeno que sempre implica o assassinato fundador. Há textos que vão muito além do pensamento explícito de seus autores e esse é o caso de daqueles que definiram o eterno retorno como uma sucessão sem fim de crises sacrificiais

---

[35] René Girard, "Le Meurtre Fondateur dans la Pensée de Nietzsche". In: Paul Dumouchel (ed.), *Violence et Vérité: Autour de René Girard.* Paris, Grasset, 1985, p. 597-613. Para uma reavaliação extensiva de Nietzsche à luz da teoria mimética, ver R. Girard e G. Fornari, *Il Caso Nietzsche. La Ribellione Fallita dell'Anti-Cristo.* Milão e Genova, Marietti, 2001.

[36] Deus está morto! Deus continua morto! E nós o matamos! Como nos consolar, a nós, assassinos entre os assassinos? O mais forte e mais sagrado que o mundo até então possuíra sangrou inteiro sob os nossos punhais – quem nos limpará este sangue? Com que água poderíamos nos lavar? Que ritos expiatórios, que jogos sagrados teremos de inventar? A grandeza desse ato não é demasiado grande para nós? Não deveríamos nós mesmos nos tornar deuses, para ao menos parecer dignos dele? Nunca houve um ato maior – e quem vier depois de nós pertencerá, por causa desse ato, a uma história mais elevada que toda a história até então! (Friedrich Nietzsche, *The Gay Science.* Trad. W Kaufmann. Nova York, Random House, 1974, p. 181). [Edição brasileira: *Gaia Ciência.* Trad. Paulo César de Souza. São Paulo, Cia. das Letras, 2001, p. 148.]

que podemos encontrar no conhecido aforismo de Anaximandro e Heráclito. Comentadores, inclusive Heidegger, situam esse texto na rotina modernista da morte de Deus.

Repito: não creio que Nietzsche estivesse plenamente consciente do que disse no famoso aforismo. Acho que é um daqueles exemplos de um texto que corre à frente de seu autor. Não tenho certeza se Nietzsche percebeu as conotações essencialmente ritualísticas e sacrificiais das palavras que usou. Trata-se de uma leitura mais rica do que a "morte de Deus". O texto fala tanto do nascimento quanto da morte da religião, porque resultam na mesma coisa. A sentença mais reveladora é a que diz que a morte de Deus força os assassinos a inventar um novo culto religioso.

O senhor não acha que as últimas palavras que ele escreveu em 1889, à beira da loucura, "Condamno te ad vitam diaboli vitae" ("Condeno-te pela eternidade à vida do diabo") são o curto-circuito emblemático de seu projeto intelectual?[37]

Essa passagem com certeza é muito forte, e é difícil não interpretá-la dentro de um quadro cristão. Ele queria ficar do lado de Dioniso contra Cristo, e ao fazê-lo condenou-se ao inferno, porque Dioniso e Satanás são a mesma coisa. Há uma sentença de Heráclito que diz que Dioniso e Hades são idênticos.[38] Ter ciúmes de Cristo, como Gide disse que Nietzsche tinha, significa inevitavelmente ficar do lado de Satanás. E ficar do lado de Satanás significa ficar do lado da turba contra a vítima inocente, qualquer que seja o nome que se queira dar a isso. Recorde-se que já vimos: Satã, Satanás não é um ser sobrenatural;

---

[37] Friedrich Nietzsche, *Nachgelassene Fragmente. Anfang 1888 bis Anfang Januar 1889.* In: *Werke: Kritische Gesamtausgabe.* Org. Giorgio Colli e Mazzino Montinari. Berlim, de Gruyter, 1972, p. 461.

[38] "Mas *Hades* e Dioniso são o mesmo". Ver Charles H. Kahn, *The Art and Thought* of *Heraclitus.* Cambridge, Cambridge University Press, 1999, p. 81; H. Diels e W. Krantz, *Die Fragmente der Vorsokratiker.* Zurique, Weidman, 1985; Giuseppe Fornari, *Fra Dioniso e Cristo.*

nos quadros da teoria mimética é o *acusador*, aquele que dispara a violência unânime contra o futuro bode expiatório.

"Celui par qui le scandale arrive"

Em sua teoria, os seres humanos não são nem autônomos, pois seu desejo é sempre mimético, nem pacifistas, pois não podem evitar o desenvolvimento de formas de violência derivadas da natureza mimética de seu desejo. O senhor acredita que essa concepção da humanidade tenha influenciado negativamente a recepção do seu trabalho?

Devo rejeitar sua formulação. O desejo é sempre mimético, mas alguns humanos resistem ao desejo e a se deixarem levar pela violência mimética. Quando Jesus disse "É necessário que venham os escândalos" (Mateus 18,7-8),[39] refere-se a comunidades. Na maioria delas, há tanta gente que seria estatisticamente impossível a violência não estar presente, mas o indivíduo não está irremediavelmente preso ao desejo mimético. O próprio Jesus não estava. Falar sobre liberdade significa falar da capacidade do homem resistir ao mecanismo mimético.

Então, a única liberdade que temos é a de imitar Jesus, isto é, não se unir ao ciclo mimético.

Ou imitar alguém. Lembre-se de que Paulo disse: "Sede meus imitadores" (1 Coríntios 4,16). Não por orgulho pessoal ou presunção, mas porque ele mesmo imita Jesus, que, por sua vez, imita o Pai.

---

[39] A Nova Versão Internacional, por exemplo, evita a palavra *escândalo*: "Ai do mundo, por causa das coisas que fazem tropeçar! É inevitável que tais coisas aconteçam, mas ai daquele por meio de quem elas acontecem!" Conferir para efeito de contraste, a Bíblia de Jerusalém: "Ai do mundo por causa dos escândalos! É necessário que haja escândalos, mas ai do homem pelo qual o escândalo vem!".

Ele é apenas parte de uma cadeia infindável de "boa" imitação, imitação sem rivalidade, aquela que os cristãos tentam criar. Os "santos" são elos dessa cadeia..

Nosso livre-arbítrio, portanto, é dado pela escolha entre acusar os outros ou ter compaixão por eles.

Não vejo por que a ideia dessa imitação implicaria a acusação daqueles que não a praticam. Toda acusação é uma tentativa de sair do jogo à custa de um bode expiatório. É isso que Cristo nunca faz. O Evangelho de João diz: "Vós sois do diabo, vosso pai, por isso não ouvem a minha voz".[40] Há dois modelos fundamentais: Cristo e Satanás. A liberdade é um ato de conversão a um ou ao outro. Do contrário, é uma completa ilusão. Por isso, Paulo diz que "estamos acorrentados, mas somos livres".[41] Somos livres porque podemos nos converter a qualquer momento. Como já expliquei, converter-se significa tomar consciência de que somos perseguidores. Isso quer dizer escolher Cristo ou alguém semelhante a Cristo como modelo de nossos desejos. Isso também quer dizer ver a si mesmo como um ser no processo de imitação desde o início. Converter-se é descobrir que, sem saber, sempre estivemos imitando os modelos errados, modelos que nos levam ao círculo vicioso dos escândalos e da frustração perpétua.

Se a palavra skándalon *quer dizer "rivalidade mimética", por que no Evangelho ela está associada tanto com Satã quanto com Cristo, na medida em que ele chama a si mesmo* skándalon *(João 6,41-42)?*

---

[40] "Por que não reconheceis minha linguagem? É porque não podeis escutar minha palavra. Vós sois do diabo, vosso pai, e quereis realizar os desejos de vosso pai. Ele foi homicida desde o princípio e não permaneceu na verdade, porque nele não há verdade: quando ele mente, fala do que lhe é próprio, porque é mentiroso e pai da mentira. Mas, porque digo a verdade, não credes em mim. Quem, dentre vós, me acusa de pecado? Se digo a verdade, por que não credes em mim? Quem é de Deus ouve as palavras de Deus; por isso não ouvis: porque não sois de Deus" (João 8,43-47).
[41] Romanos 6,18: "E assim, livres do pecado, vos tornastes servos da justiça".

Cristo anuncia, antes da Paixão, que se tornará um *skándalon* para todos e também para seus discípulos, pois eles exercerão uma função na Paixão. O termo *skándalon* quer dizer "obstáculo mimético", algo que desencadeia a rivalidade mimética. O tratamento da palavra *skándalon* mostra quão incompleta é nossa exegese das escrituras. Há calhamaços sobre termos que ocorrem uma ou duas vezes no Evangelho, como a palavra *lógos*, que sem dúvida tem imensa importância, mas está circunscrita ao prólogo do Evangelho segundo João. Sobre o termo *skándalon*, contudo, não se acha um livrinho sequer. Espantosamente, não se encontra uma linha sequer sobre essa palavra crucial, que aparece constantemente em todas as partes da Bíblia e nos quatro Evangelhos.

Como disse em *Eu Via Satanás*, Satã e *skándalon* são o mesmo.[42] Jesus anuncia a Paixão a Pedro pela primeira vez; ele associa os dois termos quando diz a Pedro: "Afasta-te de mim, Satanás. Tu me serves de *skándalon* (pedra de tropeço)" (Mateus 16,23). Embora *skándalon* e Satã sejam fundamentalmente a mesma coisa, ambos enfatizam diferentes aspectos do mesmo fenômeno. No caso do *skándalon*, a ênfase estaria nas fases iniciais do ciclo mimético – o da rivalidade mimética entre indivíduos, que são obstáculos uns para os outros; ao passo que Satã refere-se a todo o mecanismo mimético. É verdade que o termo *skándalon* também se aplica à cruz, uma vez que Jesus diz ser "bem-aventurado aquele que não se escandalizar por causa de mim" (Mateus 11,6). E uma das mais brilhantes expressões de Paulo é: "Anunciamos Cristo crucificado, que para os judeus é *skándalon*, para os gentios é loucura (1 Coríntios 1,23).[43] A cruz é *skándalon* porque os homens não

---

[42] Ver Girard, *I See Satan*, p. 33.
[43] Nova Versão Internacional: "Nós, porém, pregamos a Cristo crucificado, o qual, de fato, é escândalo para os judeus e loucura para os gentios". Conferir, para efeito de contraste, a Bíblia de Jerusalém: "nós, porém, anunciamos Cristo crucificado, que para os judeus é escândalo, para os gentios, é loucura". *Biblia Sacra Vulgata*: "*nos autem praedicamus Christum crucifixum Iudaeis quidem scandalum gentibus autem stultitiam*". Ver também Girard, *I See Satan*, p. 193.

entendem um Deus impotente, que humildemente sofre perseguição. Portanto, tropeçam nessa ideia.

Tanto Jesus quanto Satanás instam à imitação. A imitação é o caminho para a nossa liberdade, porque somos livres para imitar Cristo em sua sabedoria incomparável de modo benevolente e obediente, ou, ao contrário, imitar Satanás, isto é, imitar Deus em um espírito de rivalidade. O *skándalon* se torna a incapacidade de fugir à rivalidade mimética, uma incapacidade que transforma a rivalidade em um vício, em uma servidão, porque nos ajoelhamos diante daqueles que são importantes para nós, sem perceber o que está em jogo. A proliferação de escândalos, isto é, da rivalidade mimética, é aquilo que produz desordem e instabilidade na sociedade, mas essa instabilidade é encerrada pela resolução do bode expiatório, que produz ordem. Satanás expulsa Satanás, ou seja, o mecanismo do bode expiatório produz uma falsa transcendência que estabiliza a sociedade, por meio de um princípio satânico, e a ordem só pode ser temporária, e está condenada a reverter, mais cedo ou mais tarde, à desordem dos escândalos.

O senhor quer dizer que, ao reunir Satã e o skándalon, *Cristo revela a falsidade das acusações sobre as quais a ordem sacrificial está fundamentada?*

Sim. No cristianismo, não se deve acreditar em Satã. Os credos cristãos não mencionam Satã. Ele é uma poderosa figura de linguagem para descrever a unanimidade da multidão quando acusa a vítima de ser culpada, e então sacrifica a vítima inocente sem qualquer remorso. Pode-se dizer que Satã é um não-ser no sentido de que o mecanismo vitimário é inconsciente. Satã é o sujeito da estrutura. Ele é o sistema da mímesis nociva. Na verdade, não há manipulação de cima, o sistema funciona por si só. (Talvez seja por isso que Dante ilustra, no Inferno, Satã como uma grande máquina, um tipo de marionete colossal.) Na questão da rivalidade entre duplos, uma espécie de força transcendental sempre foi identificada: chama-se

Destino na épica indiana, *Moira* na cultura grega, *Schicksal* na obra de Heidegger. É interessante ver que, na Bíblia, partindo da história de Caim e Abel, não existe destino. Caim é livre para escolher, e Deus procura persuadi-lo a não matar o irmão. Por isso, em termos cristãos, Satã não tem qualquer tipo de existência substancial. Equivale a todo o mecanismo mimético que ainda rege as relações humanas. O sentido profundo do cristianismo é este: sempre seremos miméticos, mas não temos de sê-lo de uma forma satânica.[44] Vale dizer, não precisamos nos engajar perpetuamente em rivalidades miméticas. Ou ainda: em vez de acusar o próximo, podemos aprender a amá-lo.

---

[44] A substituição cristã da ordem sacrificial pela nova ordem baseada nos dez mandamentos fica clara em Marcos 12,33: "e amá-lo [a Deus] de todo o coração, de toda a inteligência e com toda a força, e amar o próximo como a si mesmo vale mais do que todos os holocaustos e todos os sacrifícios".

capítulo 7 - modernidade, pós-modernidade e além

> *Como creio que no futuro distante o homem será uma criatura muito mais perfeita do que é hoje, é intolerável a ideia de que ele e todos os outros seres sencientes estejam condenados à total aniquilação após um progresso tão lento, longo e contínuo.*
> Charles Darwin, *Autobiografia*

O sentimento apocalíptico

Em uma das suas conversas com Gianni Vattimo, ele deu a entender que o senhor não está preocupado com a elaboração de uma teoria da modernidade e da pós-modernidade, e que o senhor parece não levar em conta todas as implicações interpretativas possíveis de sua teoria em relação ao mundo contemporâneo.[1] Como o senhor responde a isso?

Primeiro, devo dizer que sou um teórico da mitologia: não sou moralista, nem pensador religioso. Posso responder perguntas sobre esses temas, mas eles não são minha preocupação central. Contudo, há como que um esboço de uma teoria da modernidade ao final de *Je Vois Satan Tomber comme l'Éclair* que é puramente apocalíptica.[2] Para mim, qualquer entendimento do mundo contemporâneo tem

---

[1] Na Conferência de 2001 do COV&R em Antuérpia, na Bélgica, em 2 de junho: "The Place of Girard's Mimetic Theory in the History of Philosophy". Ver René Girard e Gianni Vattimo, *Cristianismo e Relativismo: Verdade ou Fé Frágil?*. São Paulo, Santuário, 2010.
[2] René Girard, *I See Satan*, p. 182-87.

de ser mediado pela leitura de Mateus 24. A parte mais importante é a sentença "Onde estiver o cadáver, aí se ajuntarão os abutres" (Mateus 24,28), porque ela parece uma decomposição do mecanismo mimético. O mecanismo está visível, mas não funciona. No Evangelho de João também há elementos apocalípticos: como Jesus provoca discórdia entre os judeus, a rejeição dele fica cada vez mais violenta (João 8,31-59).

Os sentimentos apocalípticos dos cristãos primitivos não eram pura fantasia. É preciso discutir esses textos: eles são tão relevantes hoje quanto eram na época em que foram escritos, e acho desconcertante que tantas igrejas tenham parado de pregar a respeito deles. Isso começou na época em que a bomba nuclear foi inventada e usada, quando decidiram dar um rumo no medo que estava se espalhando pelo mundo. Temos esses textos fundamentais sobre nossa coletividade, mas nos recusamos a discuti-los. Jefferson, na esteira de Darwin, não aceitava imaginar a extinção de uma espécie nacional. Marx, por ser aristotélico, acreditava na eternidade do mundo. A experiência de nossa própria época, porém – com seu uso impiedoso e ilimitado da violência –, dá a sensação de que não há mais tempo, que era o que os primeiros cristãos inevitavelmente sentiam: "o tempo se fez curto", escreve Paulo aos Coríntios (1 Coríntios 7,29). O sentimento apocalíptico é a consciência de que a empresa do bode expiatório chegou ao fim, e que portanto nada mais pode acontecer. O que mais poderia acontecer após a revelação cristã? E ao mesmo tempo, o que pode acontecer ao nosso mundo se a precária ordem de falsa transcendência imposta pelo mecanismo do bode expiatório parar de funcionar? Toda grande experiência cristã é apocalíptica porque aquilo que se percebe é que após a decomposição da ordem sacrificial não resta nada entre nós e a possibilidade de nossa destruição. Como isso vai se materializar, realmente não sei.

Derrida fala de um "tom apocalíptico geral em filosofia" nos últimos anos, quando ele escreve que os temas escatológicos, a partir da década de 1950, têm sido nosso "pão de cada dia" desde então.³ Sua teoria é parte dessa tendência?

Não. Não pertenço a essa escola de pensamento.⁴ Entretanto, devo dizer que, no plano histórico, depois da Segunda Guerra Mundial, algo aconteceu a princípio da vítima: tornou-se infinitamente mais difundido e adquiriu grande importância política.

Como assinalei em meu livro *Je Vois Satan*,⁵ creio que a interpretação filosófica mais plausível do holocausto é, do meu ponto de vista, que este foi uma tentativa de dissociar o Ocidente de seu empenho em salvar vítimas. Claro, a mesma tentativa já estava presente durante a Primeira Guerra Mundial, sobretudo no antissemitismo recorrente desde a Idade Média. No entanto, o caráter explícito do holocausto nazista é incomparável. Ele supunha que o princípio da vítima poderia ser enterrado sob *tantas* vítimas que todos veriam que a falsidade do princípio. A tentativa fracassou.

Vivenciamos diversas formas de totalitarismo que negavam abertamente os princípios cristãos. Havia um totalitarismo de esquerda, que tentou superar o cristianismo; e havia um totalitarismo de direita, que considerava o cristianismo muito indulgente com as vítimas. Esse tipo de totalitarismo não só está vivo, como, ao contrário, tem um grande futuro. Não tardará a aparecer um pensador que reformulará esse princípio, conferindo-lhe um tom politicamente correto e uma forma mais virulenta, tornando-o mais anticristão em uma caricatura ultracristã. Dizer que algo é, ao mesmo tempo, mais cristão e mais anticristão implica o conceito de Anticristo.⁶

---

³ Jacques Derrida, *Specters of Marx*. Trad. Peggy Kamuf. Nova York e Londres, Routledge, 1994, p. 15.
⁴ Derrida seleciona o "cânon do apocalipse moderno (fim da História, fim do Homem, fim da Filosofia – Hegel, Marx, Nietzsche, Heidegger...)", ibidem.
⁵ Girard, *I See Satan*, p. 170-71.
⁶ O termo "anticristo" está presente em duas das epístolas de S. João: 1 João 2,18-19: "Filhinhos, é chegada a última hora. Ouvistes dizer que o Anticristo deve vir; e já vieram muitos anticristos: daí conhecemos que é chegada a última hora"; e 2 João 7: "Porque

O "Anticristo" nada mais é senão a ideologia que se pretende mais cristã que o cristianismo, imitando-o sob o espírito de rivalidade.

Trata-se do projeto nietzschiano contra o cristianismo?

É uma combinação dos dois. Pode-se antever a forma do que será o Anticristo no futuro: uma máquina supervitimológica que continuará a sacrificar em nome da vítima.

Em O Fim da História, *panfleto controverso e muito criticado, Francis Fukuyama escreveu que chegamos ao "ponto final da evolução ideológica da humanidade". Contudo, ele sugere que o homem pode estar disposto em algum momento a "arrastar o mundo de volta para a História, com todas as suas guerras, injustiças e revoluções".*[7]

A ideia do fim da história como fim das ideologias é simplesmente enganosa. As ideologias não são violentas em si, o homem é que é violento. As ideologias fornecem a grande narrativa que encobre nossa tendência vitimadora. Elas são os finais felizes míticos de nossas histórias de perseguições. Se você olhar com cuidado, verá que a conclusão dos mitos é sempre positiva e otimista. Sempre acontece uma restauração cultural depois da crise e da resolução pelo bode expiatório. O bode expiatório fornece o fechamento sistêmico que permite que o grupo social volte a funcionar, passe pelo mesmo processo de novo e permaneça cego para seu fechamento sistêmico (a crença de que aqueles que são feitos de bodes expiatórios são verdadeiramente culpados).

---

muitos sedutores que não confessam a Jesus Cristo encarnado espalharam-se pelo mundo. Este é o Sedutor, o Anticristo". Ver também 1 João 4,3.

[7] Francis Fukuyama, *The End of History and the Last Man*. Londres, Hamish Hamilton, 1992, p. 312. [Edição brasileira: *O Fim da História e o Último Homem*. Trad. Aulyde S. Rodrigues. Rio de Janeiro, Rocco, 1992.]

Depois da revelação cristã, isso não é mais possível. O sistema não pode mais ser reativado por nenhuma forma de resolução farmacológica, e o vírus da violência mimética pode espalhar-se livremente. É por essa razão que Jesus diz: "Não penseis que vim trazer paz à terra. Não vim trazer paz, mas espada." (Mateus 10,34). A Cruz destruiu para sempre a força catártica do mecanismo do bode expiatório. Por isso o Evangelho não traz um final feliz para nossa história. Ele simplesmente nos mostra duas opções (e é isso que as ideologias nunca nos dão: liberdade de escolha): ou imitamos Cristo e desistimos de toda a nossa violência mimética, ou corremos o risco da autodestruição. O sentimento apocalíptico tem seu fundamento nesse risco.

Em uma entrevista dada ao Le Monde a respeito dos recentes ataques terroristas, o senhor disse que "o que se passa hoje é uma rivalidade mimética em escala planetária". O que quis dizer com isso?

O erro é sempre raciocinar usando categorias de "diferença" quando a raiz de todos os conflitos é na verdade a "competição", a rivalidade mimética entre pessoas, países, culturas. A competição é o desejo de imitar o outro com o propósito de obter a mesma coisa que ele possui, usando a violência se for preciso. Não há dúvida de que o terrorismo está ligado a um mundo "diferente" do nosso, mas aquilo que dá origem ao terrorismo não está nessa "diferença" que o distancia ainda mais de nós e que o torna inconcebível para nós. Está, pelo contrário, no desejo de convergência e de semelhança. As relações humanas são essencialmente relações de imitação, de rivalidade. O que experimentamos agora é uma forma de rivalidade mimética em escala planetária. Quando li os primeiros documentos de Bin Laden e encontrei suas alusões ao bombardeio americano do Japão, senti inicialmente que estava em uma dimensão que transcendia o islã, uma dimensão do planeta inteiro. Debaixo do rótulo de islã encontramos a vontade de congregar e de mobilizar todo um terceiro mundo de frustrados e de vítimas em suas relações de rivalidade mimética com o ocidente. Mas as torres destruídas tinham tanto estrangeiros quanto americanos. Agora, em sua eficiência, na sofisticação dos meios usados, no conhecimento que tinham dos EUA, em seu treinamento, os autores do ataque não eram em certo sentido ao menos parcialmente americanos? Aqui estamos no meio do contágio mimético.

Longe de afastar-se do ocidente, eles não têm como evitar imitá-lo e adotar seus valores, ainda que não os confessem, e também estão consumidos, assim como nós, pelo desejo por sucesso individual e coletivo. O sentimento não é verdadeiro para as massas, mas para as classes dominantes. No plano da fortuna pessoal, um homem como Bin Laden não tem necessidade de invejar ninguém. E houve muitos líderes de partidos e de facções nessa situação. Por exemplo, Mirabeau, no início da Revolução Francesa, tinha um pé em um lado e outro pé no outro, e o que fez ele, além de viver seu ressentimento do modo mais amargo?

A modernidade e seu descontentamento

Vamos voltar um pouco nessa trajetória histórica, pois gostaríamos de discutir primeiro a constituição moderna da nossa sociedade do ponto de vista da teoria mimética. Vimos que o desejo mimético não é uma invenção moderna. Contudo, há uma troca de marcha com a modernidade, relacionado ao crescente processo de individualização, que implica uma mudança dramática de uma ordem social fundada na mediação externa para outra fundada na mediação interna.

É preciso cautela ao estabelecer delimitações temporais. Da perspectiva do desejo mimético, pode-se dizer que a modernidade começa no Renascimento. Ninguém a retrata melhor que Shakespeare. A referência ao desejo mimético já está presente em sua obra. O desejo mimético em Shakespeare é exatamente o mesmo de hoje. Ele fala de um "desejo sugerido" em *O Estupro de*

Lucrécia, e ele tem fórmulas como "amor segundo olhos alheios" ("*love by another's eyes*").[8] "Desejo sugerido" é a compreensão mais aguda do "desejo mimético" que se pode achar na literatura, embora com um significado mais passivo, e eu mesmo não o queira usar, pois "sugerido" parece indicar a supressão do nosso livre arbítrio. É como se estivéssemos possuídos e não fôssemos responsáveis por nossas ações.

Quanto à emergência do indivíduo, é importante não considerá-lo apenas uma ilusão do desejo mimético. Esse é um ponto muito importante. Sem dúvida, da perspectiva do mecanismo mimético, que é também a perspectiva cristã, o indivíduo real existe. É aquele que contraria a multidão por razões não relacionadas a um desejo mimético negativo, é aquele que pode resistir à multidão. Nietzsche não poderia estar mais equivocado, ao declarar que o cristianismo é a religião da multidão, em oposição a Dioniso, que é visto como a religião da aristocracia, de uma minoria. É exatamente o contrário: Dioniso é a multidão; o cristianismo, a minoria capaz de resistir à multidão. O indivíduo cristão contraria a multidão; ele ou ela não se une à multidão na solução vitimaria da crise mimética, e, além disso, denuncia o mecanismo do bode expiatório como um assassinato, ao declarar a inocência da vítima.[9]

Os aspectos da individualidade moderna são, em sua maioria, ambíguos. Vivemos em um mundo com cada vez menos necessidade e portanto cada vez mais desejo. Isso é bom e ruim, porque o desejo mimético pode ser uma coisa ou outra. O mesmo vale para o indivíduo moderno. Existem hoje reais possibilidades de uma verdadeira autonomia, de juízos individuais, porém costumamos abrir mão delas em nome de uma falsa individualidade, ditada pela mímesis negativa. Em outras palavras, tem a ver com a moda: hoje em dia,

---

[8] Ver Girard, *Shakespeare: Teatro da Inveja*, p. 241-64.
[9] Para uma maior discussão da filosofia de Nietzsche à luz da teoria mimética, ver René Girard, "Dionysus versus the Crucified". *MLN*, n. 92, 1977, p. 1161-85; "Nietzsche and Contradiction". *Stanford Italian Review*, n. 1, v. 2, 1986, p. 53-65.

ninguém é convencional, cada um se julga mais original que o outro, e assim por diante. O único modo de definir a modernidade é caracterizá-la como universalização da mediação interna, pois não há áreas da vida que manteriam as pessoas afastadas umas das outras, e isso significa que a construção de nossas crenças e identidade não pode deixar de ter fortes componentes miméticos.

Segundo o senhor, "uma sociedade funcional é aquela dominada pela mediação externa".[10] A sociedade ocidental é funcional, visto que é dominada pela mediação interna?

Uma sociedade funcional é aquela cujas instituições funcionam sem serem constantemente interrompidas pela violência. Na sociedade indiana, por exemplo, há o conceito de *dharma*, ou seja, de separação de castas e de que todos estão fazendo o que deveriam fazer.[11] Portanto, uma sociedade funcional regida pela mediação externa é uma sociedade hierárquica, tradicional. No Ocidente, temos algo especial – uma sociedade que pode ser estável sem hierarquia, e, portanto, extrapolamos a definição de ordem social baseada no *dharma*. Claro, é preciso observar isso do ponto de vista da teoria mimética e como resultado de um processo histórico. Um tipo de mediação externa ainda vigia na Idade Média ocidental e, em termos de *dharma*, a saber, a ordem social e religiosa, a ordem hierárquica, podia ser definida como uma sociedade funcional. O seu declínio aconteceu no período que vai do Renascimento ao Iluminismo. Mas a Idade Média já não pode ser vista como inteiramente "tradicional", ou por ter sido demasiado caótica (de um modo pré-cristão), ou por ter significado a desintegração de certo tipo de ordem, que provavelmente predominava no Ocidente, até um dado

---

[10] René Girard, "Interview". In: Richard J. Golsan (org.), *René Girard and Myth: An Introduction*. Nova York, Garland, 1993, p. 153, n. 4.
[11] *Dharma* designa a ideia tradicional de ordem natural e institucional na Índia, e a tradição hindu define as obrigações individuais com relação a casta, comportamento social, direito civil e direito sagrado, em oposição à indiferenciação mimética.

ponto dos séculos XII e XIII. Sobretudo, havia a constante ameaça de escassez de recursos, um fator decisivo para o desencadeamento de crises miméticas. Atualmente há uma estabilidade não mais baseada no *dharma* e inevitavelmente fundada no princípio judaicocristão do indivíduo que precisa dominar seus próprios impulsos.

Parece que a sociedade moderna criou outras formas de dharma que ajudam a manter a violência sob controle. Com base no conceito de distância social formulado por Durkheim, Stefano Tomelleri vê a divisão do trabalho como uma forma de lidar com a rivalidade mimética, estabelecendo uma distância social decisiva entre os seres humanos.[12] Isso lembra o panóptico de Jeremy Bentham, ou seja, um instrumento para controlar o comportamento humano, evitando toda e qualquer forma de rivalidade mimética, por meio daquela fonte externa de controle.[13] Em ambos os casos, há o propósito de erradicar a violência. Como o senhor encara uma ordem social contemporânea na qual se tenta lidar com a violência, muito embora se reconheça seu papel constitutivo?

Ao contrário do sistema de classes, a divisão do trabalho hoje deixa espaço para o indivíduo, ao menos em princípio. O mercado pode forçar-nos a fazer certas escolhas em vez de outras. Mas é equivocado dizer, como disseram os marxistas, que o capitalismo é um tipo de sociedade de classes, atribuindo-lhe, com essa etiqueta, uma completa rigidez. A divisão do trabalho sofreu importantes alterações em anos recentes, e não tenho certeza de que posso dar uma explicação definitiva sobre esse fenômeno. Certamente, a organização do trabalho é especialmente relevante para a estabilidade da sociedade norte-americana. Quando falam no *American dream*, as

---

[12] Ver Stefano Tomelleri, *René Girard: La Matrice Sociale della Violenza*. Milão, FrancoAngeli, 1996, p. 42. A alusão é a E. Durkheim, *The Division of Labor in Society*. Trad. George Simpson. Glencoe, The Free Press,1960. [Edição brasileira: *Da Divisão do Trabalho Social*. Trad. Eduardo Brandão. São Paulo, WMF Martins Fontes, 2010.]

[13] Jeromy Bentham, "The Panopticon". In: *The Works of Jeremy Bentham*. Vol. 4. Edição de John Bowing. Edimburgo, Tait, 1838-43.

pessoas exageram e o superestimam, mas não é algo inteiramente falso. E se repararmos nos *nouveaux riches* do Vale do Silício, encontraremos vários que começaram do nada e um bom percentual de imigrantes, principalmente da Índia e da China.

Portanto, não tenho certeza se concordaria totalmente com a afirmação de que a divisão do trabalho mantém a rivalidade mimética sob controle, mas, ao mesmo tempo, é uma assunto bastante complexo. Há indiscutivelmente mais mobilidade social nos Estados Unidos do que na Europa. Contudo, vivemos em um mundo em que a mobilidade social, embora passe por fases de inibição e rigidez local, está constantemente aumentando. A injustiça estrutural, conquanto ainda presente, tem sido gradualmente coibida pela ética cristã, e o mercado procura por maior circulação de "capital humano".

O senhor está dizendo que hoje a mobilidade social é uma forma de lidar com a rivalidade mimética?

Sem dúvida que é. Os Estados Unidos nunca recaíram em contradições totalitárias, entre outras razões, por causa de sua fluidez social, sua ampla mobilidade tanto em termos geográficos quanto sociais. A moderna economia ocidental caracteriza a primeira civilização que aprendeu a utilizar a rivalidade mimética positivamente. A isso chamamos de competição econômica. Às vezes, essa competição foge ao controle, mas geralmente homens de negócios que competem não matam seus concorrentes (às vezes, matam a si mesmos...). Por que podemos usar a competição mimética de maneira positiva? Pela simples razão que acreditamos poder impedir essa competição de tornar-se violenta. A competição capitalista ficaria inviabilizada, se não fosse restringida por regras morais, regras essas que, em última análise, vêm do cristianismo.

Seria útil fazer um relato histórico da competição mimética em diferentes contextos?

É muito difícil determinar quando a competição mimética começou como uma fonte viável de riqueza e ordem, e como ela se desenvolveu. Durante a Idade Média na Europa, a competição mimética já estava mais difundida do que nas sociedades de períodos anteriores, por causa dos mercadores, dos artesãos e das cidades livres. A competição mimética poderia ser graficamente representada por uma pirâmide invertida, cuja base sempre se ampliasse. Para dar um único exemplo da mudança de marcha que ocorreu na Europa: no século XVII, por precisar de dinheiro, Luís XIV se viu obrigado a convidar um financista judeu a Versalhes. O rei teve de paparicá-lo porque precisava de dinheiro! Não podia apenas tomar-lhe o dinheiro sem violar regras demasiado vitais para serem ignoradas impunemente. A despeito de seu tremendo poder, Luís XIV já estava enredado em um sistema econômico que se desenvolvia independentemente da monarquia absoluta.

O senhor não acha que também é importante enfatizar o papel da ética secular, baseada no desenvolvimento das instituições jurídicas, e também no funcionamento da economia no capitalismo, intrinsecamente relacionado aos avanços tecnológicos? Esses fatores mantêm a rivalidade mimética sob controle. Eles desempenham o papel do kathecon, *uma força que pode simultaneamente "segurar, retardar" e "circunscrever, conter", como o senhor observou em* Je Vois Satan.[14]

---

[14] René Girard, *I See Satan*, p. 186. A palavra *katechon* é mencionada em 2 Tessalonicenses 2,6-7. O verbo grego é uma palavra composta de *kata* (para baixo) e *echo* (ter ou segurar), e daí vem seu sentido de "conter ou prender". O *Theological Dictionary of the New Testament* define *katech* da seguinte maneira: "impedir uma pessoa ou força maligna de libertar-se". O duplo sentido do verbo foi enfatizado por Jean-Pierre Dupuy em uma discussão de um congresso do COV&R em 1994 em Wiesbaden: "Theology and/or Secular Thinking: Discussion on Political Philosophy, Economy, and Sociology." Ver particularmente Wolfgang Palaver, "Hobbes and the Katechon: The Secularization of Sacrificial Christianity". *Contagion*, n. 2, 1995, p. 57-74. Para uma discussão maior dessa ideia, ver René Girard, *Celui par qui le Scandale Arrive*, p. 148-50.

Paul Dumouchel afirma que, em termos de controle institucional, o sistema judicial, por exemplo, sempre consegue controlar a violência marginal e esporádica, mas não tem poder para controlar a violência se ela vai além de certos limites. Assim, a instituição legal por si tem uma capacidade limitada de impedir a violência coletiva.[15] Mesmo assim, concordo com você em princípio. Vivemos em um mundo no qual certas áreas funcionam de acordo com leis objetivas, e essas leis impedem escaladas miméticas, como no caso da competição econômica e da economia de livre mercado. Também é verdade que essa competição mimética produz altas doses de ressentimento, que pode ser socialmente "guardado" e tornar-se algo prejudicial em outro momento. A tecnologia também – como escrevi em meu posfácio a *L'Enfer des Choses* [O Inferno das Coisas] – certamente ajuda na canalização da competição mimética e da violência.[16] Ela não está limitada por nenhuma lei mimética, e desempenha um papel crucial em nossa vida na medida em que diminui o impacto de impulsos miméticos. Contudo, é verdade que ela também aumenta a força de possíveis ações prejudiciais de agressão e de violência.[17]

O mercado como sagrado

O mercado parece ser um ponto de convergência de uma recapitulação histórica dos mecanismos miméticos. É um sistema sofisticado que lida com a mímesis de apropriação. Busca reverter os efeitos da mímesis nociva, produzindo riqueza econômica por meio da livre concorrência. Contudo, para falar nos termos de Dumezil e Serres, Quirino é o Deus a quem sacrificamos mais e mais vítimas. A econometria é o cálculo do número tolerável de sacrifícios em um determinado

---

[15] Ibidem, p. 200.
[16] René Girard, "Postface", em Michel Deguy e Jean-Pierre Dupuy, *René Girard ou le Probléme du Mal*. Paris, Grasset, 1981, p. 262.
[17] Bernard Mandeville, *The Fable of Bees: Or Private Vices, Public Benefits*. Editor E. B. Kaye. Indianapolis, Liberty Fund, 1988.

mercado.¹⁸ Podemos dizer que a economia e o mercado estão fundados no princípio da exclusão? Em outras palavras, quem não estiver dentro do mercado é banido, sacrificado, por assim dizer.

Acho essa formulação excessiva. Sobre esse assunto, concordo com Eric Gans. Para ele, a globalização é um desdobramento econômico em primeiro lugar que produz riqueza e ajuda a estabilizar a sociedade, e não possui um comando central; trata-se de um sistema que se organiza a si mesmo.¹⁹ Sem menosprezar o papel e o impacto da economia *per se*, a meu juízo, é sobretudo a abolição não só do sacrifício propriamente dito, mas também da ordem sacrificial como um todo: é a disseminação circunscritiva da ética e da epistemologia cristãs em relação a todas as esferas da atividade humana. A própria economia, do modo como se desenvolveu, seria impossível sem o arcabouço cristão. Trata-se de uma realidade tão complexa que os estudiosos que tentam analisá-la chegam a conclusões radicalmente diferentes quanto a sua viabilidade. Para ter um arcabouço comparativo, deveríamos comparar nosso mundo com o que existia em um determinado momento do passado, quando as forças modernas ainda não eram dominantes. Isso, porém, é muito difícil, porque não dispomos de informação suficiente sobre as sociedades que, no passado, não eram influenciadas pelo mercado.

Parece que o senhor não é tão pessimista quanto à impiedade do livre-mercado e ao pensamento neoliberal quanto outros intelectuais de hoje.

---

¹⁸ Ver Michel Serres, *Atlas*. Paris, Julliard, 1997, p. 229-35. Robert Calasso partilha do mesmo conceito: "O sacrifício especificamente moderno é um imenso empreendimento industrial que rejeia o nome e a memória do sacrifício. Fala-se de classes inteiras de sujeitos de eliminação, ou dos inevitáveis "desistentes", que são ejetados do mecanismo da sociedade todos os dias". (Robert Calasso, *La Rovina di Kasch*. Milão, Adelphi, 1983, p. 156). Uma questão similar foi dirigida também a René Girard em seu encontro com teólogos da libertação. Ver "Desejo Mimético e Sistemas Autorreguladores: o Sacrificalismo na Economia". In: Hugo Assmann, *René Girard com Teólogos da Libertação: Um Diálogo sobre Ídolos e Sacrifícios*. Petrópolis, Editora Vozes, 1991, p. 59-66.
¹⁹ Ver Eric Gans, "Chronicles of Love and Resentment", em *Anthropoetics: The Journal of Generative Anthropology*, www.anthropoetics.ucla.edu.

"Otimismo", "pessimismo", deveríamos evitar esse tipo de terminologia. Aspectos de estabilidade no nosso mundo sem dúvida estão presentes na economia de mercado, mas não ficam excluídos fatores de instabilidade, alguns deles talvez até desconhecidos. É possível que estejamos causando danos ecológicos fatais em um futuro próximo, mas não sabemos precisamente onde, como e em que extensão.[20] Talvez aquilo que nos preocupa não seja sério. Há muitos fatores desconhecidos. Estamos em um território não mapeado. Não estou dizendo que nosso mundo não é instável, e, acima de tudo, não estou dizendo de jeito nenhum que nosso mundo é ideal! Acho que nosso mundo é muito frágil e ainda muito injusto, mas ele tem elementos de estabilidade que substituem à mediação externa que já foi dada pela ordem sacra. Ainda assim, não tenho certeza de que consigo analisar devidamente toda a dinâmica desse sistema imensamente complexo. É também por isso que, a fim de expor a teoria mimética em todas as possíveis consequências, precisaríamos de uma equipe interdisciplinar de pesquisadores – nenhum homem é capaz de fazer isso sozinho.

Vamos insistir no fato de que o mercado aparece como um sistema que produz uma quantidade" tolerável" de vítimas...

Mas que também salva mais vítimas do que jamais salvou qualquer sistema anterior! Não se pode efetuar nenhuma avaliação comparativa da sociedade em que vivemos. Não há nenhum modelo claro a que compará-la.[21] É a primeira vez na história que

---

[20] Para um relato da complexidade, confusão e abuso dos dados por trás do debate atual sobre os danos ambientais, ver o recente livro de Björn Lomborg, professor de estatística e ex-membro do Greenpeace: *O Ambientalista Cético*. Rio de Janeiro, Campus-Elsevier, 2002.
[21] Em seu livro *The Blank Slate*, Steven Pinker menciona a obra do arqueólogo Lawrence Keeley, que "resumiu a proporção de mortes masculinas causadas pela guerra em diversas sociedades cujos dados estavam disponíveis", em comparação com o tamanho atual da população. Os resultados dados como exemplo foram que 60% dos homens Jivaro e 40% dos Yanomamis foram mortos em guerra. Apesar das duas guerras mundiais, o Holocausto

uma sociedade não pode ser comparada a nenhuma outra, pois é a primeira a abarcar todo o planeta. É fascinante ver como cada período e cada cultura vê a si mesma como única. Agora nós somos únicos e não podemos duvidar de nossa singularidade. Nunca antes houve uma cultura globalizada como a que temos hoje. Além disso, sabemos quando tudo começou: com as grandes descobertas do século XV.[22] Então somos realmente únicos e somos a primeira cultura a negar que a singularidade do desejo não ofende cultura mortas! É bizarro, mas não podemos ser comparados com outras civilizações senão nos estágios mais recentes de nossa civilização.[23]

Permita-me ser claro quanto a isso, para tentar responder sua pergunta. Por mais cruel, brutal ou ilógica que qualquer comparação desse tipo possa parecer, não acho que podemos dizer que as vítimas de um sistema complexo como o mercado global são exatamente iguais às vítimas do massacre deliberado de um ser humano por outros seres humanos que participam de sacrifícios rituais. O mercado não é um aparato técnico projetado para matar pessoas do mesmo modo que as câmaras de gás dos campos nazistas. Como digo, o *kathecon* desses sistemas ainda se baseia em uma falsa transcendência, e eles inevitavelmente ainda produzirão injustiça e violência, mas vivemos em um mundo em que o

---

e várias guerras regionais, o percentual cai para menos de 2% na Europa e América do Norte no século XX. Ver Steven Pinker, *The Blank Slate: The Modern Denia of Human Nature*. Nova York, Viking, 2002, p. 56-57, e L. H. Keeley, *War Before Civilization: The Myth of the Peaceful Savage*. Oxford, Oxford University Press, 1996.

[22] Ver, por exemplo, Pedro Augustín Díaz Arenas, *Relaciones Internacionales de Dominación*. Bogotá, Universidad Nacional de Colombia, 1998, p. 12.

[23] Algumas formas sociais modernas simplesmente não se encontram em períodos históricos precedentes – tais como o sistema político do estado-nação, a dependência por atacado da produção de fontes de energia inanimadas, ou a completa transformação em mercadoria de produtos e trabalho assalariado. Outras têm apenas continuidade especiosa com ordens sociais pré-existentes. Um exemplo é a cidade. (Anthony Giddens, *The Consequences of Modernity*. Oxford, Polity Press, 1990, p. 6). [Edição brasileira: *As Consequências da Modernidade*. Trad. Raul Fiker. São Paulo, Editora da Unesp, 1991, p. 16.]

poder satânico do mecanismo mimético corre desenfreado, e por isso termos de levar em consideração que esse sistema também nos protege, mesmo que de modo temporário, da explosão de uma violência ainda maior. De fato, se é verdade que cresce a desigualdade entre países do Primeiro e do Terceiro Mundos, isso acabará se tornando algo explosivo. Em algum momento eles podem tentar inverter a situação, e já temos sinais claros de que algo semelhante está começando a acontecer hoje. Certamente necessitamos de um ajuste compassivo da sociedade de livre mercado, e temos de criticar sua injustiça com base na ética cristã, mas também temos de compreender esse processo dentro da temporalidade de larga escala da história humana.

O que quero deixar claro é que não sou um defensor da globalização nem da dita nova ordem internacional. Estou apenas tentando enxergar a complexidade da situação contemporânea sem reduzi-la nem a uma celebração irresponsável, nem a uma condenação completa. Como intelectual, sinto a obrigação de enfrentar a complexidade das circunstâncias com uma reflexão igualmente complexa. É isso que estou tentando realizar.

Gostaríamos que o senhor comentasse a passagem do Evangelho na qual Jesus expulsa os mercadores do templo (Marcos 11,15-16). E também que nos contasse como vê a relação entre essas duas esferas por meio da exegese das escrituras.

A expulsão dos mercadores do templo é antes um gesto antissacrificial que um gesto econômico. Os que iam ao templo o faziam com o único propósito de realizar sacrifícios. Para tanto, tinham de comprar animais nas cercanias do templo. Os ricos sacrificavam animais de grande porte, e os pobres, pequenas criaturas, como pombos. A reação violenta de Jesus foi uma reação contra o uso da casa de Deus como lugar de sacrifício. Nesse sentido, pode ter sido um gesto antissacrificial, reinterpretado depois em um contexto em que não mais existia o sacrifício. Essa é a interpretação de Robert Hamerton-Kelly em seu livro sobre Marcos.[24] E eu concordo com ele.

Segundo Calasso, o espaço religioso – o templo – é o espaço em torno do qual o sistema de trocas surgiu, a começar pela substituição das vítimas. A economia nasceu no espaço sagrado, por assim dizer.[25] Podemos falar que, nesse processo de troca, a esfera econômica substituiu a religião como uma nova forma de totalidade, não?

Sim, pode-se dizer que sim. Em nossa sociedade, o econômico de fato substituiu inteiramente o religioso, mas precisamente porque a economia procede de uma matriz religiosa. A economia não é nada mais que a forma secularizada do ritual religioso. Sabemos que a maioria das moedas antigas eram encontradas nas proximidades dos templos e espaços sagrados, precisamente a fim de trocar animais e com vistas ao sacrifício. O comércio era de fato uma oferta para o estrangeiro, a fim de aplacar o deus estrangeiro, visto como uma possível ameaça. Assim, em troca, aquele que recebia presentes retornava a eles com novas ofertas. Ou seja, essa é a origem mais provável das trocas. Até etimologicamente a palavra *moneta* está ligada à deusa Juno Moneta e seu templo, em cuja proximidade as moedas eram cunhadas.[26] Sabemos também que a basílica romana era um local de negócios, transformado pelos cristãos em espaço religioso. Não quiseram transferir-se para um templo pagão, mas tomaram um local civil normalmente utilizado para negócios. Não havia hostilidade entre vida econômica e religião, e a contraposição dialética entre as duas é excessivamente enfatizado. Na Alta

---

[24] Robert Hamerton-Kelly, *The Gospel and the Sacred*. Minneapolis, Fortress Press, 1994, p. 17-18.
[25] Roberto Calasso, *The Ruin of Kasch*, p. 165.
[26] Ver Glyn Davies, *A History of Money from Ancient Times to the Present Day*. Cardiff, University of Wales Press, 1996, p. 89.

Idade Média, o cristianismo sem dúvida era contra a usura e a ganância. Dada a frequente escassez que cercada o povo medieval, eles tinham de criar instrumentos de controle da violência mimética. Mas recordemos a atitude de Paulo, por ele expressa as seguintes palavras: "Bem sabeis como imitar-nos. Não vivemos de maneira desordenada em vosso meio, nem recebemos de graça o pão que comemos; antes, no esforço e na fadiga, de noite e de dia, trabalhamos para não sermos pesados a nenhum de vós. Não porque não tivéssemos direito a isso; mas foi para vos dar exemplo a ser imitado." (2 Tessalonicenses 3,7-9).[27] Ao mostrar a importância atribuída à autossuficiência, essa atitude evidencia um ponto relevante da relação entre cristianismo e economia. Pode parecer ingênuo do ponto de vista da teoria social e econômica, mas considero que as escrituras têm mais verdade em si do que as pessoas normalmente estão dispostas a aceitar.

A fraqueza do sujeito

Guy Debord escreveu que "o espetáculo é a reconstrução material da ilusão religiosa" trazida à terra.[28] Poderíamos considerar que a expansão do sistema de meios de comunicação de massa, e seu uso ideológico, é também um instrumento "katequético"?

Claro, porque se baseia em uma falsa forma de transcendência, e portanto tem força de contenção, mas trata-se de uma força instável. O conformismo e o agnosticismo éticos induzidos pelas mídias, como a televisão, também podem produzir formas de polarização mimética no nível das massas, deixando as pessoas muito mais suscetíveis a ser levadas pela dinâmica mimética, levando ao tão temido populismo nas democracias ocidentais.

---

[27] Ver também 1 Tessalonicenses 2,9.
[28] Guy Debord, *The Society of the Spectacle*. Trad. Donald Nicholson-Smith. Nova York, Zone Books, 1995, p. 17-18.

O senhor concordaria que o cinema, a televisão e a publicidade exploram muito o princípio mimético, aumentando, portanto, nossa consciência desse escore?

Sim e não, porque a maioria das produções de Hollywood ou da TV baseia-se muito nas falsas ideias românticas da autonomia do indivíduo e da autenticidade de seu próprio desejo. É claro que há exceções, como o seriado *Seinfeld*, que usa mecanismos miméticos constantemente e representa seus personagens como marionetes do desejo mimético. Desagrada-me o fato de *Seinfeld* sempre zombar da alta cultura, que não passa de esnobismo mimético, mas é um programa muito inteligente e poderoso. Também é o único programa que pode permitir-se debochar do "politicamente correto" e falar sobre fenômenos atuais como a anorexia e a bulimia epidêmicas, que têm claramente fortes componentes miméticos.[29] De uma perspectiva moral, oferece uma descrição infernal do mundo contemporâneo, mas, ao mesmo tempo, há ali imenso talento e agudos insights em relação à nossa situação mimética atual.

Seinfeld é o programa que melhor evidencia o mecanismo mimético, além de ser o mais bem-sucedido. Como o senhor explica isso?

Para ter sucesso, um artista precisa chegar tão próximo quanto possível de certas verdades sociais, sem suscitar uma autocrítica dolorosa nos espectadores. Foi o que conseguiu esse programa. As pessoas não precisam compreender integralmente para apreciar. Aliás, não devem mesmo entender. Identificam-se às personagens, porque agem da mesma maneira. Reconhecem algo que é muito comum e verdadeiro, mas não são capazes de defini-lo. Os contemporâneos de Shakespeare provavelmente apreciavam sua forma de retratar as relações humanas, do mesmo modo que apreciamos

---

[29] Para uma análise mimética da anorexia e da bulimia, ver René Girard, *Anorexia e Desejo Mimético*. Trad. Carlos Nougué. São Paulo, Editora É, 2011.

Seinfeld, sem de fato compreender sua perspicácia quanto à interação mimética. Há mais realidade social em *Seinfeld* do que na maior parte da produção sociológica acadêmica.

O senhor não acha que há algumas implicações antidemocráticas em sua teoria, considerando que a maioria das pessoas tende a agir mimeticamente e a agregar-se muitas vezes por razões vitimadoras?

Não. Ser realmente a favor da democracia significa enxergar os riscos da democracia. Tocqueville é bastante sofisticado a esse respeito, e a maior parte do que ele disse ainda é verdade. Ele mostrou os riscos da democracia com grande clareza intelectual. Se escondemos esses riscos, a sociedade fica igual à União Soviética, cujo sistema favorito era uma câmara única, uma turba absolutamente poderosa de representantes que seriam totalmente levados pelos desequilíbrios miméticos. Ser democrático é buscar uma divisão de poderes, o bicameralismo, freios e contrapesos, etc. É importante ver os riscos das sociedades de massa e tentar compensá-los do modo mais eficiente possível. A teoria mimética é uma contribuição genuína para esse entendimento.

Em L'Individuo Senza Passioni [O Indivíduo sem Paixões], Elena Pulcini sugere que o individualismo democrático, tal como descrito por Tocqueville, é o resultado de um processo histórico que, de um lado, acumula um comportamento aquisitivo, e, de outro, consegue não produzir conflitos escancarados, como aqueles descritos por Hobbes e por Smith. Ao mesmo tempo, a democracia contemporânea é dominada pelo conformismo, que é produzido pela "paixão pela igualdade", e que engendra apatia e indiferença em vez de conflito. O dito homo democraticus é fraco, socialmente indiferente e patologicamente narcisista.[30]

---

[30] Elena Pulcini, *L'Individuo Senza Passioni. Individualismo Moderno e Perdita del Legame Sociale*. Turim, Bollati Boringhieri, 2001, p. 15-16.

Concordo com isso, ainda que essa visão seja um pouco tenebrosa demais. Acho que uma descrição contemporânea da fenomenologia do desejo mimético deveria dialetizar a dualidade entre o conflito mimético e o abrandamento do desejo mimético. Essa também é a interpretação de Jean-Michel Oughourlian: os indivíduos contemporâneos não são fortes o bastante para ter desejo mimético. Eles não têm paixão por nada. Eu achava que isso nunca iria acontecer, mas hoje estou mais aberto a essa possibilidade. A sociedade de consumo, que foi "inventada" em parte para lidar com o comportamento mimético agressivo, acabou por criar esses seres humanos socialmente indiferentes, incapazes de comunicar-se uns com os outros, e preocupados apenas com o que vale estritamente para sua vida, no sentido do interesse próprio. Essa é uma forma radical de niilismo, ainda que esse solipsismo seja autossabotador e autoexaustivo: as pessoas ficariam cansadas da falta de sentido dessa atitude.

De fato, Pulcini, acompanhando uma tendência recente da literatura filosófica e teórica a respeito da ideia de presente,[31] fala da emergência do dito homo reciprocus, *em que o ato de generosidade, de* dépense, *usando a expressão de Bataille, estará no centro de uma nova forma de atividade simbólica e social.*

Acho que devemos ser extremamente cuidadosos ao usar esse tipo de terminologia. A ideia de *dépense* em Bataille vem de uma base antropológica que é claramente orgiástica e dionisíaca, e portanto muito violenta. A expulsão da *parte maldita* de que ele fala é apenas uma forma do mecanismo vitimador.[32] Em *Vision of Excess* [Visão do Excesso], Bataille está obcecado com rituais e com

---

[31] Ver, por exemplo, Jacques Derrida, *Given Time 1: Counterfeit Money*. Trad. Peggy Kamuf. Chicago, University of Chicago Press, 1992; J. T. Godbout, *L'Esprit du Don*. Paris, La Découert,1992; A. E. Komter (ed.), *The Gift: An Interdisciplinary Perspective*. Amsterdam, Amsterdam University Press, 1996; Alan D. Schrift (ed.), *The Logic of the Gift. Towards an Ethic of Generosity*. Nova York e Londres, Routledge, 1997.

[32] Georges Bataille, *The Accursed Share*. Trad. R. Hurley. Nova York, Zone, 1988. [Edição portuguesa: *A Parte Maldita*. Lisboa, Fim de Século, 2005.]

mutilações sacrificiais, que interpreta como expulsão de um excesso de energia, como liberação de impulsos vitais. Ele não percebe que o arrancar de um dente na Nova Guiné, ou a ablação de um dedo nos rituais dos índios Blackfoot (e também a circuncisão) são apenas resíduos metonímicos do mecanismo vitimador de autoimolação que também estão presentes em muitos ritos de passagem.[33] A *dépense* é fundamentalmente um gesto sacrificial.

Além disso, a ideia de *presente*, como todos sabem, é extremamente ambígua, por causa da *reciprocidade* que ela supõe: toda forma de reciprocidade mimética pode gerar efeitos negativos.[34] O paroxismo da doação de presentes fica claro no fenômeno do *potlatch* tal como descrito por Marcel Mauss,[35] que não é nada além de uma forma ritualizada de rivalidade mimética em escala social: o que é importante não é o objeto que você oferece, mas a humilhação que você quer infligir à tribo rival – e, assim como em qualquer outra situação de paroxismo dos duplos, o objeto acaba por ser destruído. Quando Cristo diz "àquele que te fere na face direita oferece-lhe também a esquerda" (Mateus 5,39), ele não está propondo uma forma de quietismo masoquista, mas alertando para o perigo da má reciprocidade, da escalada da má mímesis. Acho que deveríamos caminhar para uma ética da generosidade, mas que deveríamos ultrapassar a ideia do presente.

O senhor está sugerindo que o Evangelho propõe o fim da reciprocidade?

Não. Somente o fim de seu lado mau, porque é muito fácil, nas relações humanas, passar do lado positivo ao lado negativo da reciprocidade. Toda relação humana tem um elemento de reciprocidade,

---

[33] Georges Bataille, *Visions of Excess. Selected Writings, 1927-1939*. Edição e introdução de Allan Stoekl. Minneapolis, University of Minnesota Press, 1985, p. 61-72.
[34] René Girard desenvolveu essa ideia em sua palestra "Le Cadeau" ["O Dom"], apresentada na conferência "Le Don et Les Economies Symboliques" ["O Dom e as Economias Simbólicas"], realizada em 10 de maio de 2001 em Stanford.
[35] Marcel Mauss, *The Gift: The Form and Reason for Exchange in Archaic Societies*. Trad. W. D. Halls. Prefácio de Mary Douglas. Londres, Routledge, 1990.

não podemos evitar isso. É por isso que a relação mestre-escravo é desumana: porque tenta eliminar a reciprocidade. Uma boa relação só pode ser recíproca. Essa reciprocidade deveria ser espontânea. Se há uma obrigação, isso significa que estamos nos aproximando da má reciprocidade.

A *kenosis* de Deus

Nos últimos anos, Gianni Vattimo tem demonstrado especial interesse pelo seu trabalho. Ele leu sua teoria sobre Heidegger, que relacionava a dissolução da metafísica à morte de Deus.[36] Segundo essa interpretação, haveria uma semelhança entre a ideia de encarnação como kénosis [37] *de Deus e a vocação de enfraquecimento do Ser. O senhor acha que pode haver alguma proximidade entre sua perspectiva teórica e a filosofia do último Heidegger? É possível relacionar a ideia de enfraquecimento do Ser às suas conclusões no que se refere à relação entre cristianismo e tempos modernos?*

Os textos que mais me interessaram foram os escritos logo após *Ser e Tempo*: todos os ensaios sobre a Grécia, a *Introdução à Metafísica* e ainda os textos sobre Hölderlin.[38] Embora Heidegger se mostre, em mais de um sentido, um pensador com o qual não me identifico,

---

[36] Gianni Vattimo, *Belief*. Trad. Luca D'Isanto e David Webb. Oxford, Polity Press, 1999.
[37] O termo grego κένωσις (kénosis) significa "vacuidade, estado de um corpo vazio, Platão. *República* 585a, etc" (A. Bailly). Em teoria da literatura, trata-se novamente de um termo que Harold Bloom tomou de empréstimo, para designar um dos seis conceitos integrantes de sua visão agonística da criação literária, na qual a "Influência Poética" implica rivalidade, competição do escritor com seu modelo (ver *The Anxiety of Influence: A Theory of Poetry* (1973), London/Oxford/Nova York, Oxford University Press, 1975, capítulo 3, "*Kenosis* or Repetition and Discontinuity", p. 77-92; na tradução brasileira: *A Angústia da Influência: Uma Teoria da Poesia*, Rio de Janeiro, Imago, 1991, cap. 3, "*Kenosis* ou Repetição e Descontinuidade", p. 111-29). (N. T.)
[38] Martin Heidegger, *Introdução à Metafísica*. Trad. Emmanuel C. Leão. Rio de Janeiro, Tempo Brasileiro, 1987; *Hölderlin and the Essence of Poetry*. Trad. Douglas Scott. Londres, Vision, 1949.

a ideia de perda do Ser, o esquecimento do Ser, e o esquecimento desse esquecimento são essenciais à era moderna. É uma ideia que me parece relacionada ao papel do mecanismo vitimador, e eu concordaria com Vattimo que se trata da morte de Deus no sentido do fim do sagrado. A meu ver, Vattimo é perspicaz, mas interpreta de modo demasiado otimista uma situação cheia de ambiguidade. A dita *kénosis* de Deus não é tão linear e progressiva quando parecem crer os heideggerianos. Vattimo está usando um arcabouço conceitual e uma espécie de formulação que se limita exclusivamente a um entendimento filosófico do cristianismo. Ele meramente iguala o enfraquecimento do Ser como *kénosis* de Deus à dissolução das categorias ontológicas, ao passo que meu ponto de vista vem da antropologia cristã, que não apenas explica o processo da *kénosis* de Deus, no sentido do fim da ordem sagrada, como também revela o risco desse mesmo processo. O fim das ideologias de base ontológica não significa necessariamente que acabamos com a violência e com o risco de liberar elementos satânicos.

É preciso vê-la de uma perspectiva mimética e em termos apocalípticos cristãos: quanto maior a abertura em um mundo em que o rito está extinto, tanto mais perigoso se torna esse mundo. Há aspectos positivos nisso, pois se reduzem os sacrifícios. E existem aspectos negativos, por haver mais rivalidade mimética, em decorrência da sua liberação. Como eu disse, vivemos em um mundo em que cuidamos das vítimas de um modo inaudito, mas também matamos mais gente do que nunca. Com isso, temos a sensação de que o "bem" e o "mal" são sempre crescentes. Uma teoria da cultura precisa dar conta dessa extraordinária ambivalência de nossa sociedade. Parece-me que, em um determinado momento, Vattimo consegue chegar perto disso. Em *Belief* [Crença], ele emprega a expressão "desencanto do mundo", de Max Weber, por causa da secularização, e diz que "o desencanto produziu um desencanto radical com a ideia de desencanto".[39] Concordo com ele: Max Weber chegou apenas à

---

[39] Vattimo, *Belief*, p. 29.

metade do caminho na descoberta desse processo paradoxal. Nosso mundo é um mundo em que há um paradoxo criado pela coexistência de um grande aperfeiçoamento e de uma grande desintegração, além de muitos outros paradoxos, tanto mais fascinantes, quanto mais se intensificam.

Segundo Vattimo, a teoria da secularização é o autêntico destino do cristianismo. Para ele, a hermenêutica é um produto do processo de secularização.[40]

Ele provavelmente tem razão, mas, ao mesmo tempo, parece não ver que isso remonta a um passado remoto. Na verdade, a obra de Auerbach seria relevante para essa discussão também. Uma interpretação figural não é hermenêutica, ao menos não no sentido usual do termo, mas prepara o terreno para essa última. O crucial é que a tradição medieval de interpretação figural está centrada na imagem de Cristo e de sua paixão, está *centrada na vítima.* Vattimo é muito diferente de Heidegger, e ele entende claramente a importância e a centralidade da crença cristã na definição do destino da cultura e da civilização ocidentais e, de fato, no fim das contas, ele discute a noção de *ágape* como o resultado da revolução antimetafísica do cristianismo.[41] Contudo, parece-me que há um problema em sua perspectiva religiosa, porque ele não dá ênfase suficiente à Cruz. Como escrevi recentemente, ele só vê interpretações na história humana, e nenhum fato.[42] Ele se alinha com a tradição pós-nietzschiana ao afirmar a não viabilidade de qualquer "verdade" histórica e ao limitar a novidade do cristianismo e um nível puramente discursivo. Para ele, o cristianismo é basicamente uma experiência textual, na qual só acreditamos

---

[40] Gianni Vattimo, *Beyond Interpretation*. Trad. D. Webb. Oxford, Polity Press, 1994, p. 42-57.
[41] Ver Gianni Vattimo, *Dopo la Cristianità. Per un Cristianesimo non Religioso*. Milão, Garzanti, 2002, p. 116-17.
[42] René Girard, "Non Solo Interpretazioni: Ci Sono Anche i Fatti". In: Girard e Vattimo, *Verità o Fede Debole?* Massa, Transeuropa, 2006, p. 75-98.

porque alguém em quem confiamos e que amamos nos disse para acreditar.[43] Ainda que isso seja um conceito muito próximo da ideia de "mediação interna positiva", tal como proposta por Fornari, não há uma base, um ponto de partida nessa longa cadeia de boa imitação; ou, ao menos, essa base é frágil: o livro, que, de acordo com uma abordagem estritamente hermenêutica, está sujeito a qualquer interpretação possível.

Paulo diz que as únicas coisas que ele conhece são Jesus Cristo e Cristo crucificado (1 Coríntios 2,2), e isso me parece uma resposta indireta a Vattimo: podemos desconstruir qualquer forma de "verdade" mítica ou ideológica, mas não a Cruz, a efetiva morte do Filho de Deus. Esse é o centro em torno do qual gira a nossa cultura, e a partir do qual ela evoluiu. Por que teria o mundo mudado se aquele acontecimento não tivesse transmitido uma verdade antropológica radical e fundamental aos seres humanos? Deus deu o texto, mas também a chave hermenêutica com a qual lê-lo: a Cruz. Não se pode separá-los.

A despeito da importância antropológica e filosófica da Bíblia, houve, nos dois últimos séculos, um claro processo de "abandono" da leitura dos textos bíblicos. Como podemos responder por isso?

Hoje se publicam mais livros sobre a Bíblia do que nunca, mas o que assinalam é verdade. A Bíblia nunca esteve tão pouco presente em nossa cultura cotidiana. É preciso ver essa situação de uma perspectiva nietzschiana-heideggeriana: "o retraimento de Deus". Acho que a expressão heideggeriana "o retraimento de Deus" é na verdade antinietzschiana, já que a "morte de Deus" é ainda muito cristã para ele, que parece constantemente afastar-se de qualquer referência cristã. Afinal, o Deus que morre é Cristo. E uma vez que Deus de fato morre, a ideia da

---

[43] Ibidem, p. 11.

ressurreição não pode ser deixada para trás. É o que acontece no aforismo 125 de *A Gaia Ciência*. A morte de Deus e a indagação acerca de como podemos oferecer reparação por essa morte levaram Nietzsche à ideia do assassinato fundador. A noção heideggeriana de retraimento dos deuses constitui um esforço para negar a primazia do Deus bíblico ainda presente na fórmula nietzschiana. A fórmula proposta por Heidegger significa que a religião em geral está perdendo espaço, não só o Deus cristão. É verdade, mas por que isso está acontecendo? Porque a antiga ordem sacrificial pagã está desaparecendo graças ao cristianismo! É irônico: o cristianismo estar morrendo com as religiões que faz perecer, visto ser considerado apenas mais uma religião mítica em termos sacrificiais. O cristianismo não é apenas uma das religiões destruídas, mas o destruidor de *todas* as religiões. A morte de Deus é um fenômeno cristão. No sentido moderno do termo, *o ateísmo moderno é uma invenção cristã*. Inexiste ateísmo no mundo antigo, excetuando-se o epicurismo, que era limitado e cuja negação dos deuses não era particularmente incisiva, beligerante. Não negava Deus contra alguma coisa ou alguém, não exibindo o forte caráter negativo do ateísmo moderno.

O desaparecimento da religião é um fenômeno cristão por excelência. Claro, deixe-me esclarecer que me refiro ao *desaparecimento da religião como algo que associamos à ordem sacrificial*. E a religião assim entendida continuará a desaparecer em todo o mundo. Conversei com um estudioso de sânscrito a esse respeito. Segundo ele, tal processo também está ocorrendo na Índia e, embora bem mais lento por lá, vem acelerando-se. O retraimento de *todos os deuses* é o primeiro fenômeno transreligioso. Assim como o fundamentalismo, é um fenômeno transreligioso que ocorre diante de nossos olhos, e nós simplesmente parecemos não perceber que o responsável é a Bíblia.

O senhor está sugerindo que, apesar das aparências, o mundo tem se tornado cada vez mais cristão?

Sim. E esse fato torna o fenômeno bem mais paradoxal, pois é mais fácil resgatarmos princípios bíblicos quando não sabemos que são bíblicos. O niilismo moderno mostra seu lado fraco. Quando nossos intelectuais, após a Segunda Guerra, e mais tarde com o colapso do bloco soviético na Europa Oriental, julgaram liquidado todo e qualquer princípio absoluto, estavam simplesmente errados. Pois o princípio vitimário ou a defesa das vítimas se tornou sagrada: *ele é o princípio absoluto*. Ninguém jamais atacará tal princípio. Nem é preciso mencioná-lo. Então podemos dizer que todos temos essa crença na inocência das vítimas, que é o núcleo do cristianismo. Nietzsche visava a uma desconstrução do cristianismo, por ele entendido – de forma acertada – como a defesa das vítimas.[44] Nossos niilistas modernos querem desconstruir tudo *exceto* a defesa das vítimas, causa por eles abraçada. Constituem, na verdade, um tipo muito peculiar de niilistas: negam tudo *exceto* a defesa da vítima. Em outras palavras, não poderiam ser mais cristãos, embora, é claro, neguem o cristianismo, em uma autocontradição cada vez mais óbvia. Basta observar as acrobacias intelectuais dos pensadores pós-modernos que tentam pavimentar o caminho a uma ideia de relativismo histórico e salvar a verdade histórica do Holocausto.

Claro, com muita frequência princípios cristãos estão prevalecendo de forma caricata, de modo que a defesa da vítima acarreta novas perseguições! Hoje, só se pode perseguir em nome do combate à perseguição. Só se pode perseguir perseguidores. É necessário provar que seu oponente é um perseguidor a fim de justificar seu próprio desejo de perseguir.

Podemos dizer, então, de forma sub-reptícia, que valores cristãos são difundidos sem provocar nenhum skándalon.

---

[44] Ver René Girard, "Nietzsche, la Decostruzione, e la Moderna Preoccupazione per le Vittimé". *Ars Interpretandi*, n. 4, 1999, p. 35-51; "La Preoccupazione Moderna per le Vittimé". *Filosofia a Teologia*, n. 2, 1999, p. 223-36.

Sim e não. Sempre há o *skándalon*. Trata-se de um processo bastante complexo, porque o mundo moderno está ficando cada vez mais cristão, por um lado, e cada vez menos, por outro. Cumpre enfatizar ambos aspectos, e foi o que tentei fazer, por intermédio de Nietzsche, que é o filósofo mais importante para essa questão.

Como o senhor responderia a crítica que vê a história da Igreja como a história de uma instituição que perseguia as pessoas em nome da "verdade" cristã?

Os intelectuais modernos tendem a confundir o significado profundo do Evangelho com a história do cristianismo, que é fundamentalmente o lento processo de enfrentamento da herança da mentalidade sagrada e de nosso comportamento mimético. Seria impossível aos homens acabar inteiramente com o sagrado, rejeitando imediatamente a mentalidade com que viveram por milhares e milhares de anos. Além disso, as instituições humanas tendem a ser conservadoras e muitas vezes tornam-se violentas por razões de mera preservação de poder e de privilégios. O mais extraordinário é que Jesus sempre soube disso. Se você ler o Evangelho, já está tudo lá. Jesus escolhe Pedro como pai fundador da Igreja. Pedro é *o mais mimético dos discípulos*, o apóstolo que negou Cristo não uma, mas *três vezes*. No episódio de Getsêmani, quando um grupo de homens armados aparece para prender Jesus, Pedro desembainha sua espada e ataca o servo do sumo sacerdote, cortando sua orelha. Jesus lhe diz: "Guarda tua espada no seu lugar, pois todos os que pegam espada pela espada perecerão" (Mateus 26,52). Mais uma vez, esse é um aviso contra a reciprocidade mimética da violência. O homem tem uma tendência a recair no sagrado, incitando à violência para defender qualquer ideia ou princípio entendido simplesmente como sagrado. Cristo sabe disso e opõe-se fortemente a isso. Ser contra a ordem sacrificial é ser contra qualquer forma de violência.

É também verdade que o processo histórico do crescimento dessa consciência é bastante complexo e não linear. Em *Eu Via Satanás*, analisei um texto que relata um apedrejamento coletivo incitado por um guru pagão, Apolônio de Tiana, no intuito de "curar" uma epidemia que atingia Éfeso. Esse episódio é descrito em *Vida de Apolônio*, obra do século III, de Filóstrato, o Ateniense.⁴⁵ O curioso é que, na edição Loeb das obras de Filóstrato, incluíram um texto de Eusébio – o primeiro grande historiador da Igreja na época de Constantino –, no qual demonstra não perceber, a propósito do milagre de Apolônio, o fato de Cristo não tolerar apedrejamentos. O único momento em que se vê diante de um apedrejamento iminente, no episódio da mulher adúltera (João 8,3-11), Cristo o impede. Eusébio nem desconfia que possa ser errado apedrejar alguém. Um não cristão moderno abominaria o cristianismo, por julgar que este aprova o apedrejamento. Ou seja, condenaria o apedrejamento (e, com ele, o cristianismo), sem suspeitar que essa condenação se deve ao próprio cristianismo. O Ocidente levou séculos para adquirir uma sensibilidade cristã. Durante toda a Idade Média, vigorava uma relação com a violência ainda um tanto pagã em muitos aspectos, e na qual a escassez de recursos certamente desempenhava um papel importante. O iluminismo deveria ser interpretado à luz dessas circunstâncias, em particular um escritor como Voltaire. Embora algumas vezes muito brutal, Voltaire é um excelente leitor da Bíblia *contra* a Bíblia. No caso de Caim e Abel, ele afirma que a história de Caim consiste em um relato da fundação da primeira cultura e essa cultura é o resultado da lei contra o assassinato, sancionada pela autoridade divina. Mas, em seguida, ele faz uma pergunta interessante: que tipo de Deus, que tipo de Deus cristão é aquele que fica ao lado de Caim, protegendo um assassino?⁴⁶

A pergunta feita por Voltaire só pode ser respondida por meio da leitura bíblica dos mitos fundadores, os quais nos dizem

---

[45] Flavius Philostratus, *The Life of Apollonius of Tyana; The Epistles of Apollonius; and the Treatise of Eusebius*. Londres, Heinemann, 1912; Ver Girard, *I See Satan*, p. 49-61.
[46] *The Complete Works of Voltaire*, Vol. 62. Oxford, The Voltaire Foundation, Taylor Institution, 1987, p. 466-67.

que o primeiro assassinato cometido coletivamente leva à mais severa punição desse crime: sete vítimas por uma. É uma forma de proteger a sociedade, ou mais precisamente, a sociedade de Caim. Ele é protegido por seu crime, e a Bíblia declara-o abertamente. Atribui-se essa punição a "Deus", o que é típico da cultura ainda sob influência do sagrado, mas os Evangelhos dizem "Satã". É preciso comparar os dois textos, para compreender plenamente o significado de "Satã". Satã é o antigo deus ou os antigos deuses, daí ser representado como uma pessoa, quando pode ser definido como o sujeito da estrutura instável das relações humanas em um mundo ainda regido pela violência e pela escolha de bodes expiatórios.

Paulo o chama o dominador ou o príncipe deste mundo, referindo-se à ordem social conformada pela mentalidade sagrada, pelos impulsos satânicos que governam por meio do mecanismo vitimário. Então Paulo diz algo interessante: "Nenhum dos príncipes deste mundo [que é ordem sacrificial, portanto, Satã] a conheceu, pois, se a tivessem conhecido, não teriam crucificado o Senhor da Glória (1 Coríntios 2,8). Trata-se de uma formulação crucial que só a teoria mimética pode esclarecer. Paulo está dizendo que o acusador, Satã, é responsável pelo sistema sacrificial que engendra e realimenta a si mesmo por intermédio do mecanismo expiatório. Satã recorreu a esse mecanismo para combater a revelação de Cristo, sem se dar conta, no entanto, de que ele próprio estava fornecendo a Cristo o principal instrumento da revelação cristã – os quatro relatos da crucificação. Estes representam de modo verdadeiro o mesmo mecanismo do bode expiatório, sempre distorcido e equivocadamente representado nos mitos.

Melhor dizendo, a crucificação de Cristo significa que o mecanismo vitimador não mais funcionará, pois ninguém irá julgar culpado o Jesus retratado nos Evangelhos. Assim, o mecanismo fica exposto, tanto em seu caráter ilusório, mentiroso, quanto em seu papel fundamental para a cultura humana. É esse o paradoxo que tentamos compreender e ao qual minha obra tem sido devotada.

Como o senhor vê, então, o futuro – ou, em termos apocalípticos, o "tempo remanescente" – sob essa perspectiva?

Será cada vez mais complexo, mas haverá reviravoltas dialéticas tão impressionantes que pegarão a todos de surpresa. Certamente, há mudanças à nossa espera. Esse é o motivo pelo qual é importante voltar para as escrituras e aos textos do cristianismo primitivo, pois muito revelam a respeito da natureza do tempo presente. Paulo declara: "Pois não quis saber outra coisa entre vós a não ser Jesus Cristo, e Jesus Cristo crucificado" (1 Coríntios 2,2). Alguns estudiosos pensam se tratar de uma afirmação anti-intelectual, o que não é de jeito nenhum. Apenas indica que a cruz é a fonte de todo conhecimento de Deus, como querem os teólogos, e também do homem, o que não necessariamente compreendem, ao contrário de Paulo. E a ideia de Satã derrotado pela cruz é essencial, embora, no cristianismo ocidental, infelizmente tenha sido considerada mágica, irracional e, com isso, descartada. A cruz destrói o poder de Satanás como "príncipe deste mundo", representado pelo poder de controlar a violência mediante o mecanismo do bode expiatório. Satã ainda permanece entre nós, mas apenas como fonte de desordem. Indiretamente, portanto, dada a nossa incapacidade de viver sem bodes expiatórios, o cristianismo tem em nosso mundo um efeito disruptivo, perturbador. O cristianismo está sempre nos mostrando que nossos bodes expiatórios não passam de bodes expiatórios, ou seja, de inocentes a quem culpamos. O cristianismo mostra que os culpados são os que matam bodes expiatórios e os que aprovam tais assassinatos. Permita-me concluir repetindo algo que disse anteriormente. Essa compaixão pela vítima é o sentido mais profundo do cristianismo. Sempre seremos miméticos, mas não temos de envolver-nos automaticamente em rivalidades miméticas. Não temos de acusar nossos vizinhos; ao contrário, temos de aprender a perdoá-los.

breve explicação

Arnaldo Momigliano inspira nossa tarefa, já que a alquimia dos antiquários jamais se realizou: nenhum catálogo esgota a pluralidade do mundo e muito menos a dificuldade de uma questão complexa como a teoria mimética.

O cartógrafo borgeano conheceu constrangimento semelhante, como Jorge Luis Borges revelou no poema "La Luna". Como se sabe, o cartógrafo não pretendia muito, seu projeto era modesto: "cifrar el universo / En un libro". Ao terminá-lo, levantou os olhos "con ímpetu infinito", provavelmente surpreso com o poder de palavras e compassos. No entanto, logo percebeu que redigir catálogos, como produzir livros, é uma tarefa infinita:

> Gracias iba a rendir a la fortuna
> Cuando al alzar los ojos vio un bruñido
> Disco en el aire y comprendió aturdido
> Que se había olvidado de la luna.

Nem antiquários, tampouco cartógrafos: portanto, estamos livres para apresentar ao público brasileiro uma cronologia que não se pretende exaustiva da vida e da obra de René Girard.

Com o mesmo propósito, compilamos uma bibliografia sintética do pensador francês, privilegiando os livros publicados. Por isso, não mencionamos a grande quantidade de ensaios e capítulos de livros que escreveu, assim como de entrevistas que concedeu. Para o leitor interessado numa relação completa de sua vasta produção, recomendamos o banco de dados organizado pela Universidade de Innsbruck: http://www.uibk.ac.at/rgkw/mimdok/suche/index.html.en.

De igual forma, selecionamos livros e ensaios dedicados, direta ou indiretamente, à obra de René Girard, incluindo os títulos que sairão na Biblioteca René Girard. Nosso objetivo é estimular o convívio reflexivo com a teoria mimética. Ao mesmo tempo, desejamos propor uma coleção cujo aparato crítico estimule novas pesquisas.

Em outras palavras, o projeto da Biblioteca René Girard é também um convite para que o leitor venha a escrever seus próprios livros acerca da teoria mimética.

cronologia de René Girard

René Girard nasce em Avignon (França) no dia 25 de dezembro de 1923; o segundo de cinco filhos. Seu pai trabalha como curador do Museu da Cidade e do famoso "Castelo dos Papas". Girard estuda no liceu local e recebe seu *baccalauréat* em 1940.

De 1943 a 1947 estuda na École des Chartes, em Paris, especializando-se em história medieval e paleografia. Defende a tese *La Vie Privée à Avignon dans la Seconde Moitié du XVme Siècle*.

Em 1947 René Girard deixa a França e começa um doutorado em História na Universidade de Indiana, Bloomington, ensinando Literatura Francesa na mesma universidade. Conclui o doutorado em 1950 com a tese *American Opinion on France, 1940-1943*.

No dia 18 de junho de 1951, Girard casa-se com Martha McCullough. O casal tem três filhos: Martin, Daniel e Mary.

Em 1954 começa a ensinar na Universidade Duke e, até 1957, no Bryn Mawr College.

Em 1957 torna-se professor assistente de Francês na Universidade Johns Hopkins, em Baltimore.

Em 1961 publica seu primeiro livro, *Mensonge Romantique et Vérité Romanesque*, expondo os princípios da teoria do desejo mimético.

Em 1962 torna-se professor associado na Universidade Johns Hopkins.

Organiza em 1962 *Proust: A Collection of Critical Essays*, e, em 1963, publica *Dostoïevski, du Double à l'Unité*.

Em outubro de 1966, em colaboração com Richard Macksey e Eugenio Donato, organiza o colóquio internacional "The Languages of Criticism and the Sciences of Man". Nesse colóquio participam Lucien Goldmann, Roland Barthes, Jacques Derrida, Jacques Lacan, entre outros. Esse encontro é visto como a introdução do estruturalismo nos Estados Unidos. Nesse período, Girard desenvolve a noção do assassinato fundador.

Em 1968 tranfere-se para a Universidade do Estado de Nova York, em Buffalo, e ocupa a direção do Departamento de Inglês. Principia sua colaboração e amizade com Michel Serres. Começa a interessar-se mais seriamente pela obra de Shakespeare.

Em 1972 publica *La Violence et le Sacré*, apresentando o mecanismo do bode expiatório. No ano seguinte, a revista *Esprit* dedica um número especial à obra de René Girard.

Em 1975 retorna à Universidade Johns Hopkins.

Em 1978, com a colaboração de Jean-Michel Oughourlian e Guy Lefort, dois psiquiatras franceses, publica seu terceiro livro, *Des Choses Cachées depuis la Fondation du Monde*. Trata-se de um longo e sistemático diálogo sobre a teoria mimética compreendida em sua totalidade.

Em 1980, na Universidade Stanford, recebe a "Cátedra Andrew B. Hammond" em Língua, Literatura e Civilização Francesa. Com a colaboração de Jean-Pierre Dupuy, cria e dirige o "Program for Interdisciplinary Research", responsável pela realização de importantes colóquios internacionais.

Em 1982 publica *Le Bouc Émissaire* e, em 1985, *La Route Antique des Hommes Pervers*. Nesses livros, Girard principia a desenvolver uma abordagem hermenêutica para uma leitura dos textos bíblicos com base na teoria mimética.

Em junho de 1983, no Centre Culturel International de Cerisy-la-Salle, Jean-Pierre Dupuy e Paul Dumouchel organizam o colóquio "Violence et Vérité. Autour de René Girard". Os "Colóquios de Cerisy" representam uma referência fundamental na recente história intelectual francesa.

Em 1985 recebe, da Frije Universiteit de Amsterdã, o primeiro de muitos doutorados *honoris causa*. Nos anos seguintes, recebe a mesma distinção da Universidade de Innsbruck, Áustria (1988); da

Universidade de Antuérpia, Bélgica (1995); da Universidade de Pádua, Itália (2001); da Universidade de Montreal, Canadá (2004); da University College London, Inglaterra (2006); da Universidade de St Andrews, Escócia (2008).

Em 1990 é criado o Colloquium on Violence and Religion (COV&R). Trata-se de uma associação internacional de pesquisadores dedicada ao desenvolvimento e à crítica da teoria mimética, especialmente no tocante às relações entre violência e religião nos primórdios da cultura. O Colloquium on Violence and Religion organiza colóquios anuais e publica a revista *Contagion*. Girard é o presidente honorário da instituição. Consulte-se a página: http://www.uibk.ac.at/theol/cover/.

Em 1990 visita o Brasil pela primeira vez: encontro com representantes da Teologia da Libertação, realizado em Piracicaba, São Paulo.

Em 1991 Girard publica seu primeiro livro escrito em inglês: *A Theatre of Envy: William Shakespeare* (Oxford University Press). O livro recebe o "Prix Médicis", na França.

Em 1995 aposenta-se na Universidade Stanford.

Em 1999 publica *Je Vois Satan Tomber comme l'Éclair*. Desenvolve a leitura antropológica dos textos bíblicos com os próximos dois livros: *Celui par qui le Scandale Arrive* (2001) e *Le Sacrifice* (2003).

Em 2000 visita o Brasil pela segunda vez: lançamento de *Um Longo Argumento do Princípio ao Fim. Diálogos com João Cezar de Castro Rocha e Pierpaolo Antonello*.

Em 2004 recebe o "Prix Aujourd'hui" pelo livro *Les Origines de la Culture. Entretiens avec Pierpaolo Antonello et João Cezar de Castro Rocha*.

Em 17 de março de 2005 René Girard é eleito para a Académie Française. O "Discurso de Recepção" foi feito por Michel Serres em 15 de dezembro. No mesmo ano, cria-se em Paris a Association pour les Recherches Mimétiques (ARM).

Em 2006 René Girard e Gianni Vattimo dialogam sobre cristianismo e modernidade: *Verità o Fede Debole? Dialogo su Cristianesimo e Relativismo*.

Em 2007 publica *Achever Clausewitz*, um diálogo com Benoît Chantre. Nessa ocasião, desenvolve uma abordagem apocalíptica da história.

Em outubro de 2007, em Paris, é criada a "Imitatio. Integrating the Human Sciences", (http://www.imitatio.org/), com apoio da Thiel Foundation. Seu objetivo é ampliar e promover as consequências da teoria girardiana sobre o comportamento humano e a cultura. Além disso, pretende apoiar o estudo interdisciplinar da teoria mimética. O primeiro encontro da Imitatio realiza-se em Stanford, em abril de 2008.

Em 2008 René Girard recebe a mais importante distinção da Modern Language Association (MLA): "Lifetime Achievement Award".

bibliografia de René Girard

Mensonge Romantique et Vérité Romanesque. Paris: Grasset, 1961. [*Mentira Romântica e Verdade Romanesca.* Trad. Lília Ledon da Silva. São Paulo: Editora É, 2009.]
Proust: A Collection of Critical Essays. Englewood Cliffs: Prentice Hall, 1962.
Dostoïevski, du Double à l'Unité. Paris: Plon, 1963. (Este livro será publicado na Biblioteca René Girard)
La Violence et le Sacré. Paris: Grasset, 1972.
Critique dans un Souterrain. Lausanne: L'Age d'Homme, 1976.
To Double Business Bound: Essays on Literature, Mimesis, and Anthropology. Baltimore: Johns Hopkins University Press, 1978. (Este livro será publicado na Biblioteca René Girard)
Des Choses Cachées depuis la Fondation du Monde. Pesquisas com Jean-Michel Oughourlian e Guy Lefort. Paris: Grasset, 1978.
Le Bouc Émissaire. Paris: Grasset, 1982.
La Route Antique des Hommes Pervers. Paris: Grasset, 1985.
Violent Origins: Walter Burkert, René Girard, and Jonathan Z. Smith on Ritual Killing and Cultural Formation. Org. Robert Hamerton-Kelly. Stanford: Stanford University Press, 1988. (Este livro será publicado na Biblioteca René Girard)
A Theatre of Envy: William Shakespeare. Nova York: Oxford University Press, 1991. [*Shakespeare: Teatro da Inveja.* Trad. Pedro Sette-Câmara. São Paulo: Editora É, 2010.]

Quand ces Choses Commenceront... Entretiens avec Michel Treguer. Paris: Arléa, 1994. (Este livro será publicado na Biblioteca René Girard)
The Girard Reader. Org. James G. Williams. Nova York: Crossroad, 1996.
Je Vois Satan Tomber comme l'Éclair. Paris: Grasset, 1999.
Um Longo Argumento do Princípio ao Fim. Diálogos com João Cezar de Castro Rocha e Pierpaolo Antonello. Rio de Janeiro: Topbooks, 2000. Este livro, escrito em inglês, foi publicado, com algumas modificações, em italiano, espanhol, polonês, japonês, coreano, tcheco e francês. Na França, em 2004, recebeu o "Prix Aujourd'hui".
Celui par Qui le Scandale Arrive: Entretiens avec Maria Stella Barberi. Paris: Desclée de Brouwer, 2001. (Este livro será publicado na Biblioteca René Girard)
La Voix Méconnue du Réel: Une Théorie des Mythes Archaïques et Modernes. Paris: Grasset, 2002. (Este livro será publicado na Biblioteca René Girard)
Il Caso Nietzsche. La Ribellione Fallita dell'Anticristo. Com colaboração e edição de Giuseppe Fornari. Gênova: Marietti, 2002.
Le Sacrifice. Paris: Bibliothèque Nationale de France, 2003. (Este livro será publicado na Biblioteca René Girard)
Oedipus Unbound: Selected Writings on Rivalry and Desire. Org. Mark R. Anspach. Stanford: Stanford University Press, 2004.
Miti d'Origine. Massa: Transeuropa Edizioni, 2005. (Este livro será publicado na Biblioteca René Girard)
Verità o Fede Debole. Dialogo su Cristianesimo e Relativismo. Com Gianni Vattimo. Org. Pierpaolo Antonello. Massa: Transeuropa Edizioni, 2006.
Achever Clausewitz (Entretiens avec Benoît Chantre). Paris: Carnets Nord, 2007. (Este livro será publicado na Biblioteca René Girard)
Le Tragique et la Pitié: Discours de Réception de René Girard à l'Académie Française et Réponse de Michel Serres. Paris: Editions le Pommier, 2007. (Este livro será publicado na Biblioteca René Girard)
De la Violence à la Divinité. Paris: Grasset, 2007. Reunião dos principais livros de Girard publicados pela Editora Grasset, acompanhada de

uma nova introdução para todos os títulos. O volume inclui *Mensonge Romantique et Vérité Romanesque*, *La Violence et le Sacré*, *Des Choses Cachées depuis la Fondation du Monde* e *Le Bouc Émissaire*.

Dieu, une Invention?. Com André Gounelle e Alain Houziaux. Paris: Editions de l'Atelier, 2007. (Este livro será publicado na Biblioteca René Girard)

Evolution and Conversion. Dialogues on the Origins of Culture. Com Pierpaolo Antonello e João Cezar de Castro Rocha. Londres: The Continuum, 2008. (Este livro será publicado na Biblioteca René Girard)

Anorexie et Désir Mimétique. Paris: L'Herne, 2008. (Este livro será publicado na Biblioteca René Girard)

Mimesis and Theory: Essays on Literature and Criticism, 1953-2005. Org. Robert Doran. Stanford: Stanford University Press, 2008.

La Conversion de l'Art. Paris: Carnets Nord, 2008. Este livro é acompanhado por um DVD, *Le Sens de l'Histoire*, que reproduz um diálogo com Benoît Chantre. (Este livro será publicado na Biblioteca René Girard)

Gewalt und Religion: Gespräche mit Wolfgang Palaver. Berlim: Matthes & Seitz Verlag, 2010.

Géométries du Désir. Prefácio de Mark Anspach. Paris: Ed. de L'Herne, 2011.

bibliografia selecionada sobre René Girard[1]

BANDERA, Cesáreo. *Mimesis Conflictiva: Ficción Literaria y Violencia en Cervantes y Calderón*. (Biblioteca Románica Hispánica – Estudios y Ensayos 221). Prefácio de René Girard. Madri: Editorial Gredos, 1975.

SCHWAGER, Raymund. *Brauchen Wir einen Sündenbock? Gewalt und Erläsung in den Biblischen Schriften*. Munique: Kasel, 1978.

DUPUY, Jean-Pierre e DUMOUCHEL, Paul. *L'Enfer des Choses: René Girard et la Logique de l'Économie*. Posfácio de René Girard. Paris: Le Seuil, 1979.

CHIRPAZ, François. *Enjeux de la Violence: Essais sur René Girard*. Paris: Cerf, 1980.

GANS, Eric. *The Origin of Language: A Formal Theory of Representation*. Berkeley: University of California Press, 1981.

AGLIETTA, M. e ORLÉAN, A. *La Violence de la Monnaie*. Paris: PUF, 1982.

OUGHOURLIAN, Jean-Michel. *Un Mime Nomme Desir: Hysterie, Transe, Possession, Adorcisme*. Paris: Éditions Grasset et Fasquelle, 1982. (Este livro será publicado na Biblioteca René Girard)

---

[1] Agradecemos a colaboração de Pierpaolo Antonello, do St John's College (Universidade de Cambridge). Nesta bibliografia, adotamos a ordem cronológica em lugar da alfabética a fim de evidenciar a recepção crescente da obra girardiana nas últimas décadas.

Dupuy, Jean-Pierre e Deguy, Michel (orgs.). *René Girard et le Problème du Mal*. Paris: Grasset, 1982.
Dupuy, Jean-Pierre. *Ordres et Désordres*. Paris: Le Seuil, 1982.
Fages, Jean-Baptiste. *Comprendre René Girard*. Toulouse: Privat, 1982.
McKenna, Andrew J. (org.). *René Girard and Biblical Studies* (*Semeia* 33). Decatur, GA: Scholars Press, 1985.
Carrara, Alberto. *Violenza, Sacro, Rivelazione Biblica: Il Pensiero di René Girard*. Milão: Vita e Pensiero, 1985.
Dumouchel, Paul (org.). *Violence et Vérité – Actes du Colloque de Cerisy*. Paris: Grasset, 1985. Tradução para o inglês: *Violence and Truth: On the Work of René Girard*. Stanford: Stanford University Press, 1988.
Orsini, Christine. *La Pensée de René Girard*. Paris: Retz, 1986.
To Honor René Girard. Presented on the Occasion of his Sixtieth Birthday by Colleagues, Students, Friends. Stanford French and Italian Studies 34. Saratoga, CA: Anma Libri, 1986.
Lermen, Hans-Jürgen. *Raymund Schwagers Versuch einer Neuinterpretation der Erläsungstheologie im Anschluss an René Girard*. Mainz: Unveräffentlichte Diplomarbeit, 1987.
Lascaris, André. *Advocaat van de Zondebok: Het Werk van René Girard en het Evangelie van Jezus*. Hilversum: Gooi & Sticht, 1987.
Beek, Wouter van (org.). *Mimese en Geweld: Beschouwingen over het Werk van René Girard*. Kampen: Kok Agora, 1988.
Hamerton-Kelly, Robert G. (org.). *Violent Origins: Walter Burkert, Rene Girard, and Jonathan Z. Smith on Ritual Killing and Cultural Formation*. Stanford: Stanford University Press, 1988. (Este livro será publicado na Biblioteca René Girard)
Gans, Eric. *Science and Faith: The Anthropology of Revelation*. Savage, MD: Rowman & Littlefield, 1990.
Assmann, Hugo (org.). *René Girard com Teólogos da Libertação: Um Diálogo sobre Ídolos e Sacrifícios*. Petrópolis: Vozes, 1991. Tradução para o alemão: *Gätzenbilder und Opfer: René Girard im Gespräch mit der Befreiungstheologie*. (Beiträge zur mimetischen Theorie 2). Thaur, Münster:

Druck u. Verlagshaus Thaur, LIT-Verlag, 1996. Tradução para o espanhol: *Sobre Ídolos y Sacrificios: René Girard con Teólogos de la Liberación.* (Colección Economía-Teología). San José, Costa Rica: Editorial Departamento Ecuménico de Investigaciones, 1991.

ALISON, James. *A Theology of the Holy Trinity in the Light of the Thought of René Girard.* Oxford: Blackfriars, 1991.

RÉGIS, J. P. (org.). *Table Ronde Autour de René Girard.* (Publications des Groupes de Recherches Anglo-américaines 8). Tours: Université François Rabelais de Tours, 1991.

WILLIAMS, James G. *The Bible, Violence, and the Sacred: Liberation from the Myth of Sanctionated Violence.* Prefácio de René Girard. San Francisco: Harper, 1991.

LUNDAGER JENSEN, Hans Jürgen. *René Girard.* (Profil-Serien 1). Frederiksberg: Forlaget Anis, 1991.

HAMERTON-KELLY, Robert G. *Sacred Violence: Paul's Hermeneutic of the Cross.* Minneapolis: Augsburg Fortress, 1992. (Este livro será publicado na Biblioteca René Girard)

MCKENNA, Andrew J. (org.). *Violence and Difference: Girard, Derrida, and Deconstruction.* Chicago: University of Illinois Press, 1992.

LIVINGSTON, Paisley. *Models of Desire: René Girard and the Psychology of Mimesis.* Baltimore: The Johns Hopkins University Press, 1992.

LASCARIS, André e WEIGAND, Hans (orgs.). *Nabootsing: In Discussie over René Girard.* Kampen: Kok Agora, 1992.

GOLSAN, Richard J. *René Girard and Myth: An Introduction.* Nova York e Londres: Garland, 1993 (Nova York: Routledge, 2002). (Este livro será publicado na Biblioteca René Girard)

GANS, Eric. *Originary Thinking: Elements of Generative Anthropology.* Stanford: Stanford University Press, 1993.

HAMERTON-KELLY, Robert G. *The Gospel and the Sacred: Poetics of Violence in Mark.* Prefácio de René Girard. Minneapolis: Fortress Press, 1994.

BINABURO, J. A. Bakeaz (org.). *Pensando en la Violencia: Desde Walter Benjamin, Hannah Arendt, René Girard y Paul Ricoeur.* Centro de Documentación y Estudios para la Paz. Madri: Libros de la Catarata, 1994.

McCracken, David. *The Scandal of the Gospels: Jesus, Story, and Offense.* Oxford: Oxford University Press, 1994.

Wallace, Mark I. e Smith, Theophus H. *Curing Violence: Essays on René Girard.* Sonoma, CA: Polebridge Press, 1994.

Bandera, Cesáreo. *The Sacred Game: The Role of the Sacred in the Genesis of Modern Literary Fiction.* University Park: Pennsylvania State University Press, 1994. (Este livro será publicado na Biblioteca René Girard)

Alison, James. *The Joy of Being Wrong: An Essay in the Theology of Original Sin in the Light of the Mimetic Theory of René Girard.* Santiago de Chile: Instituto Pedro de Córdoba, 1994. (Este livro será publicado na Biblioteca René Girard)

Lagarde, François. *René Girard ou la Christianisation des Sciences Humaines.* Nova York: Peter Lang, 1994.

Teixeira, Alfredo. *A Pedra Rejeitada: O Eterno Retorno da Violência e a Singularidade da Revelação Evangélica na Obra de René Girard.* Porto: Universidade Católica Portuguesa, 1995.

Bailie, Gil. *Violence Unveiled: Humanity at the Crossroads.* Nova York: Crossroad, 1995.

Tomelleri, Stefano. *René Girard. La Matrice Sociale della Violenza.* Milão: F. Angeli, 1996.

Goodhart, Sandor. *Sacrificing Commentary: Reading the End of Literature.* Baltimore: Johns Hopkins University Press, 1996.

Pelckmans, Paul e Vanheeswijck, Guido. *René Girard, het Labyrint van het Verlangen: Zes Opstellen.* Kampen/Kapellen: Kok Agora/Pelcckmans, 1996.

Gans, Eric. *Signs of Paradox: Irony, Resentment, and Other Mimetic Structures.* Stanford: Stanford University Press, 1997.

Santos, Laura Ferreira dos. *Pensar o Desejo: Freud, Girard, Deleuze.* Braga: Universidade do Minho, 1997.

Grote, Jim e McGeeney, John R. *Clever as Serpents: Business Ethics and Office Politics.* Minnesota: Liturgical Press, 1997. (Este livro será publicado na Biblioteca René Girard)

Federschmidt, Karl H.; Atkins, Ulrike; Temme, Klaus (orgs.). *Violence and Sacrifice: Cultural Anthropological and Theological Aspects Taken from Five Continents.* Intercultural Pastoral Care and Counseling 4. Düsseldorf: SIPCC, 1998.

SWARTLEY, William M. (org.). *Violence Renounced: René Girard, Biblical Studies and Peacemaking.* Telford: Pandora Press, 2000.

FLEMING, Chris. *René Girard: Violence and Mimesis.* Cambridge: Polity, 2000.

ALISON, James. *Faith Beyond Resentment: Fragments Catholic and Gay.* Londres: Darton, Longman & Todd, 2001. Tradução para o português: *Fé Além do Ressentimento: Fragmentos Católicos em Voz Gay.* São Paulo: Editora É, 2010.

ANSPACH, Mark Rogin. *A Charge de Revanche: Figures Élémentaires de la Réciprocité.* Paris: Editions du Seuil, 2002. (Este livro será publicado na Biblioteca René Girard)

GOLSAN, Richard J. *René Girard and Myth.* Nova York: Routledge, 2002. (Este livro será publicado na Biblioteca René Girard)

DUPUY, Jean-Pierre. *Pour un Catastrophisme Éclairé. Quand l'Impossible est Certain.* Paris: Editions du Seuil, 2002. (Este livro será publicado na Biblioteca René Girard)

JOHNSEN, William A. *Violence and Modernism: Ibsen, Joyce, and Woolf.* Gainesville, FL: University Press of Florida, 2003. (Este livro será publicado na Biblioteca René Girard)

KIRWAN, Michael. *Discovering Girard.* Londres: Darton, Longman & Todd, 2004. (Este livro será publicado na Biblioteca René Girard)

BANDERA, Cesáreo. *Monda y Desnuda: La Humilde Historia de Don Quijote. Reflexiones sobre el Origen de la Novela Moderna.* Madri: Iberoamericana, 2005. (Este livro será publicado na Biblioteca René Girard)

VINOLO, Stéphane. *René Girard: Du Mimétisme à l'Hominisation, la Violence Différante.* Paris: L'Harmattan, 2005. (Este livro será publicado na Biblioteca René Girard)

INCHAUSTI, Robert. *Subversive Orthodoxy: Outlaws, Revolutionaries, and Other Christians in Disguise.* Grand Rapids, MI: Brazos Press, 2005. (Este livro será publicado na Biblioteca René Girard)

FORNARI, Giuseppe. *Fra Dioniso e Cristo. Conoscenza e Sacrificio nel Mondo Greco e nella Civiltà Occidentale.* Gênova-Milão: Marietti, 2006. (Este livro será publicado na Biblioteca René Girard)

ANDRADE, Gabriel. *La Crítica Literaria de René Girard.* Mérida: Universidad del Zulia, 2007.

HAMERTON-KELLY, Robert G. (org.). *Politics & Apocalypse.* East Lansing, MI: Michigan State University Press, 2007. (Este livro será publicado na Biblioteca René Girard)

LANCE, Daniel. *Vous Avez Dit Elèves Difficiles? Education, Autorité et Dialogue.* Paris, L'Harmattan, 2007. (Este livro será publicado na Biblioteca René Girard)

VINOLO, Stéphane. *René Girard: Épistémologie du Sacré.* Paris: L'Harmattan, 2007. (Este livro será publicado na Biblioteca René Girard)

OUGHOURLIAN, Jean-Michel. *Genèse du Désir.* Paris: Carnets Nord, 2007. (Este livro será publicado na Biblioteca René Girard)

ALBERG, Jeremiah. *A Reinterpretation of Rousseau: A Religious System.* Nova York: Palgrave Macmillan, 2007. (Este livro será publicado na Biblioteca René Girard)

DUPUY, Jean-Pierre. *Dans l'Oeil du Cyclone – Colloque de Cerisy.* Paris: Carnets Nord, 2008. (Este livro será publicado na Biblioteca René Girard)

DUPUY, Jean-Pierre. *La Marque du Sacré.* Paris: Carnets Nord, 2008. (Este livro será publicado na Biblioteca René Girard)

ANSPACH, Mark Rogin (org.). *René Girard.* Les Cahiers de l'Herne n. 89. Paris: L'Herne, 2008. (Este livro será publicado na Biblioteca René Girard)

DEPOORTERE, Frederiek. *Christ in Postmodern Philosophy: Gianni Vattimo, Rene Girard, and Slavoj Zizek.* Londres: Continuum, 2008.

PALAVER, Wolfgang. *René Girards Mimetische Theorie. Im Kontext Kulturtheoretischer und Gesellschaftspolitischer Fragen.* 3. Auflage. Münster: LIT, 2008.

BARBERI, Maria Stella (org.). *Catastrofi Generative – Mito, Storia, Letteratura.* Massa: Transeuropa Edizioni, 2009. (Este livro será publicado na Biblioteca René Girard)

ANTONELLO, Pierpaolo e BUJATTI, Eleonora (orgs.). *La Violenza Allo Specchio. Passione e Sacrificio nel Cinema Contemporaneo.* Massa: Transeuropa Edizioni, 2009. (Este livro será publicado na Biblioteca René Girard)

RANIERI, John J. *Disturbing Revelation – Leo Strauss, Eric Voegelin, and the Bible.* Columbia, MO: University of Missouri Press, 2009. (Este livro será publicado na Biblioteca René Girard)

GOODHART, Sandor; JORGENSEN, J.; RYBA, T.; WILLIAMS, J. G. (orgs.). *For René Girard. Essays in Friendship and in Truth*. East Lansing, MI: Michigan State University Press, 2009.

ANSPACH, Mark Rogin. *Oedipe Mimétique*. Paris: Éditions de L'Herne, 2010. (Este livro será publicado na Biblioteca René Girard)

MENDOZA-ÁLVAREZ, Carlos. *El Dios Escondido de la Posmodernidad. Deseo, Memoria e Imaginación Escatológica. Ensayo de Teología Fundamental Posmoderna*. Guadalajara: ITESO, 2010. (Este livro será publicado na Biblioteca René Girard)

ANDRADE, Gabriel. *René Girard: Un Retrato Intelectual*. 2010. (Este livro será publicado na Biblioteca René Girard)

índice analítico

Acaso, 93
Adaptação, 81
Agressividade, 123
   redirecionamento da, 123
Agricultura
   caráter (inicial) antieconômico da, 146
   origem da, 141, 145
   origem sacrificial da, 146
Ainsa, 231
Alea, 95
Alteridade, 22
Altruísmo, 132
   animal, 121
Anacronismo, 154
Anorexia, 107
Antigo Testamento
   e texto antissacrificial, 233
Antissemitismo, 94, 109, 251
Antropologia
   cultural, 165
   e anticolonialismo, 190
   forense, 205
   gerativa, 60
   mimética, 170, 178, 213
Apedrejamento, 98, 174, 215, 222
   coletivo, 185

Apetite, 79, 99, 101, 227
Arte primitiva, 56
Ascese
   antissacrificial, 231
Assassinato
   criativo, 182
   fundador, 62, 92, 98, 110, 125, 152, 158, 182, 208, 241
   caráter real do, 187
   caráter universal do, 187
   como origem da cultura, 189
   e origem da cultura, 133
   e Platão, 210
   fundamental, 230
   ritual, 94, 123
   e origem da cultura, 98
Ateísmo, 173
   contemporâneo, 230
   metodológico, 172
Autismo, 81
Autodidatismo, 51, 55
Autoengano, 110
Autonomia
   ilusão de, 24, 31, 37, 121, 193, 243
Behaviorismo, 83, 154

Bíblia
   leitura antropológica da, 213
Bode expiatório, 19, 23, 27, 34, 36, 50, 65, 79, 89-90, 156, 218
   como centro de significação, 128
   como laboratório de formas, 147
   como metáfora, 157
   e autopreservação, 127
   e criação do vínculo social, 124
   e emergência do simbolismo, 126
   e origem da cultura, 92, 97
   e seleção natural, 129
   hipótese do, 94
   inversão bíblica do princípio do, 220
   mecanismo do, 21, 24, 28, 34, 65-66, 68, 89-90, 92, 95-96, 109, 121-22, 124, 147, 149, 157, 188, 201, 217, 226
   primordial, 140
   princípio do, 219

universalidade do
  mecanismo do, 179
  voluntário, 221
Budismo, 232
Canibalismo, 99, 138,
  140, 143, 147, 156
  arcaico, 236
  como fonte de cultura,
    147
  tupinambá, 140
Catarse, 253
Ceticismo, 37, 183, 200
Ciclo
  assimilador, 135
  mimético, 208
Ciúme, 114
Civilização
  emergência mimética
    da, 36
Comunicação
  forma mimética de, 130
  forma simbólica de, 130
Consumo
  como sacrifício, 106
Conversão, 24-25, 29, 37-
  38, 76, 193, 196, 211,
  232, 244
  cristã
    de Saulo (Paulo), 215
  emocional, 77
  intelectual, 77
  romanesca, 197, 202
  sentido de, 244
Correspondência
  entre mito e rito, 178
Criatividade, 158
Crise
  da adolescência, 97
  de indiferenciação,
    74, 80
    representação no
      Antigo Testamento,
      228
Crise mimética, 79, 88,
  90-91, 136, 148, 170,
  220, 228
  e autodestruição, 91

resolução sacrificial
  da, 214
Cristianismo, 28-29, 38,
  71, 109, 155, 217, 232,
  246
  apologia do, 37, 172
  caráter paradoxal do,
    199
  como apocalíptico, 250
  como denúncia do bode
    expiatório, 111
  como mito, 190
  como "suplemento",
    235
  cultos ocidentais, 38
  dessacralização, 39
  e ateísmo, 39
  e bode expiatório, 111
  e defesa da vítima, 41,
    111
  entendimento sacrificial
    do, 23
  e sacrifício, 71
  e secularização, 40
  histórico, 233
  primitivo, 238, 250
  sentido do, 280
Crucificação, 186, 223-24,
  231, 279
  como bode expiatório,
    236
  como fenômeno
    mimético, 223
Cultura
  emergência da, 132
  episódica, 133
  grega
    e escravidão, 168
  local
    diversidade da, 167
  mimética, 133
  mítica, 133
  origem da, 122, 158
  teórica, 133
Darwinismo, 188
Defesa
  mecanismo de, 210

Desconstrução, 56, 59, 61
Desejo, 31, 79, 81, 86,
  99, 160
  autêntico, 81
  inexistência do, 78
  autonomia do, 211
  caráter mimético do,
    20, 113
  do objeto, 90
  e modernidade, 40
  história do, 53
  inautêntico, 78
  metafísica do, 163
  mimético, 19-20, 24, 28
  mobilidade do, 81, 85
Desejo mimético, 62, 64,
  66, 69, 78-79, 81, 86
  caráter oportunista do,
    108
  conceito marxista do,
    100
  e Antigo Testamento,
    87
  e crítica literária, 103
  e dilema da cavalaria,
    100
  e Novo Testamento, 112
  fenomenologia do, 88
  ilusão do, 167, 197
  negatividade do, 31
  origem da ideia do, 87
  paradoxo do, 108
  positividade do, 31
  proibição do, 87
Desenho inteligente, 118
Determinismo
  recusa do, 91
Deus
  do sagrado, 238
  do santo, 238
  noção de, 144
  noção ontológica de,
    237
  transiente, 237-238
Dharma, 40, 256
Dialética
  superação da, 32

Diferença, 22
Diferenciação binária, 161
Dioniso e crise mimética, 139
Dom, 132, 270
Domesticação
　animal, 141
　caráter (inicial) antieconômico da, 141
　e sacrifício animal, 142, 143
Duplo, 74, 80, 83, 96, 135, 140, 173, 179, 247
　mimético, 149
　proliferação de, 88
　vínculo, 32, 74, 88, 104, 217
Édipo
　inocência de, 226
Empirismo, 164
Emulação, 160, 224
Encefalização, 133, 136
Ensino laico, 44
Epistemologia, 35
　antipopperiana, 35
Escala
　mimética, 138
Escalada
　da violência, 152
　dos duplos, 89
　mimética, 34, 88, 119, 133
Escândalo, 90, 190, 244-45, 277
　como obstáculo mimético, 245
　era do, 108
　e rivalidade mimética, 109
　proliferação do, 246
Esnobismo, 53, 100
Espaço
　antissacrificial, 236
　crítica à noção de, 240
　não sacrificial, 234

inexistência do, 235, 237
Especialização, 64
　ônus da, 165
Essencialismo
　recusa do, 113
Estado
　origem do, 67
Esteticismo, 58
Estruturalismo, 37, 49, 60, 161
　e indiferenciação, 180
Estudos literários
　e individualismo, 103
Eu
　queda do, 114
Eucaristia
　oriunda do canibalismo arcaico, 236
Evento originário, 148
Evidência, 95, 204, 230
　antropológica, 185
　apresentação da, 177, 179, 182, 199
　circunstancial, 185, 187, 195, 207
　comparada, 187
　direta, 185, 187
　ilusão da, 187
　e teoria mimética, 188
　falsa, 220
　ilusão positivista da, 186
　indireta, 195, 204-05
　questão da, 119, 137, 164, 166, 177-78, 183, 203, 207
　teoria da, 184
　textual, 207
Evolução, 38, 81
　teoria da, 187
Evolucionismo, 35
　e transmissão cultural, 120
Falseabilidade
　critério de, 183
Fenômeno
　etimologia de, 215

Fenomenologia, 52
Funcionalismo, 141, 161, 163
Futuro
　imprevisibilidade do, 135
Gêmeos
　e indiferenciação, 97
　míticos, 96
Gene egoísta, 121
Gesto
　de apropriação, 148
　de designação, 148
Grande
　narrativa, 22-23, 28
Hermenêutica, 37, 63
Hipermimetismo, 114
　definição de, 114
　e consciência do mecanismo mimético, 115
　e Frank Kafka, 115
História
　fim da, 252
Historiografia
　mimética, 38
Holocausto, 221, 247
　nazista, 251
Holofobia, 22
Hominização
　e caça, 105
　processo de, 70, 117
Honra, 106
Idealismo
　alemão, 56
Identidade, 22
Ideologias
　fim das, 252
Iluminismo, 97, 230, 240, 256
Ilusionismo, 130
Imaginação
　apocalíptica, 28, 41, 249
Imitação, 30-32, 34, 81, 83, 87, 99, 156, 158, 160

apropriadora, 84
como caminho para a liberdade, 246
como processo pedagógico, 134
desaparecimento do conceito de, 159
e aprendizagem, 82
e conflito, 83
e crise mimética, 82
e cultura humana, 134
e desejo, 160
e neurociência, 84
e recusa, 83
ideia de, 159
negativa, 102, 159
positiva, 80, 102, 244
  e mediação externa, 85
produtiva, 41
recíproca, 41, 80, 88, 135
resistência moderna à, 134
ritual, 134
sem rivalidade, 244
teoria de Richard Dawkins da, 121
Imitatio Christi, 41, 87, 232, 243, 253
Incesto, 111, 218, 226
Inconsciente, 112
  crítica à razão, 113
Indexação, 132
Indiferenciação, 22, 96
Individualismo, 30, 153, 193, 211
  e teoria do objeto mimético, 103
  metodológico, 38, 120
Infibulação, 166
Influência mimética, 58
Inovação, 103
Instinto, 81
Instituição
  emergência da, 130
Integração
  da cultura e biologia, 151
Inteligência
  caráter social da, 137
Interdisciplinaridade, 55, 73, 75
Interindividualidade, 88
Interpretação
  figural, 36, 201-02, 221, 225-26, 228, 234, 239
  e realismo, 202
  e totalidade, 203
Intertextualidade, 219
Inveja, 87, 107, 195, 233
  como rivalidade mimética, 87
Invenção, 99
Jainismo, 231
  conexão com judaísmo, 232
  similaridade com o cristianismo, 232
Judaísmo, 110, 217
Kénosis, 271-72
Liberdade
  como conversão, 244
  como resistência ao desejo mimético, 243
Linchamento original, 185
Literatura
  como evidência, 194
  e ciência, 194
  e evidência ciscunstancial, 194
Logos, 245
  divino, 237
  junino, 245
  violento, 237
Má-fé, 52, 57, 114
Marcionismo, 238
Martírio
  etimologia de, 215
Masoquismo, 234
Materialismo
  cultural, 153-54
Mecanismo mimético, 79, 101, 152, 156
  como pecado original, 216
  consciência do, 110, 190, 213
  e autoengano, 110
  e literatura, 102
Méconnaissance, 108, 110-13, 126, 171, 207, 210, 223
  mecanismo da, 208
Mediação
  externa, 80, 86, 254
  interna, 80
  era da, 40, 107, 240, 254
  positiva, 194
Medo, 133, 151
  e proibição da violência, 151
  e violência mimética, 133
Meme
  máquina de, 121
  noção de, 121
Memética, 24, 30
Mentalidade primitiva, 120
Mentira romântica, 193
Metaevidência, 207
Mímesis, 82, 88, 100, 195
  "boa", 102, 159
  caráter cumulativo da, 90
  como imitação literária, 202
  conflitual, 104
  cultural, 99, 102-04, 159
  de antagonismo, 90
  de apropriação, 89, 102-04, 152
  de rivalidade, 31, 90
  e hominídeos, 134
  e Novo Testamento, 190
  e o desejo mimético, 83
  "lateral", 109
  má, 102, 246

Mimetismo, 83, 100, 102, 134
e violência humana, 222
redução da mímesis ao, 104
Minimalismo, 107
Mito, 35, 86, 131, 217
 como acusação, 168
 como organização do conhecimento, 86
 de Édipo, 62, 96, 111, 155-56, 218-19, 226
 enigma do, 167
 origem violenta do, 182
Mitologia, 73, 111
 hindu, 76
Moda, 100
Modelo, 31-32, 80-81, 88, 99
Modernidade, 22, 29
 teoria apocalíptica da, 249
 teoria da, 249
Monoteísmo, 217, 222
Não objeto, 107
Neotenia, 150
Neurônios-espelho, 30, 84
New Criticism, 56, 58-59
Objeto, 31, 80, 88, 100, 151
 bom, 104
 como criação do desejo mimético, 106
 como signos de inveja, 107
 da sociedade de consumo, 105
 desaparecimento do, 80, 88, 167
 do desejo, 80, 197
 falso, 106
 fetichismo do, 94
 função do, 99, 167
 inflação de, 106
 real, 106-07
 retorno do, 107

Ordem sacrificial
 fim da, 221
Orfismo, 230
 similaridade com o cristianismo, 230
Originalidade, 30, 103
Padrões de dominância, 124, 148
Paixão, 215, 221, 245
Paráclito, 214
Paradigma
 evidencial, 35
 indiciário, 203
Paradoxo, 34, 41, 100, 114, 199
 centralidade do, 32
Parricídio, 111, 218, 226
Phármakon, 32, 34, 181, 209-10, 253
Pharmakós, 67, 210
Politeísmo, 217, 222
Politicamente correto, 165, 251
Poluição, 136
Pós-estruturalismo, 37, 63, 191
Positivismo, 45, 65
Pós-modernidade, 38
 teoria da, 249
Pós-modernismo, 21-22, 28
Pós-secularismo, 29
Potlatch, 270
Pragmatismo, 56
Prestígio, 106
Primeira Guerra Mundial, 251
Princípio vitimizador, 65
Profecia, 203
 cristológica, 221, 234
 noção de, 228
Progresso
 sentido de, 239
Proibição, 87, 132, 152, 198
Psicanálise, 58
Psicologia

experimental, 85
interdividual, 21, 71, 113
interindividual, 79
mimética, 54
Pureza, 136
Realeza
 aparecimento da, 138
Realismo, 56, 63, 158, 164, 218
 de linguagem, 97
 do senso comum, 56
 e conversão, 227
 epistemológico, 167
 mimético, 53, 58
 ontológico, 169
Reciprocidade, 31-32, 37
Redenção, 41
Reescritura do mito, 219
Referência
 questão da, 219
Referencialidade, 86
Reino de Deus, 216, 224
Relativismo cultural, 166
Religião
 arcaica, 76, 110
 como pedagogia, 236
 conexão com a revelação cristã, 237
 eterno retorno da, 241
 similaridade com o cristianismo, 229
 como ciência humana, 192
 como conhecimento racional, 198
 como controle da violência, 192
 como estrutura sem sujeito, 151
 como origem da cultura, 97, 118, 130, 142, 146
 como origem da hominização, 119
 declínio da, 23

e adaptação das
  espécies, 119
e ciência, 169
e domesticação de
  animais, 142
função da, 21
grega, 163
origem da, 68, 171
origem do mecanismo
  do bode expiatório,
  130
primitiva, 69
  caráter racional da,
  158
  resistência à, 142
  unidade da, 229
Renascimento, 85, 256
Repetição, 135
Representação
  emergência da, 134
  problema da, 227
Resistência, 46
Ressentimento, 40, 58, 88,
  109, 233, 254
Ressurreição, 24, 238
Revelação, 211, 223
  como caminho pessoal,
  232
  como processo
  histórico, 236
  conceito de, 217
  cristã, 21, 39, 109, 240
    caráter histórico da,
    173
  do Evangelho, 217
  história da, 239
Revolta
  mercantilização da, 107
Revolução
  Cultural, 50
  Francesa, 254
Riso
  como redirecionador da
  agressividade, 124
Rito, 35
  caráter pedagógico
  do, 97

de passagem, 96-97,
  189
esquecimento do, 130
ideia iluminista do, 97
infraexpiatório, 127
Ritual
  como explicação do
  mecanismo de bode
  expiatório, 189
  como fóssil de cultura,
  188
e patologia, 136
Rivalidade, 20, 24, 31-32,
  66, 80, 90, 104, 216
  mimética, 69, 79, 84,
  86, 88, 157, 159-60
  planetária, 253
Sacrifício, 21, 23, 55, 67,
  69, 86, 198, 222, 247
  animal
    questão do, 144
  arcaico, 235
    como anúncio de
    Cristo, 235
    como proteção arcaica,
    241
  cristão, 235
  de Cristo, 39, 234
  e caça, 104
  e ordem natural, 118
  e ressurreição, 145
  função do, 240
  história do, 236
  humano, 105, 141, 147,
  165
  na cultura fenícia,
  164
  negação do, 192
  instintivo, 122
  ritual
    invenção do, 124
    sentido do, 234
Sagrado, 70
  lógica do, 40
Satanás
  como acusador, 190,
  214

como figura de
  linguagem, 246
como mecanismo
  mimético, 245
como um não ser, 246
ideia de, 280
Secularismo, 22, 37, 41,
  158
Secularização, 39
  teoria da, 22, 273
Segunda Guerra Mundial,
  251
Seleção
  grupal, 35, 120
  natural, 39
  e sacrifício, 117
Signo
  como gesto de
  apropriação
  interrompido, 148
Simbolicidade, 132
  autonomia da, 172
  caráter contraintuitivo
  da, 133
  emergência da, 134
Simbolidade
  e ritual, 147
Simbolismo, 120
  centralidade do, 126
  emergência do, 118,
  122, 126
Símbolo, 68
Sistema
  conceito de, 170
  de castas, 86, 233
    origem sacrificial do,
    233
  judicial, 21
Sociedade
  arcaica
    estabilidade da, 216
  de consumo, 105
    como sistema de
    troca de signos, 107
  de mercado, 106
Sociobiologia, 119, 153-
  54, 172

Sociologia, 198
Solipsismo, 57
Sorte, 95
Subjetividade
  carater da ideia de, 174
Suplemento, 73, 181, 210
  de origem, 181
  lógica do, 209
Surrealismo, 45
Tabu, 34, 104, 132, 137
Teísmo, 118
  e evolução, 118
Teologia, 39, 172
  e desejo mimético, 75
Teólogos da libertação, 25, 76
Teoria
  do caos, 73, 75
  dos jogos, 121
  mimética, 19, 32, 38, 62-63, 84, 122, 223, 226
    aspectos realistas da, 167
    como análise morfológica, 206
    como "ferida narcísica", 193
    e comparativismo, 36
    e dependência química, 70
    e duplo vínculo, 199
    e ética, 192
    e paradoxo, 199
    extensão da, 69
    hostilidade à, 65, 162
    origem da, 53, 57
    ponto de partida da, 182
    pressupostos da, 120
    repercussão da, 19
    resistência à, 35
Terrorismo, 109, 253
Texto de perseguição, 28
Totalidade, 126, 130, 203
  e evidência direta, 186
  e teoria mimética, 170
  hegeliana, 170

Totalitarismo
  de direita, 251
  de esquerda, 251
Tradição, 158
  gnóstica, 230, 239
Tragédia
  definição de, 173
  grega, 20, 27, 62, 66, 155
Transcendência, 229
  ausência da, 232
  falsa, 246, 250
  idólatra, 216
  social, 216
Transferência
  mimética, 156
Transtornos obsessivo-compulsivos, 135
Unanimidade
  caráter mimético da, 215
  mimética, 223
  função da, 203
Universalismo, 41
  ético, 29
Utilitarismo, 56
Vaidade, 53, 57
Verdade romanesca, 193
  e interpretação figural, 202
Vingança, 88, 91, 150
Violência, 29, 31-32, 233
  arcaica, 236
  centralidade da, 150
  coletiva, 34, 221
  controle da, 95
  doméstica, 101
  fundadora, 178
  ilegítima da Guerra Civil, 112
  interespecífica, 35
  intraespecífica, 34, 124
  legítima do sacrifício, 112
  mimética, 89, 97
  vírus da, 253

  natural
    intraespecífica, 121
  opção pela, 240
  planetária, 253
  recusa cristã da, 239
  rejeição da, 243
  renúncia da, 224
  unânime, 231
Vítima, 20
  aleatória, 34, 91
  ambivalência da, 144
  caráter arbitrário da, 94
  centralidade contemporânea da, 41, 166
  como centro da significação, 129
  como primeiro símbolo, 129
  compaixão pela, 280
  inocência da, 24, 40, 109, 178, 213, 227, 239
  inocente
    e Antigo Testamento, 218
  polarização da, 108
  que perdoa, 222
  ressentimento da, 225
  sacrificial, 99
  substituição da, 143
  substituta, 95, 97, 129, 141, 144, 221
  e conciência do mecanismo mimético, 143
  transcendência da, 108
  unidade das religiões em termo de, 229
Vitimação, 32, 40-41
  mimética, 233
  sinais de, 93-94, 180
Xamanismo, 206

índice onomástico

Ackerman, Robert, 157
Allan Poe, Edgar, 209
Anaximandro, 242
Apolônio de Tiana, 67, 278
Aristóteles, 82, 84, 134, 159, 168-69
Arquíloco de Paros, 19, 27
Arrow, Kenneth, 73
Assmann, Hugo, 77
Atlan, Henri, 110
Auerbach, Erich, 201-03, 227-28, 273
Baevin, Janet, 74
Bainville, Jacques, 44
Bally, Charles, 57
Bandera, Cesáreo, 60, 75
Baron-Cohen, S., 82
Barthes, Roland, 60
Bassoff, Bruce, 151
Bataille, 106, 269, 270
Bateson, Gregory, 74
Beaufret, Jean, 46
Beeghly, M., 84
Bellinger, Charles L., 172
Berlin, Isaiah, 19, 27
Bhattacharyya, N. N., 232
Bin Laden, Osama, 253-54
Blackmore, Susan, 121
Boccaccio, Giovanni, 59
Boesch, Christopher, 128

Boff, Leonardo, 103
Boltanski, Luc, 167
Boyer, Pascal, 135, 172
Brancusi, Constantin, 47
Braque, Georges, 17, 47-48
Braten, Stein, 82
Brown, Shelby, 164
Burke, Kenneth, 65
Burkert, Walter, 104, 162-63
Butterworth, George, 82
Calasso, Roberto, 27, 99, 144, 240, 261, 265
Calderón de la Barca, Pedro, 60
Calhoun, John, 138
Callois, Roger, 95
Camus, Albert, 25, 114
Canetti, Elias, 114, 124
Carrasco, David, 141
Cavalli-Sforza, Luca Luigi, 191
Cervantes, Miguel de, 24, 51, 53, 60, 100
Champigny, Robert, 55
Chandler, James, 177, 204
Char, René, 46
Chicchetti, Dante, 84
Clarke, Arthur C., 128
Cohen, D. J., 82

Cohen, M. N., 146
Colli, Giorgio, 242
Collingwood, Robin George, 184
Comte, Auguste, 198
Condessa de Ségur, 54
Constantino, 278
Cornelius Castoriadis, 168-69
Cosmides, Leda, 122
Cullen, J., 139
Daly, Robert J., 233
Dante Alighieri, 59-60, 246
Darwin, Charles, 22, 27, 30, 33, 43, 79, 117, 126, 155, 177, 183, 190, 193, 199, 213, 223, 249-50
Daudet, Léon, 44
Davidson, Arnold I., 177, 204
Davies, Glyn, 265
Dawkins, Richard, 24, 30, 39, 102, 121-22
Deacon, Terrence, 132-33, 151
Debord, Guy, 266
Debray, Régis, 14-15, 84, 141, 160
Deguy, Michel, 30, 61
Dennett, Daniel, 39

Derrida, Jacques, 22, 60-62, 73, 83, 130, 181-82, 203, 209-10, 250-51, 269
DeVore, I., 146
Diels, H., 242
Donald, Merlin, 130, 133
Donato, Eugenio, 60-62
Dostoiévski, Fiódor, 20, 24-25, 53, 100, 114-16
Douglas, Mary, 157, 270
Dreyfus, Alfred, 44, 109, 110-11
Dumézil, Georges, 260
Dumouchel, Paul, 65, 75, 83, 91, 105, 107, 110, 112, 168, 230, 241, 260
Dunbar, Robin, 137
Dupuy, Jean-Pierre, 9, 30, 73-75, 83, 91, 101, 105-07, 112, 168, 181, 184, 259-60
Durkheim, Émile, 33, 64, 120, 158, 160-61, 216, 257
Dutra, Waltensir, 157
Eagleton, Terry, 22-23
Eliade, Mircea, 145, 182
Ésquilo, 99
Eurípides, 62, 95, 155
Eusébio, 278
Evans-Pritchard, E. E., 171
Filóstrato, 67, 278
Fiske, Alan, 135
Flaubert, Gustave, 24, 53, 164
Foerster, Heinz von, 73
Fogassi, L., 84
Fornari, Giuseppe, 9, 83, 92-93, 96, 128, 177-78, 194, 231, 241-42, 274
Frank, Thomas, 107
Frazer, James, 62, 117, 145, 157-58, 178, 192, 210, 232-33
Freccero, John, 59-60

Freud, Sigmund, 58, 61, 83, 112-13, 115, 117, 136, 161, 171, 183, 193, 199-201, 207-08, 210, 222-23, 226, 230
Fukuyama, Francis, 252
Galef Jr., Bennet G., 159
Gallese, Vittorio, 30, 84
Gans, Eric, 60, 69, 148-49, 151, 261
Gardner, Stephen, 170
Giddens, Anthony, 263
Gide, André, 242
Ginzburg, Carlo, 94, 203-07
Goldmann, Lucien, 49, 60, 62
Goodhart, Sandor, 103, 224
Gopnik, A., 82
Goyet, Francis, 226
Grzimek, Bernard, 125
Habermas, Jürgen, 29
Hahn, E., 139
Hamerton-Kelly, Robert, 104, 163, 265
Harootunian, Harry, 177, 204
Harris, Marvin, 153
Hegel, Georg Wilhelm Friedrich, 20, 251
Heidegger, Martin, 46, 78, 242, 247, 251, 271, 273, 275
Heltne, Paul G., 128
Heráclito, 21, 46, 242
Heyes, Cecilia M., 159
Hinkelammert, Franz, 235
Hobbes, Thomas, 88, 133, 259, 268
Hocart, Arthur, 94-95, 97-98, 184-86, 204-05, 233
Holy, Ladislav, 191
Homero, 83, 143, 227
Hyman, Stanley E., 117
Jackson, Don, 74
Jefferson, Thomas, 250

Jensen, A. E., 145
Jonas, Hans, 237
Kafka, Franz, 114, 115
Keeley, L. H., 263
Kennedy, Donald, 73
Kierkegaard, Søren, 135
Krantz, W., 242
Kubrick, Stanley, 128
Lacan, Jacques, 60-62
Laertius, Diógenes, 93
Lagarde, François, 53, 55
Lamark, Jean-Baptiste, 120
Latour, Bruno, 167, 174
Lazarus, R. S., 139
Lee, R. B., 146
Lefort, Guy, 12, 64, 71
Léger, Fernand, 48
Lévi-Strauss, Claude, 61, 63, 65, 96-97, 155, 161-62, 180, 199
Levy-Bruhl, Lucien, 120
Leyhausen, Paul, 138
Livingston, Paisley, 37, 73-74, 200
Lívio, Tito, 66, 182, 204, 208
Lomborg, Bjôrn, 262
Lorenz, Edward, 122-27
Luís XIV, 259
Lukács, Georg, 49
Mack, Burton, 163
MacKenna, Andrew, 209
Macksey, Richard, 60-61
Malinowski, Bronislaw, 62, 153, 160
Malraux, André, 55-56
Malthus, Thomas, 117
Mandeville, Bernard, 260
Man, Paul de, 60
Manzoni, Alessandro, 44
Maritain, Jacques, 240
Martin, Angus, 146
Marx, Karl, 49, 117, 250-51
Matisse, Henri, 17, 47-48, 51
Mauriac, François, 44

Maurras, Charles, 44
Maussion, Christian de, 173
Mauss, Marcel, 270
Mayr, Ernst, 117
McGrew, W. C., 128
McKenna, Andrew, 60
Melberg, A., 135
Meltzoff, Andrew N., 23, 82-84
Menozzi, Paolo, 191
Merleau-Ponty, Maurice, 52
Miller, Daniel, 106
Mirabeau, Honoré Gabriel Riqueti, 254
Monfort, Sylvia, 48
Montinari, Mazzino, 242
Moreau, Jeanne, 48
Murphy, Robert F., 139
Nadel, J., 82
Nietzche, Friedrich, 58, 93, 214, 240-42, 251-52, 255, 275-77
Niewiadomski, Joseph, 236
Nijinsky, Vaslav, 180
Nunes, Carlos Alberto, 92, 112
Orleans, André, 74
Orwell, George, 116
Osers, Ewald, 46
Oughourlian, Jean-Michel, 12, 64, 70-72, 269
Palaver, Wolfgang, 75, 236
Parmênides, 46, 83
Pascal, Blaise, 44, 135, 172
Perse, Saint-John, 52, 55
Pfeiffer, John E., 152
Piaget, Jean, 82
Piazza, Alberto, 191
Picasso, Pablo, 17, 47-48, 51
Pinker, Steven, 136, 262

Platão, 82-83, 92-93, 168, 209-10, 271
Poulet, Georges, 57-59
Prigogine, Ilya, 73
Proust, Marcel, 20, 24, 46, 49, 51, 53, 114-15, 156, 196, 211
Pulcini, Elena, 268, 269
Quinzio, Sergio, 237
Racine, Jean, 44
Radcliffe-Brown, Alfred, 62, 160
Ribeiro, Darcy, 157
Ricoeur, Paul, 82
Rizzolati, Giacomo, 24, 30, 84
Robertson-Smith, William, 62
Rousseau, Jean-Jacques, 73, 181, 210
Safranski, Rüdiger, 46
Sainte-Beuve, Charles Augustin, 58
Salinas, Pedro, 57
Salvador, Luc-Laurent, 135, 159
Sanderson, Stephen K., 122
Santo Agostinho, 85
São João Batista, 99, 228
São Lucas, 112-13, 124, 188, 228
São Marcos, 99
São Paulo, 68, 228, 244, 250, 280
São Pedro, 12, 16, 54, 57, 109, 113, 202-03, 223, 229, 245, 263, 277
Sartre, Jean-Paul, 50, 52, 55, 238
Satã, 190, 214, 242, 244-47, 279-80
Satanás, 86, 223-24, 242, 244-46, 277, 280
Saussure, Ferdinand de, 96
Scheler, Max, 58
Schwager, Raymund, 75, 77-78, 236

Scubla, Lucien, 74, 101, 174, 184, 230-31
Serres, Michel, 33, 66, 68, 84, 117, 144, 174-75, 184, 204, 208, 260-61
Shakespeare, William, 20, 25, 28, 54, 65-66, 109, 111-16, 195-98, 254-55, 267
Simmel, Georg, 106
Singleton, Charles, 59
Smith, Bruch D., 144
Smith, Jonathan Z., 139, 142
Sober, Elliot, 118-20
Sófocles, 114, 155, 219, 226
Souza, Paulo César de, 93, 241
Spitzer, Leo, 57, 59
Starobinski, Jean, 57
Stendhal, 24, 53, 57
Stravinsky, Igor, 180
Tager-Flusberg, H., 82
Tarde, Gabriel, 84, 121, 158-60
Taylor, Charles, 169
Tellaroli, Sérgio, 124
Thévenot, Laurent, 167
Tocqueville, Alexis de, 268
Tomasello, Michael, 159
Tomelleri, Stefano, 179, 257
Tooby, John, 122
Torres, González Yolotl, 164
Traube, Elizabeth, 164
Treguer, Michael, 77
Turner, Victor, 64
Valeri, Valério, 162
Valéry, Paul, 57
Varela, Francisco J., 73, 181
Vattimo, Gianni, 40, 169, 249, 271-74
Verny, Françoise, 71

Vilar, Jean, 47
Vogt, Carl, 147
Volhard, Edward, 147
Voltaire, 278
Von Balthazar, Hans Urs, 92
Vries, Hent de, 22
Waal, Frans B. M. de, 128
Waal, Frans de, 154
Wadley, Greg, 146
Warhol, Andy, 86
Watzlawick, Paul, 74
Webb, Eugene, 70, 171
Weber, Max, 107, 272
Weber, Robert P., 185
Weil, Simone, 39, 173, 194
White, Hayden, 183
Williams, G. C., 120
Williams, James, 183
Wilson, D. S., 120
Wilson, Edward O., 119, 138
Wrangham, Richard W., 128
Yamaguchi, Masao, 65
Zervos, Christian, 46
Zervos, Yvonne, 46

biblioteca René Girard*
coordenação João Cezar de Castro Rocha

Dostoiévski: do duplo à unidade
René Girard

Anorexia e desejo mimético
René Girard

A conversão da arte
René Girard

René Girard: um retrato intelectual
Gabriel Andrade

Rematar Clausewitz: além *Da Guerra*
René Girard e Benoît Chantre

Evolução e conversão
René Girard, Pierpaolo Antonello e João Cezar de Castro Rocha

O tempo das catástrofes
Jean-Pierre Dupuy

"Despojada e despida": a humilde história de Dom Quixote
Cesáreo Bandera

Descobrindo Girard
Michael Kirwan

Violência e modernismo: Ibsen, Joyce e Woolf
William A. Johnsen

Quando começarem a acontecer essas coisas
René Girard e Michel Treguer

Espertos como serpentes
Jim Grote e John McGeeney

O pecado original à luz da ressurreição
James Alison

Violência sagrada
Robert Hamerton-Kelly

Aquele por quem o escândalo vem
René Girard

O Deus escondido da pós-modernidade
Carlos Mendoza-Álvarez

Deus: uma invenção?
René Girard, André Gounelle e Alain Houziaux

Teoria mimética: a obra de René Girard
(6 aulas)
João Cezar de Castro Rocha

René Girard: do mimetismo à hominização
Stéphane Vinolo

O sacrifício
René Girard

O trágico e a piedade
René Girard e Michel Serres

* A Biblioteca reunirá cerca de 60 livros e os títulos acima serão os primeiros publicados.

Dados Internacionais de Catalogação na Publicação (CIP)
(Câmara Brasileira do Livro, SP, Brasil)

Girard, René
  Evolução e conversão / René Girard, Pierpaolo Antonello, João Cezar de Castro Rocha; tradução Bluma Waddington Vilar e Pedro Sette-Câmara. – São Paulo: É Realizações, 2011.

  Título original: Evolution and conversion: dialogues on the origins of culture
  ISBN 978-85-8033-032-8

  1. Filosofia francesa 2. Girard, René, 1923- 3. Religião e cultura 4. Violência - Aspectos religiosos I. Título.

11-07481   CDD-194

Índices para catálogo sistemático:
1. Filosofia francesa   194

Este livro foi impresso pela Prol Editora Gráfica para É Realizações, em agosto de 2011. Os tipos usados são da família Rotis Serif Std e Rotis Semi Sans Std. O papel do miolo é pólem bold 90g, e o da capa, cartão supremo 300g.